Cucina Teorico-pratica: Col Corrispondente Riposto Ed Apparecchio Di Pranzi E Cene, Con Quattro Analoghi Disegni, Metodo Pratico Per Scalcare, E Far Servire In Tavola, Lista Di Quattro Piatti Al Giorno Per Un Anno Intero, E Finalmente Una Cucina...

Ippolito Cavalcanti (duca di Buonvicino.)

CUCINA
TEORICO-PRATICA
COL CORRISPONDENTE RIPOSTO

ED

APPARECCHIO DI PRANZI E CENE

CON QUATTRO ANALOGHI DISEGNI

METODO PRATICO
PER SCALCARE, E FAR SERVIRE IN TAVOLA

LISTA DI QUATTRO PIATTI AL GIORNO

PER UN ANNO INTERO

E FINALMENTE

UNA CUCINA CASARECCIA IN DIALETTO NAPOLETANO

CON ALTRA LISTA ANALOGA

COMPOSTA DAL SIGNOR

N. Ippolito Cavalcanti

Duca di Buonvicino

SECONDA EDIZIONE.

NAPOLI,
DALLA TIPOGRAFIA DI G. PALMA.

1839.

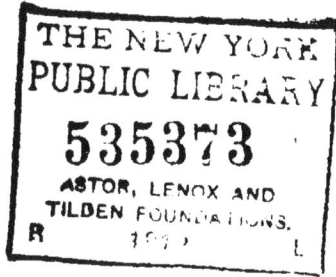
*Saranno dichiarate false, e contrafatte, e soggette al rigore
delle leggi tutte le copie, che non sono segnate della firma
dell' autore.*

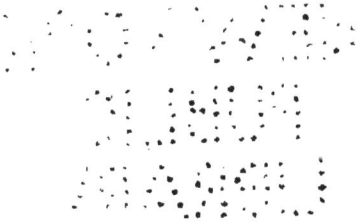

Mio carissimo amico sig.r D. Lelio

Avendo voi gradite, e compatite alcune mie operette, mi animo a presentarvi un'altro mio piccolo lavoro, che vede per la seconda volta la luce, di cui ve ne fo la dedica lusingandomi che l'accetterete.

Esso ha per titolo, Cucina Teorico-Pratica ec. e si propone di esporre un quasi compiuto trattato di Gastronomia.

Io ben conosco di abusare in tal modo della vostra amabilità, giacchè alle sublimi doti del vostro ingegno, non va certamente offerto sì leggiere tributo; eppure in tal contropposto io scorgo un motivo, che mi assicura del vostro compatimento. Intendo che l'altrui magnanimità non ha mai ricevuto ciò, che forse per mera piacevolezza non gli convenga.

Compiacetevi di credermi per sempre.

Napoli li 24 Giugno 1839.

A S. E.

Il sig. D. Lelio Visci.

Div.mo Serv.re ed amico
Il Duca di Buonvicino.

Rispettabilissimo sig. Duca

Non è facile impegno il proferire giudizio sulle opere altrui, perchè, o lodando non si cada nell'adulazione, o biasimando non diasi nella mordacità. Io però, sig. Duca, senza pericolo di andare errato mi penso che gli uomini di genio sanno trarre la luce dalle tenebre, e fare d'una povertà, una ricchezza, e che Ella questa volta possa veramente meritare titolo così lusinghiero. La sua Cucina Teorico-Pratica è trattato con tanta Filosofia, ed igienico sapere, che bene a ragione può riguardarsi una delle parti più interessanti della scienza macrobiotica. Quindi bene a ragione vi fa giustizia il nostro giornale dell'anno 1838, num. 213. nel quale si dice » essere la di Lei opera, non meno » essenziale per soddisfare il gusto, che per por- » gere modo di viver sano, essendo la scelta, ed » il condimento de' cibi la prima cura, che deb- » besi avere per conservar la salute. » *Che diremo poi della maniera semplice, facile, andante, e non bassa, con che le materie maestrevolmente sono state trattate? Al suo libro pare che questa volta si convenga quella grave sentenza del Venosino; Omne tulit punctum, qui miscuit utile dulci.*

Il gusto Patrio, ed Estero già le rendono il convenevole tributo, col mostrarsi desiderosissimi dell'acquisto di sì pregevole lavoro: ed io a vista di così belle prerogative, mi stimerei troppo mal conoscitore delle cose sue, e molto inurbano con Lei, se non profittassi dell'onore, che Ella graziosamente mi compartisce coll'offrirmene la dedica.

Mi vedo intanto nell' obbligo di non preterire i miei doverosi ringraziamenti, e con la solita devozione alle sue pregevolissime virtù, per la vita mi raffermò

Napoli 25 Giugno 1839.

A S. E.
Il sig. Duca di Buonvicino.

Div.mo Obb.mo servo ed amico aff.mo
LELIO VISCI.

AL LETTORE.

Se vero è che dall'acconcio metodo di cibarsi è dato a noi di eludere molti malori, una operetta, che sul proposito si versi ha certo la sua parte di utilità, che forse manca a tanti bisticci letterarii d'oggidì.

Per divagarmi ne'momenti d'ozio mi diedi a questa piacevole occupazione, e guidato da semplici principii acquisiti con lunghissima esperienza, mi venne fatto di accozzare insieme varii precetti teorici-pratici di Gastronomia.

Allora lisciando, e corriggendo sempre il mio lavoro, m'accorsi d'aver fornito un mediocre opuscoletto. Timido però, ed incerto sul merito dello stesso, cedetti alle istanze degli amici, e lo pubblicai per le stampe.

Ma qual fu la mia meraviglia? La Capitale, le Provincie, l'Estero, lo richiesero, ed in pochi mesi tutte le copie furono esaurite. Da ciò ciascuno comprende qual sia il motivo, che mi spinge a pubblicarlo per la seconda volta,

È un sentimento, a cui non sa resistere il mio cuore, quello di mostrarmi riconoscente alla gentilezza de' miei amici. D'altronde se fu riputata utile la prima edizione, utilissima reputo questa seconda, per le molte aggiunzioni, e cangiamenti di cui l'ho migliorata, e che pur troppo era necessario di operarvi.

Spero adunque, che tutti saran per accogliere questo mio lavoro, mentre non dubito di rimeritare l'ottenuto compatimento, siccome sempre è avvenuto in tutte le altre mie letterarie produzioni.

PARTE PRIMA

CUCINA TEORICO-PRATICA.

CAPITOLO PRIMO

COME DEV'ESSER FORMATA E FORNITA LA CUCINA.

Prima di tutto la cucina dée avere un buon focolajo con ottima cappa, onde possa sortirne liberamente tutto il fumo, e sotto di questa due o tre fornelle per caldaja, ed un competente letto per gli arrosti.

Vi dev'essere un posto di fabbrica con sei fornelle almeno, per le cassaruole, di diverse dimensioni; ed una fornella lunga per la pisciera.

Un altro posto anche di fabbrica con tavola di marmo sopra, lunga palmi cinque, e larga palmi tre, e della grossezza di due once e mezzo, per lavorare le pasticcerie.

Un buon forno con la chiudella di ferro, ed al fianco la sua *spia*, per osservare le pasticcerie.

Una vasca con chiave per l'acqua, onde questa non manchi mai, col suo corrispondente posto al di sotto a forma di lavamano, con buco al fondo per farne andar via l'acqua; dovendo servire per lavare tutte l'erbe.

Lista della rame : ed altri utensili di cucina.

Tre marmitte di rame, una grande della capienza di caraffe diciotto, l'altra di caraffe dodici, e la terza di caraffe sei.

Due casseruole grandi uguali, della capienza di caraffe dodici per cadauna, col loro coverchio.

Due altre casseruole, per la mettà.

Quattro altre, per la mettà di queste.

Altre quattro, di caraffe due per ciascuna.

Quattro altre casseruole con piccolo bordo, alto tre dita, della rotondità (per ben intendere) capace a ricevere diciotto o venti pasticcetti.

Una casseruola grande, così detta *rotonda*, a forma di conca, senza manico, ma con due maniglie, con l'orlo spianato al di sopra, e corrispondente coverchio; per cuocere i rifreddi.

Una pisciera bastantemente lunga, col coverchio incassato, e l'anima al di dentro tutta bucata; da potercisi imbianchire un pesce almeno di rotoli dodici.

Un'altra per mettà.

Due tortiere, una per ventiquattro pasticcetti, e l'altra per mettà, con i corrispondenti fornelli, ma che siano alti.

Due altre più piccole.

Due polsonetti per siroppare zucchero, di diversa grandezza.

Due padelle a due maniche, con i coverchi a fornello, una più grande, e l'altra più piccola.

Tre caldaje con i coverchi che non sortano fuori dell'orlo, onde non prendano fumo; la prima della capienza di caraffe trenta, e l'altre due per mettà gradatamente.

Tre padelle di rame, o ferro, con manico

non tanto lungo (avverti che il manico deve tenersi sempre in mano , dovendosi maneggiare con somma faciltà) ; tutte tre di diversa grandezza.

Diverse stampe e forme per granate *al bagno-mario*, per lavori di carne, di pesce, di erbe, di frutti ec. , *alla spiga*.

Quattro dozzine di forme per pasticcetti , di diverso lavoro.

Una trentina di piccolissime forme di latta , per pasticetti , grandi sopra , quanto una moneta di carlini sei.

Due mescole tutte bucate , per spumare.

Un coppino grande , senza punta al di sotto, per prendere il brodo.

Due altri più piccoli.

Due passa-brodi , uno più grande dell'altro.

Due cocchiaroni.

Un'altro con piccoli buchi , per sgrassare il brodo.

Due cafettiere di diversa dimensione , co'corrispondenti frollatoj di legno , per la cioccolata.

Diverse graticole di ferro.

Varj spiedi per gli arrosti.

Quattro tre piedi di diversa dimensione.

Due folchettoni di ferro con rampini.

Un'altro con manico di legno , o osso.

Due palette.

Una morsa per prendere i carboni accesi.

Due grattugie per formaggio.

Una piccola grattugia rotonda di latta con manicetta sopra , per raspare aranci , limoni , noce moscada ec.

Una trentina di piccole forme di latta , a guisa di tabacchiere , di un dito di altezza , e della rotondità di tre dita , con i loro corrispondenti coverchi.

Una dozzina di Lardaruole di lamina di ottone, di diverso calibro, per piccare, li *fregandò*.

Due speroni diversi, per tagliare strisce di pasta, panzerotti, pasticcetti, ed altro.

Diversi taglia-pasta, uno dentro dell'altro, per tagliare pasticcetti, e pane.

Due piccoli piattini di Latta forati, così detti *passa-limoni.*

Una fornacetta di ferro col suo tamburretto, per brustolire il caffè.

Due setaccini piccolissimi, per passare cannella, ed altro.

Quattro o più setacci grandi di pelo, per passare carni, salse ec.

Quattro o più setacci di seta, un pò più piccioli, per passare brodi, e creme; ed all'oggetto vi è necessario ancora una stamigna.

Una siringa con quattro stampe diverse, per la pasta bugnè, pel butiro. ec.

Due tamburretti per farinare le frittare.

Due mortai di pietra con pestelli di legno.

Un mortaio di bronzo col suo pestello.

Quattro stenderelli di legno, ovvero laganatoi, per levigare la paste; ed un altro più lungo e più sottile pe'tagliolini.

Due fascetti di vetiche (questi sono di busso fatti a forma di pennello) per montare le chiara d'ovi; e sarebbe buono se vi fossero degli altri formati di tanti fili di ottone, della grossezza di un *vermicello*, e raddoppiati come una conocchietta, le di cui punte sono infilzate in una manicetta tornita, per tenersi comodamente in mano, ed eseguire il lavoro.

Diverse mescole di legno, grandi, e piccole.

Due rocchelli di legno, per avvolgervi spago, e filo.

Tre o quattro dozzine di piccoli spiedini di ferro filato (ma bastantemente consistenti), da servire per braciolette, ed uccelletti.

Una piccola mannaja con manico, per tagliare ossa, e spine di forti pesci.

Due coltelloni, detti *trincianti*, uno più grande dell'altro.

Due taglia-lardi, sottili, e lunghi di dieci o dodici pollici.

Due coltelli per le paste, con lama dritta, e molto sottile.

Due coltellini, per mettà di quelli di tavola, con la punta storta, e con lo sguscio che abbia anche il suo taglio. Questi servono per disossare.

Due o più coltellini col manico, colle lame come i temperini, per disossare quaglie, cucciarde, ed altre cose simili.

Due altri lunghi un terzo di palme, e larghi come uno stretto fusillo. Questi servono per forare i piccoli cocozzoli.

Varii cava-frutti.

Le misure della caraffa e mezza caraffa, di latta.

Le due più piccole misure d'oglio, cioè il *misurello*, e *mezzo misurello*, all'uso di Napoli, per regolare il quantitativo da impiegarsi nelle diverse salse che van fatte con l'oglio.

Un pajo almeno di aghi di ferro bastantemente lunghi, per incosciare i polli.

Degli altri aghi per spago, per cucire i panni-lini, e per i rifreddi; e degli altri per filo grosso, e sottilissimo, per cucire le galantine.

Varj bottoni di cristallo, per conservare i differenti sensi, o spiriti.

Quattro conocchielle, per cavare il sugo dagli agrumi.

Un competente pancone di *castagno*, con stipo al di sotto.

Diverse scudelle di creta, ed altri vasi simili.

Una dozzina almeno di antesini.

Due dozzine di mappine.

Quattro mensaletti di canape a due tele, di palmi otto.

Quattro asciugatoje, ovvero così dette *tovaglie*.

Otto tovaglioli a peparello.

Finalmente vi necessiterebbe pur anco nella cucina una stufa per conservarci tutti quei piatti, che debbonsi servir caldi, e che nella circostanza di un pranzo, o cena si debbono anticipare.

Questa dev'essere a forma d'uno stipo, dell'altezza di palmi sei almeno, larga palmi tre, e mezzo, e di fondo palmi tre. Per farla più solida si dovrebbe fare di mattoni, con la controfodera simile, e che fra queste due telature di mattoni siavi un eguale vuoto, di un palmo, o poco più, da potersici adattare delle fornacette di ferro per i carboni, le quali ci si dovrebbero introdurre per tre porticine, dalla parte di terra cioè, una alle spalle, e due ai laterali, e queste ben chiuse con lamina di ferro. In questo modo l'azione calorica agirebbe per tutta la stufa, la quale nella parte superiore dev'essere anche ben chiusa: nel suo interno poi vi debbon'essere diverse scanzie, sopra delle quali vi si possano situare tutti quei piatti, che debbonsi servir caldi; e con la sua porta al davanti ben condizionata, onde l'aria vi penetri quanto meno sia possibile.

Potrebbesi fare ancora di legno, per essere più economica, ma in certo modo pericolosa; cioè, formare uno stipo della descritta dimensione, e sul piano al disotto farci una fornacetta di ferro a for-

ma di scaldino , entro del quale li carboni accesi ; però la prima scanzia dovrà essere di ferro ,
altrimenti il continuato calorico gradatamente la di-
struggerebbe.

Questa medesima stufa di legno potrebbesi fo-
derare di lamina di ferro o anche di latta.

Ma già sento dirmi : e perchè non servirsi del
forno per tale oggetto? E vero, ma trattandosi di
una cucina grandiosa , ho creduto necessario fare
questa descrizione.

MODELLO

DELLA STUFA A MATTONI PER CONSERVARE CALDE LE VIVANDE.

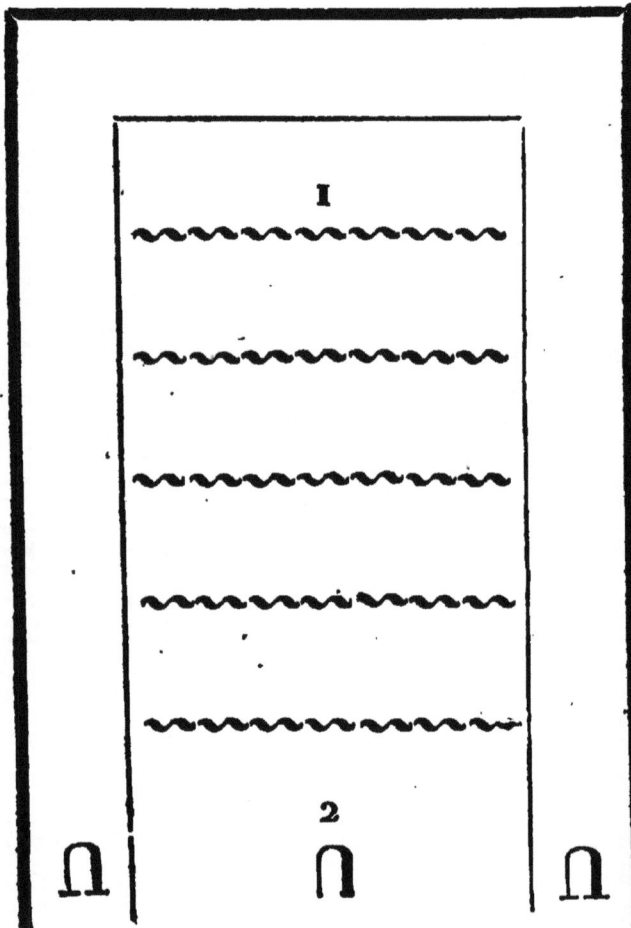

1. Scansie per mettervi i piatti
2. Porticine per introdurre i scaldini.

CAPITOLO II.

PROPORZIONE GENERALE DEL QUANTITATIVO.

Facilitar volendo tutte le operazioni descritte in questa seconda Edizione, specialmente per quanto riguarda la proporzione ed il quantitativo che può occorrere per un determinato numero di coperti, sia per un pranzo, sia per una cena, ho formato perciò tutte le ricette contenute in questa operetta pel numero di dodici coperti. La prudenza poi ne farà, o la diminuzione, o lo accrescimento a tenor del numero maggiore, o minore de' suddetti coperti.

CAPITOLO III.

DELLA DISOSSAZIONE DE' POLLI, DELLE TESTE DI VITELLA, DE' VOLATILI, ECC. METODO PER RIEMPIRLI: MANIERA DI CUOCERE, QUESTI POLLI, TESTE, VOLATILI, I PRESCIUTTI RIFREDDI, E LE VERIGINI LATTANTI; E LORO GUARNIZIONE.

§. I.

Della disossazione.

Qualunque animale pennuto, che si vuol disossare, deesi primieramente saper ammazzare; dovendo farsi la ferita precisamente alla gola, e che non sia molto grande, onde non si laceri; avvertendo a tagliare perfettamente la trachea, perchè così sortirà tutto il sangue, e la carne rimarrà bianca.

Appena estinto l'animale, senza l'uso del-

l' acqua bollente , con somma diligenza lo penne-
rai per quella parte istessa ove la natura gli diede le penne (bada a questa seconda operazione ,
molto più essenziale della prima , affinchè la cute
rimanga sana.) Pennato che sarà il pollo , l' uc-
celletto , o qualunque altro volatile (avverti che
non sia ammazzato con lo schioppo , perchè allora , è tutto forato , e molto fastidio recherebbe nel
disossarlo ad una mano non perita), lo porrai sul
pancone tenendoci al di sotto per pulizia una to-
vagliola ; prenderai uno de' già descritti coltellini ,
e situerai il pollo colla schiena al di sopra , principiando a fare l'incisione da sotto il porta-coda ,
che dee restar sano , e taglierai destramente giusta il filo della schiena sin dove principia il collo. Quindi incomincerai a scarnire a poco a poco
radente i fianchi ; e quando sarai alla giuntura delle cosce , che sono vicino la cassa , cercherai alla meglio slogare la detta giuntura ; oppure (sino
a che non ci acquisterai la pratica) procurerai di
rompere l' osso nella giuntura , pigliandolo con due
dita della mano sinistra , e con l'altra scarnirai
tutto l' osso della coscia , in modo come se fosse
alla rovescia (sta attento alla giuntura della gamba , perchè questa s'ingrandisce) ; e così giunge-
rai a scarnire l'osso dalla gamba medesima , che
troncherai pria della giuntura del piede. Poscia
prenderai il piede tirandolo fuori , e lo troncherai
similmente sotto la sua giuntura , facendo rimanere
un nodo di quest' ultima , onde non resti un buco. Lo stesso farai per l' altra coscia. Tolto che
avrai questi due ossi , destramente troncherai dalla punta della schiena il porta-coda , che , come
ho detto di sopra , dee rimaner sano attaccato alla cute di sotto. Indi aprirai con diligenza il fian-

co della cassa, ch' è coverto da una membrana, e ne caverai le interiora. Fatto tutto ciò, il resto ti sarà facilissimo, perchè seguiterai a scarnire la cassa col petto. Bada che la cute di questo è precisamente attaccata al suo arco per mezzo di un tendine, per cui pianin pianino col coltellino raderai l'osso onde non si fori la cute. Rimarrai le ali, slogandole dal petto; tirerai il collo dalla sua cute, troncandolo giusto alla gola, e precisamente ove facesti la ferita mortale, restandoci la testa attaccata. Ed ecco perchè si deve ammazzare propriamente alla gola.

Disossato il pollo, o volatile qualunque, lo laverai più volte con acqua fresca, lo asciugherai, e poi lo situerai sul pancone per riempirlo.

Pel disosso poi della testa di vitella, di nero, di coniglio, farai una incisione sopra il fronte per le prime, e per l'altro sulla spina dorsale, principiando la incisione dalla punta del collo sulla schiena.

§. II.

Metodo pratico per riempire i polli, e le teste di vitella disossate fredde.

Se la galantina dovrà servirti per un pranzo o cena di maggior etichetta, ti servirai della carne di vitella; altrimenti potrai adoperare la carne vaccina, ma che sia giovine, cioè la così detta *annecchia*, ed anche la carne di nero, specialmente in Provincia, ove non è facile aversi la vitella.

Per un gallinaccio dunque di rotoli otto, prenderai rotoli tre di carne, ne toglierai i nervi e le pellicole, e la taglierai a filetti sottili per lungo:

prendi tre quarti di presciutto , ne toglierai la cute con buona porzione del grascio, e quella parte salina; la mettà di esso la triturerai col coltellone assieme con mezzo rotolo di capperini in aceto , ed un mazzettino di petrosemolo, riducendo queste tre cose finissime ; indi prenderai una casseruola , o un vase di creta, e vi formerai un suolo di tanti filetti di quella carne , e su di essa ce ne farai un altro di quel trito spruzzandoci del sale e degli aromi pesti , cioè cannella , pepe , e garofano ; e così farai finchè terminino i filetti della carne intersecandoli come sopra. Indi poi premerai de' limoni , circa il quantitativo de' quali basterebbero tre o quattro , in somma che diano tanto succo da poter riempire un bicchere da vino per tavola , e ce lo verserai , mescolandolo ben bene , e farai concuocere e marinare il tutto.

Mentre che la suddetta composizione resta a concuocersi , prenderai altri tre quarti di carne polpa , la netterai delle pellicole e nervi , la pesterai , e la passerai per setaccio, riducendola come per le polpette , unendoci del formaggio grattugiato , mollica di pane spungata nell'acqua, sale , pepe , e battuto d' ovi ; e maneggiandola bene , formerai ciò che dicesi *farsa*, che adatterai in tutto il vuoto del gallinaccio , e su di essa vi situerai i filetti della carne messa in addobbo come sopra , intersecandola con quell' altra porzione di presciutto tagliato a fettoline.

Le cosce pure debbono riempirsi della farsa, ed il collo ancora ; avvertendo che questo non sia tanto pieno, altrimenti coll' azione calorica si frangerebbe.

Pieno che avrai il pollo , cucirai con filo a sopramano tutta l' apertura (devesi cucire così, perchè quando sarà cotto e raffreddato dovrà tirarsi da una parte quel filo); quindi con le mani l'aggiusterai in modo che prenda la sua pristina forma, annodando le ali, le quali si lasciano onde il pollo non perda la sua figura primiera.

Colla stessa composizione vanno ripiene le teste di vitella, e di nero, e tutti gli altri polli, proporzionatamente.

§. III.

Metodo per cuocere le dette galantine fredde.

Dopo aggiustato il pollo come ho detto, lo avvolgerai in un tovagliolo, stringendolo in modo da non fargli perdere la sua figura, per quanto è possibile, cucirai bene il tovagliolo senza rimanere alcun vuoto, e lo porrai in un vase di rame, entro di cui metterai una dozzina di foglie d'alloro, tre o quattro limoni, due aranci fettati, della cannella a stecchette, delle teste di garofani, delle cimette di rosmarino; ci verserai una mettà di vino bianco, ed un'altra mettà di acqua fresca, in tanta quantità, che si covra la galantina; e così l'adatterai sulla fornella con foco sempre uguale, e regolare. Se in vece del vino bianco, vorrai mettervi l'aceto, anche può farsi; però dev'essere per la mettà del vino, ed il dippiù acqua.

Devi badare moltissimo alla cottura, poichè se la galantina sarà di un grosso gallinaccio, deve bollire per sei ore, e forse anche meno, se non è molto duro. Se sarà una gallotta, ore quattro. Se poi saranno altre specie di polli, o volatili, ti regolerai con la tua prudenza. Non dovrai per tanto lasciare alla fortuna l'esito della cottura sol per-

chè così ti ho prescritto ; ma baderai a rivoltare
ogni ora la galantina , tenendo sempre pronta del-
l'acqua bollente per sostituirla a quella, che si restringe ; come altresì osserverai da tanto in tanto,
sollevando con una mescola l'involto sopra l'acqua , e tastandolo con le dita per osservare a qual
punto di cottura si trovi la galantina ; lo che potrai conoscere dalla morbidezza sotto le dita istesse , o con le punte di un folchettone.

Cotta che sarà la galantina, la porrai con tutto il tovagliolo sotto un piccolo peso , onde ne
sgoccioli tutto il brodo.

Similmente ti regolerai per le teste di vitella,
o di nero , e per tutti gli altri polli in galantina,
che vanno serviti freddi.

Taluni vogliono sostenere doversi queste galantine cuocere interamente nel vino forastiere; ma
ciò l'è una manifesta impostura.

§. IV.

Metodo per cuocere le galantine calde.

Ti potranno anche bisognare de' polli disossati caldi; ed in questo caso non v'ha bisogno del-
l'apparecchio nè della carne cruda, nè di quel brodo aromatico che nel paragrafo antecedente ti ho
prescritto ; ma invece farai delle piccole polpettine
e braciolettine , prenderai degli interiori di polli ,
de' fonghi , de' piselli , delle fettoline di presciutto,
de' tartufi , e farai cuocere il tutto nel *colì* , adoperando sempre la stessa farsa cruda, che situerai
in tutta la cassa del pollo, e sopra di essa porrai
le sudette polpettine, e tutt'altro già cotto nel *colì*,
e così cucirai il pollo : indi lo accomoderai con le

mani, legando i due nodi dove hai tagliato i piedi, e ravvolgendo il collo sotto le ali; e poichè
questo pollo in tal modo ripieno non si dee cuocere nel vino, come ho detto per le galantine fredde, perciò lo chiuderai nel tovagliòlo, lo legherai ben bene con spago, e lo farai cuocere nel *coli*, o nel brodo rosso, che terrai apparecchiato, e
quando aprirà il bollo ce lo tufferai. Quì ti raccomando praticare tutta l'attenzione, perchè siccome
si avanza l'azione calorica, così gonfiasi la carne
al di dentro, e possono succedere delle aperture;
sicchè anderai facendoci delle piccole punture, onde trar fuori l'aria; e quando sarà giunta alla sua
cottura la servirai o con qualche salsa propria, o
con qualche guarnizione d'erbe (cotte già), o finalmente con un poco di *coli*.

§. V.

Metodo per li volatili in galantina.

La medesima operazione farai se ti abbisognas-
sero delle quaglie o cocciarde disossate, badando
sempre che la pennazione di queste anche dev'e-
seguirsi senza l'uso dell'acqua bollente, e non
debbono essere uccisi con lo schioppo, potendosi
fare acquisto di quelle, che prendonsi con le reti.

Dopo che l'avrai disossate (ti avverto che a
questa specie di volatili se gli lascia un sol piede,
perchè possa conoscersene la qualità), e dopo che
l'avrai ripiene, e cucite, l'accomoderai tutte insieme con garbo nel tovagliolo a forma di un plico, che cucirai bene, e le farai cuocere come la
galantina fredda. Cotte, e raffreddate, che saranno, le svolgerai dal tovagliolo, ne toglierai dili-

gentemente quel filo, e ci farai una salsa agro-dolce, aggiustandoli nel piatto con crostini fritti attorno, oppure con lavoretti di pasta fritti, come
quella de' panzarotti, e li servirai caldi.

Nello stesso modo ti regolerai pe' piccioni di
colombi ec.

§. VI.

Galantina di petti di polli, e di vitella.

Volendo fare questa galantina, prenderai de'
petti di pollo qualunque, e li porrai in addobbo,
come ancora de' pezzetti di polpa di vitella, ed
anche di nero *domestico*. Quando si sarà tutto bene *marinato*, prenderai la cute di nero fresco, e
specialmente quella ove recentamente è stato tolto
il lardo (bada che non sia forata); porrai questa
cute sul pancone distesa, ed in essa ci adatterai
in dettaglio, ma con simmetria, li petti di polli,
le fettoline di vitella, e quelle del nero, tramezzandoci delle fettoline di presciutto, ma magro,
de' pistacchi divisi per metà, e delle mandorle
scorzate a pezzettini, senza però quel trito di capperi ec. Di tutto ciò ne farai un plico, che ravvolgerai con la cute di nero, quasi che ne vorresti
formare un piccolo guanciale, e strettamente lo cucirai con filo, dipoi lo ravvolgerai in un tovagliolo, e lo farai cuocere nel brodo aromatico come
le galantine fredde; e quando sarà cotta la toglierai, sottoponendola ad un peso onde se ne sgoccioli tutto il brodo, ed imprenda una figura piana. Quando si sarà raffreddata, ed avrà acquistata
una certa durezza, la leverai dal tovagliolo, e l'a-
datterai con tutta la cute nel piatto, togliendone, ma con somma diligenza, il filo; e la guar-
nirai con brodo gelato.

Conosco bene, che per la prima volta ti darà un certo imbarazzo una tale preparazione; e perciò, affine di facilitartela, te ne suggerisco un' altra più facile (ma l'è da pedante di cucina non già da coco ora detto *Monsieur*); ed è: Prendi la cute di nero, come ho detto, l'aggiusterai in modo come se vorresti fare una foderetta, ed alla rovescia la cucirai; poscia la rivolterai, ed in essa infilzerai tutto il descritto *marinato*; ma debbo dirtene la conseguenza, cioè, che in tal modo facendo, nel dividere la detta galantina non mai potrà vedersi il bello simmetrico delle fette, perchè queste non possono andare con ordine tosto che la carne sarà insaccata alla rinfusa. Ciò te l'ho detto a scanso di qualche equivoco, e ad evitare qualche sciocca satiretta dei testè citati *Monsieur*.

§. VII.

Galantina di pesce.

Prendi la polpa di qualunque specie di pesce, la spellerai e spinerai, e la porrai in addobbo come sopra, ma invece del presciutto ci porrai dell'ottimo tarantello pria dissalsato, e magro; dipoi prenderai un tovagliolo di tela ben forte, sostituendolo alla cute di nero; fatto l'involto, lo ravvolgerai in un altro tovagliolo, che ancor cucirai benissimo con filo, e così farai cuocere la galantina nel medesimo brodo aromatico, come le altre. (Bada per la cottura di questa galantina, per la quale ci bisogna molto minor tempo.) Quando sarà cotta la porrai sotto di un peso, ma che vadi uguale; in caso diverso ti riuscirà la galantina da una parte alta, e dall'altra bassa; ed allora sarà un *taborè* per Signore, non già una galantina per tavola. Allorchè sarà ben raffreddata, e che abbia acquistata una certa durezza, la scioglierai da' doppî panni lini, l'aggiusterai nel piatto, con tovagliolo al di sotto, e foglie di merancoli all'intorno.

§. VIII.

Apparecchio, e cottura del presciutto rifreddo, e verigine lattante.

Prendi un buon presciutto, che non abbia cattivo odore; ne toglierai tutto il suo d'intorno, cioè quella parte grassa, la quale è più soggetta a prendere cattivo odore, e senza fargli mai perdere la sua figura. Troncherai la punta dell'osso ov'è il pendolo, e lo pulirai ben bene; quindi lo porrai in un gran vase pieno d'acqua fresca, che cambierai due volte al giorno, lavandolo sempre: ciò lo praticherai per tre giorni sussecutivi, raspando con un coltello quel salso e lordura che vi si osserva. Il quarto giorno lo laverai di nuovo ben bene con acqua fresca; e dopo averlo asciugato, ci farai una lavanda con spirito di vino, e lo avvolgerai in un tovagliolo, che cucirai come le galantine, e lo farai bollire egualmente come le galantine fredde. La sua cottura sarà anche di ore sei, e forse meno, a norma della sua grossezza. Giunto a cottura (di che ti assicurerai tastando con le dita la sua morbidezza) lo porrai sotto un peso per farne scaturire tutto il brodo, e fargli prendere una figura piana.

Per la verigine lattante praticherai lo stesso metodo, all'infuori del tempo di cottura, che è molto di meno.

§. IX.

Guarnizione de' descritti rifreddi.

Per le galantine fredde di polli grandi e piccoli, porrai una salvietta nel piatto, sopra di cui situerai il pollo, facendoci una inverniciata di butiro liquefatto, o pure un intonaco di butiro fresco, ma senza fargli perdere la sua figura, e mettendoci all'intorno delle foglie di merangoli.

Ai salami rifreddi ci farai una patina di butiro fresco, ma che sia egualissima, togliendo pria la cute, e l'unico e solo osso di mezzo, che slogherai dalla gamba diligentemente; e sulla parte superiore, ove hai già disteso il butiro, ci farai un grazioso *perterre* di tanti lavoretti di carte colorate, in modo che sembri un disegno. Sulla estremità dell'osso che rimane nella gamba ci avvolgerai attorno diverse strisce di carte colorate, ed intagliate in maniera che sembrino un fiocco, ligandole con una piccola fittuccina; e finalmente porrai delle foglie di merangolo attorno di esso, e precisamente fra la salvietta che avrai messa nel piatto, ed il presciutto.

Lo stesso farai per la verigine lattante, potendoci fare ancora una guarnizione di pezzettini di brodo gelato, così detto *alla spiga*, che troverai descritto nel seguente Capitolo.

CAPITOLO IV.

§. I.

Metodo pratico per fare il brodo chiaro.

Ti necessiterà primieramente il brodo per le diverse zuppe di grasso, che è sempre lo stesso. In questo caso, volendo servire il lesso, prenderai la carne vaccina, e propriamente il così detto *vacante*, ch' è il migliore; in un sol pezzo però. E su di ciò debbo avvertire che per il lesso di vaccina, annecchia, o vitella, non può gustarsi buono, se non sia almeno un pezzo di due o tre rotoli, perchè se è meno, si neautralizza. Ma quì mi si potrebbe dire: Se dunque il lesso servir dovesse per una o due persone, queste non potrebbero gustar mai del buon lesso? Rispondo di no, volendolo gustar buono.

Se dunque avrai stabilito di servire il lesso, prenderai tre rotoli di carne, la quale è sufficiente per 12 coperti; la porrai nella marmitta con un rotolo di presciutto senza grascio e senza quella parte salina, una gallina, o un cappone, o invece diversi pezzi di pollo, ed una zampa di vitella, lavando bene il tutto; ci porrai un poco di sale, e l'adatterai sulla fornella a lento foco, finchè non sarà interamente spumato. Quando sarà giunta a cottura la carne (che sia piuttosto morbida) la leverai e la riporrai in un vase con alquanto di brodo, e la conserverai per quando ti bisogna, restando a scuocere il resto in modo da rimanere le sole ossa. (Bada a rimettervi dell'acqua bollente, onde non manchi il quantitativo di brodo che ti necessita, il quale non dovrà restringersi più di un terzo.) Quando tutto sarà consumato, lo leverai dal foco e lo passerai pel passa-brodo, onde toglierne le ossa, e quelle membrane, conservandolo in un vase di creta sino al giorno seguente in cui dovrà servirti.

Tre sono le prerogative che si richieggono in un buon brodo : che sia chiaro, che sia ben sgrassato, e che abbia buon senso. Ecco il mezzo come ottenere tali prerogative.

Facendo restare il brodo, come ti ho detto, a rassetto sino al giorno seguente, si ottiene naturalmente la sua chiarezza, poichè tutte le impurità piombano nel fondo del vase, e tutta la materia grassa si presenta nella sommità, per cui rendesi facile lo sgrassarlo, togliendo con un cocchiarone il grasso; e passandolo poi pian piano pel setaccio, si ottiene anche la chiarezza. Fatta questa operazione verserai il brodo in una marmitta, in dove porrai due grana di petrosemolo, sette in otto pastinache ben pulite, e toltone lo stipite di mezzo; due o tre selleri divisi in pezzi, toltene le foglie cattive; una piccola stecca di cannella; quattro o cinque teste di garofano; una cipolla sana, e del sale corrispondente : quindi chiuderai ben bene la marmitta, onde non svaporizzi, per quanto è possibile, e con proporzionato foco farai tutto scuocere. Da tanto in tanto baderai a non far restringere il brodo in maniera che venisse a mancarti per la zuppa; e perciò, come ti ho detto, vi rimetterai dell'acqua bollente, e quando vedrai che il brodo è giunto al quantitativo che ti necessita, lo passerai la prima volta pel setaccio, e lo riporrai in una casseruola, unendoci tre o quattro chiara d'ovi ben montate, e colla mescola bucata lo spumerai come il giulebbe a lento foco; e quindi per renderlo veramente limpido, lo passerai l'ultima volta per un panno lino sottile, perchè così anderà via qualunque residuo di materia grassa, o impurità.

Laddove poi non volessi servire il lesso, potrai prendere diversi altri pezzi di carne, vaccina però; e possono bastare rotoli due, che farai anche scuocere, come ti ho detto.

Il descritto metodo è il più regolare, ed il più facile per ottenersi le tre descritte qualità. Ciò però non esclude che si potesse fare al momento; ed in questo caso, mancando il tempo, dee supplirsi con l'attenzione e la diligenza, che si praticherà nello spumare e ripassare il brodo, onde farlo divenir chiaro.

§. II.

Maniera di fare il *coli* di carne, ovvero *brodo colorato.*

Bisognandoti due caraffe di *coli*, prenderai tre quarti di carne vaccina, ed un mezzo pollo; mezzo quarto di lardo, che fetterai sottilmente e con simmetria porrai nel fondo di una casseruola; sopra di esso situerai interpellatamente delle fette di cipolla, su le quali adatterai la carne ed il pollo, con sale, pepe, ed un pochino di aromo. Sopra la carne porrai delle fettoline di presciutto, e col coverchio l'adatterai sulla fornella a lento foco. Quando principierà a soffriggere, e ti sembrasse esser troppo, ci spruzzerai un poco d'acqua bollente, praticando lo stesso per la seconda volta dandoci una rivoltata: La terza volta finalmente ci porrai una mezza caraffa d'acqua sempre bollente; e quando vedrai essersi consumata la metà e più del brodo, ci rimetterai l'altra acqua bollente, in tanta quantità che restringendosi la terza parte possa restar quel *colì* che ti necessita, cioè le due caraffe dette di sopra.

Ridotto che avrai al punto questo *colì* lo passerai per setaccio, e poscia lo sgrasserai; e di esso potrai servirtene per qualunque salsa di grasso, per cuocere dell'erbe, delle interiora di polli, ed altro; perchè così tutte queste cose acquisteranno maggior gusto.

Di quella carne poi che rimane, la quale chiamasi *sostanza*, non se ne dovrebbe parlare, perchè l'è uno di quei tali *profitti* . . . . . . ma dovendo fare qualche sarpicco è ottima.

§. III.

Modo di fare il *colì* di pesce.

Porrai nella casseruola dell'oglio finissimo, o butiro, o anche dello strutto; vi metterai le stesse fettoline di cipolla, ed il pesce: Questo potrebb'essere delle andragini (bada che sia rotto quel dente mordentissimo, spiacendomi molto se ti pungicassi), del cefalo, del merluzzo, de'piccoli scorfanelli, de' cocci, del pesce palumbo. Se questi sono piccoli, come le andragini, le quali non sono più di mezzo quarto circa, allora li porrai interi; se sono più grandi, ne prenderai uno o due del peso di un rotolo; e laddove il pesce bisognasse per altri piatti allora potrai far uso delle teste e code, che porrai in una casseruola con sale,

spezie, ed un mazzettino di petrosemolo; e farai
il *colì* di pesce come quello di carne, che potrà
servirti per le salse di magro, per zuppe, ed
altro. Se però dovrà servirti pe' maccheroni incaciati, allora in vece dell'oglio farai uso dello strutto,
o del butiro.

§. IV.

Metodo di fare il brodo per i geli.

Bisognandoti una forma di tre caraffe o poco
più di brodo per gelo prenderai tre piedi di vitella; li taglierai, cercando toglierne quel midollo
ch' è tutto grascio, onde meno t' infastidisca; li
laverai ben bene con acqua fresca, li porrai in una
marmitta con una diecina di caraffe d' acqua, ed
a foco piuttosto lento li farai bollire finchè il brodo
sia ben spumato. Dopo ciò, aumenterai il foco,
ma non molto; basta che bolla sempre; e quando le ossa si sono staccate interamente, le toglierai colla mescola bucata, lasciando scuocere il resto fino alla quasi consumazione di quella parte
carnea; e se il brodo siasi molto ristretto, vi rimetterai dell' acqua bollente, con una certa discre-
zione però, onde la parte vischiosa non perda la
sua forza. Fatta questa prima operazione, passerai tutto per setaccio, conservando il brodo già
ristretto in un vase di terra sino alla mattina
seguente per fare comodamente l' altra operazione,
cioè toglierne il grascio, e nettarlo della sua impurità, come ho detto nel §. I. Indi porrai in
una casseruola quel brodo, o quel gelo, e lo anderai sconvolgendo ben bene con mescola di legno,
unendoci due o tre chiara d' ovi montati, ed un
rotolo di zucchero. In tal modo si otterrà doppio

vantaggio : si chiarifica il brodo , e si purifica il zucchero , in vece di metterci il giulebbe , come in più e diversi opuscoletti è scritto. Attento adesso, mio caro esecutore , al foco , altrimenti tutto anderà via. Il foco dev'essere piuttosto lento , onde avere il comodo da spumarlo bene ; e quando ti sarai assicurato d'averlo ben chiarito , ci porrai qualche sottilissima corteccia di limone o cedro , mezza caraffa d'ottimo aceto bianco , e qualche stecchetta di cannella per toglierne quella *muffa carnea* , facendolo seguitare a bollire. Indi ci darai quel senso che più ti piace.

Se lo vuoi di frutti, li netterai dalle loro cortecce e nocciuoli, e li farai scuocere in quel brodo, e questi del peso di circa rotoli tre. Se di melogranato, ce ne porrai cinque o sei ben puliti ; dipoi lo gusterai per vedere se ha bisogno di maggior dolcezza , nel qual caso vi metterai del giulebbe, perchè il brodo è già purificato ; e qualora non ti trovassi pronto il giulebbe , ci metterai del zucchero *doppio raffinato*. Quando avrai osservato che il senso e la dolcezza son giunti al gusto , passerai la prima volta il brodo per un setaccio un pò più lasco affin di toglierne la materia grossolana de' disfatti frutti , e quindi ripeterai due o tre altre volte questa operazione per diversi setacci con la loro gradazione ; e finalmente , onde portarlo alla precisione, lo porrai in un panno-lino che adatterai con due aste di legno , e lo farai distillare. Di poi porrai questo brodo in quella forma o stampa che ti gradirà , badando sempre che questa sia costrutta con la sua proporzione , in modo che nel rivoltarla il gelo n'esca comodamente , staccandolo pria con diligenza con la punta di coltello.

Se in vece di frutti, vorresti farlo di cannella,

farai nel medesimo brodo una decozione di cannella contusa del peso di mezz'oncia ; e ti raccomando non essere avaro circa il zucchero , perchè sarà più gustoso se sarà più dolce , e verrà più tenero.

Se vuoi farlo di vainiglia , ci farai bollire due buone bacchette polpose di ottima vainiglia , divise per mettà , e poi in diversi pezzetti.

Se poi vorresti farlo di poncio ed arancio , ci porrai il succo di una ventina di portogalli , facendolo bollir tanto , quanto ti sembra che questo succo abbia dato il suo senso , ripassandolo più volte per setaccio onde toglierne qualche nocciuolo, o altra impurità ; e quindi lo riporrai nella casseruola sul foco , aggiungendoci una mezza bottiglia di ottimo rum ; e questo più o meno , secondo la sua qualità , insomma quanto ti darà gusto. Poscia farai il resto come sopra. (Bada a te nella immissione del rum , o di altri spiriti , perchè nel momento che si adoperano sorte un fumo con molto fragore ; e perciò fiancheggerai la casseruola dal foco istantaneamente , onde non rechi danno nè a tuoi occhi , nè si perda porzione del brodo nel foco).

Avverti che di qualunque senso farai il brodo, l'ultimo a mescolarvi sono i spiriti , i quali non debbono cuocere , ma appena dare due o tre bolli, altrimenti si neutralizzerebbero.

Se ti piace farlo di poncio semplice, ci porrai il succo di freschi e buoni limoni. E qui non posso indicartene il numero , essendovene de' grandi , e de' piccoli : la tua prudenza te lo additerà , immaginandomi sempre che queste mie ricette debbansi eseguire da persone istruite , e non già da quei *materiali* , i quali non conoscono altro che piccolissima pratica appresa dal loro maestro dopo che hanno lasciata la *sporta*.

Se vuoi farlo di menta, ricordati che questo spirito devi metterlo dopo levata la casseruola dal foco, perchè l'è più soggetto a svaporizzarsi, e vi bisogna anche maggiore attenzione nella immissione del quantitativo, perchè un pò soverchio darebbe un certo amaro al brodo. E quì nè anche posso additarti con precisione la quantità, dappoichè in una farmacia troverai lo spirito anzidetto di maggior forza, ed in altre di meno.

Se poi vuoi farlo di rose, potrai servirti o dello spirito, o dell'oglio di esse, oppure di tanta quantità de' così detti *bombò* di Francia con quel senso. Avverti che se ti servi dello spirito bisogna darci un poco di colore per una certa illusione, ed allora potrai servirti della lacca rossa, ma in pochissima quantità, in modo che appena dia il vermiglio al brodo.

Se lo desideri di pistacchio, ne prenderai una libbra, e ne toglierai la pellicola con acqua bollente (come per le mandorle); li pesterai ben bene, e farai consumare questa pasta nel brodo, come le frutta.

Se far lo vorrai di caffè, prenderai mezzo rotolo di ottimo caffè, lo bruscherai color *carmelitano*, e dal tamburretto istesso ancor caldo lo tufferai nel brodo, e farai il resto come sopra.

Se vuoi farlo di. . . . . lo farai di ciò che ti piace, avendoti date tutte le norme, ed i metodi teorici, e pratici; chè se di tanti altri far te ne volessi la descrizione, mi fuggirebbe il tempo pel dippiù.

§. V.

Il tempo materiale per l' esatta precisione di questi geli è di tre giorni: il primo giorno si dà la prima cottura ; nel secondo si spuma e si chiarifica , vi si dà il senso , si pone nella forma o stampa , e si conserva , lasciandolo per tutta la notte in riposo in luogo fresco onde ottenersi la congelazione : il terzo giorno poi te ne potrai servire ; badando che se ti necessita nella stagione d' inverno , tenendolo in sito fresco , come ho detto, la mattina lo troverai gelato ; se poi ti trovi nella stagione estiva , allora quattr' ore prima di servirsi in tavola adatterai la forma in un tinello con molta neve salata , come uno spumone di gelato ; e quando sarà il momento di servirlo accomoderai un tovagliolo nel piatto , e con la punta del trinciante lo staccherai pianin pianino pria sull' orlo della forma o stampa, e poi nel di dentro (purchè non vi fussero de' meati) onde non resti niente attaccato alla forma istessa. Quindi lo rovescerai sulla salvietta , e così lo presenterai.

Qualora poi ti mancasse il tempo sopra descritto , può eseguirsi anche al momento , riunendo tutte le operazioni e diligenze , e supplendo con la neve a ciò che non può ottenersi istantaneamente, cioè la congelazione.

§. VI.

Metodo per fare le forme di carne selvagina, d'interiori di
  polli, di pesci, di ragoste, di frutti di mare, e di frutti
  freschi siroppati *alla spiga.*

Se vorresti fare una forma di cignale *alla spiga*, prenderai la polpa di esso, e dopo che l'avrai lavata, l'asciugherai ben bene, la ravvolgerai in un panno-lino ben stretta, e la farai cuocere con l'istesso brodo aromatico prescritto per la galantina fredda: quando sarà ben cotta, la leverai, facendola raffreddare sotto di un piccol peso, onde ne sgoccioli tutto quel brodo; poscia ne farai tanti pezzetti, che porrai in una forma o stampa, riempiendola del brodo già fatto come sopra de' piedi di vitella (In questo piatto ci sta benissimo il senso di menta, o di limone, dovendo essere il brodo più acido, e per conseguenza meno dolce), e lo farai raffreddare giusta il prescritto nel precedente paragrafo.

Se si volesse di ragoste, queste si lessano, si nettano delle loro corteccie e de' loro artigli, il di cui frutto l'è anche ottimo, e divise in pezzetti, oppure a filetti, si aggiustano nella forma o stampa, versandoci il brodo fatto come sopra.

Lo stesso praticherai pe' frutti di mare, che lesserai, badando a non farvi rimanere alcuna corteccia, e specialmente alle patelle, nelle quali sono più facili a rimanervi. Le ancine ci stanno bene per framezzo, togliendone però con diligenza gli spicchi, pe' quali terrai pronta l'acqua bollentissima, onde subito possan cuocersi, e levarli egualmente. Il brodo per questi sarà sempre lo stesso, ma spiritoso.

Similmente ti regolerai per gli altri pesci, ma che siano de' grossi e polposi, e bene spinati, e spellati.

Lo stesso praticherai per gl'interiori di polli, (meno i ventricoli), e ti prego usare l'attenzione di situarli tutti assortiti, affinchè rivoltando la forma, l'occhio resti pago in vedere de' variati colori sotto al trasparente del gelo. Baderai ancora che le interiora siano pronte, e tenere, lessandole pria, e ritirandole nell'acqua fresca, con nettarle qualunque pellicola. Li fegatini li dividerai in due parti, come naturalmente sono, togliendone la milza la quale ha la figura di un faggiolo. Dalle matrici ne toglierai tutti gli estremi delle membrane, riducendole in pezzetti. Le spongbe degli ovi nonnati, e gli ovi più grandi li staccherai, gli altri piccoli li lascerai uniti. In questa forma ci stanno pur benissimo i petti di pollo ben cotti, ma non scotti, senza cute, e meno quelli estremi. Fatto ciò ci verserai il brodo.

Volendo fare una forma di frutti siroppati al gelo, potrai servirti di quelli in giulebbe: e se ti trovi nella stagione, potrai farli ancora da te, come in appresso ti segnerò. Questi pure li situerai in ordine formando nella stampa diversi fili di quanti frutti potrai avere, cioè, delle lazzaruole, delle prugne, delle piccole mandorle (con tutte le cortecce esteriori, purchè sieno tenere), de' piccolissimi cedrioli, delle piccole pere, de' pezzetti di mellone d'acqua, e di pane; e quindi ci verserai il brodo, mettendoci anche del rum, del rosolio, del maraschino ec. Questi sensi si ci possono dare di due maniere. La prima, riponendo in un vase di terra tutti i descritti frutti (questi possono essere di quelli siroppati al momento, o quelli presi dalla conserva nel giulebbe, ma che sieno bene sgocciolati), li terrai assieme per ore 24 con quel liquore, che ti piacerà, ed allora il brodo sarà soltanto dolce con qualche senso di cannella, vainiglia, rose, gelsomino, o altro. L'altra, mettendo nel brodo quel liquore che ti piacerà.

Questo piatto è assai dilicato, e di sommo gusto.

CAPITOLO V.

DELLE ZUPPE, E MINESTRE (1).

§. I.

Zuppe di grascio.

Zuppa di tagliolini.

Prendi tre quarti di rotolo di ottimo fior di farina, che adatterai sulla tavola di marmo, facendoci un buco nel mezzo, entro di cui porrai un battuto di otto in nove ovi, l'impasterai e maneggerai ben bene a polso forte, e se ti sembra che la pasta sia molto dura, lo che dipende dal più o meno liquido che ti daranno gli ovi a tenore della loro grossezza, in questo caso ce ne porrai degli altri, onde la pasta riesca morbida, ma non molle; e quando vedi che è giunta a questa perfezione, la dividerai in quattro o cinque

---

(1) Per zuppa s'intende qualunque sorta di pasta, e fina e grossa, e nel brodo e incaciata, i tagliolini, i gravioli, le diverse frittate di vermicelli, il timpano, il sartù, il riso semplice e composto, le minestre verdi, i broccoli, i cardoncelli, i piselli, le fave, i legumi ec.

porzioni, formandone di ciascuna di esse una tela
sulla medesima tavola di marmo, levigandola con
lo stenderello, ovvero laganatojo, e propriamente
quello adatto per li tagliolini, cioè più lungo degli altri, e meno doppio; ed a misura che si al-
lungherà la pasta ci spruzzerai del fior di farina,
avvolgendo la pasta istessa al laganatojo, rotolan-
dola sempre sulla tavola, perchè così la pasta si
farà sempre più sottile; e quando sarà giunta a
questa perfezione sfilerai il laganatojo, restando
sulla tavola l'involto della pasta, che taglierai a
tuo piacere, facendo li tagliolini o più stretti, o
più larghi, spruzzandoci del fior di farina con
ambe le mani alla rinfusa; indi li scioglierai, e li
riporrai su di un mensale per asciugarli; e quando ti bisognerà la zuppa, li farai cuocere nel brodo chiaro.

Zuppa di pane semplice.

Prendi le pagnotte di pane fresco, ne toglierai la corteccia, o con la grattugia, o col coltellone; le fetterai, suddividendo le fette in tanti
piccoli dadi; li friggerai; e di questo pane ti servirai per le zuppe semplici. Quando dovrai servirla porrai il pane nella zuppiera riempiendola di
brodo.

Zuppa alla Tedesca.

Prendi un rotolo e quarto di semola fina,
due terzi di ottimo e fresco butiro, un terzo di
parmeggiano grattugiato, poco sale poco pepe,
e 18 rossi d'ovi, ma freschi; batterai le chiara
degli ovi alla fiocca, asciugando bene tutto il loro
liquido a forza di polso battendo sempre, onde

alzj la spuma ; mescolerai il tutto , e l'impasterai
benissimo ; quindi adatterai la pasta sopra uno o
più coverchi di casseruola (perchè ti si renda più
facile la maniera di far cuocere la detta pasta);
terrai pronto il brodo , già descritto diffusamente
per le zuppe ; e quando bolle col coltellone farai
cadere in tanti difformi pezzettini quella pasta, che
farai bollire per mezz'ora , e cotta che sarà la
servirai col medesimo brodo ; ma se te ne trovassi
altro, oh quanto mi piacerebbe dippiù , perchè
l'è più chiaro. E questa sarà un'ottima zuppa.

Zuppa all' Erbaggio.

Attenzione per questa zuppa.

Prendi 10 lattughe , grana tre di spinaci, due
grana di acetosa , ed altrettanto di cerfoglio , ed
avendo delle biete (ma tenere) son buone ancora
in tre o quattro piantoline (fuori però da quell'
idea). Laverai ben bene le dette erbe , le tritulerai , le porrai in una casseruola con un pane
di butiro per farmi meglio intendere once otto
di butiro) , once otto di presciutto ben triturato, del sale , del pepe , e della spezie dolce ,
ovvero poca polvere di cannella , e garofano ; farai soffriggere il tutto al foco , e quando si sarà
asciugata questa composizione , la bagnerai con
buon brodo chiaro di vaccina , ed in questo modo
la farai cuocere, quando sarà ben cotta, ci unirai
once otto di ottimo fior di farina dodici ovi , ben
battuti , e farai legare il tutto , rivoltando con
forza a lento foco, badando , che non s'aggrop-
pisca ; poscia verserai la stessa composizione in u-
n'altra casseruola , adattandoci del foco, sotto ,

e sopra, avvertendo che non bolla, ma che si congeli semprepiù. Quando sarà il momento che dovrà servirsi questa zuppa, allora con un cucchiajo la toglierai dalla casseruola a piccoli pezzetti, nulla importando, che sieno difformi, e li porrai nella zuppiera; finalmente ci verserai sopra il brodo chiaro, che terrai pronto.

Della stessa te ne potrai servire ancora di magro; non ci porrai però il presciutto, ed in vece del brodo di vaccina, ci porrai quello di pesce.

Zuppa di pane composto.

Prendi sei pagnotte, ne toglierai la corteccia, le unirai con latte (bada che sia fresco), ci farai dare pochi bolli, indi lo leverai, e lo premerai facendone sortire tutto l'umido, unirai a questa pasta un terzo di parmeggiano, provola, o cacio cavallo grattugiato, per meglio asciugare il rimanente dell'umido, e bisognandocene un altro tantino ce lo porrai; ci unirai un pochino di petrosemolo triturato finissimo, del presciutto anche trito, del sale, del pepe, e de' torli d'ovi, tanti, quanti potrai bene rammassare la composizione; e se ti sembrasse alquanto molle, ci unirai un poco di pan gratto finissimo; ne farai tante piccole braciolette, le avvolgerai nel fior di farina, e le friggerai a color d'oro; le porrai in zuppiera, e ci verserai il brodo.

Questa zuppa dee servirsi al momento.

Zuppa di pagnottine farsite.

Questa zuppa l'è piuttosto antica, ma trovandoti in provincia, ove molte volte rendesi difficilissimo rinvenire tanti generi , perciò non vi è male servirti di essa.

Prendi 24 piccolissime pagnotte , ne toglierai con la grattugia destramente quella prima patina farinacea ; con molta attenzione ne toglierai una fettolina , che poi dovrà servirti per coverchio; di poi ne leverai tutta la mollica , e le riempirai di un *buchè*, ovvero di un ragoncino di piccolissime polpettine , de' pezzettini di fegatini di pollo, dei piselli teneri , di piccolissimi fonghi, di ovi nonnati ec., e le chiuderai con quella fettolina che precedentemente ne togliesti ; le bagnerai appena nel latte , o in mancanza nell'acqua fresca, onde si umidiscano ; le passerai nel fior di farina , le ravvolgerai nel battuto d'ovi , le friggerai, e le porrai in zuppiera col brodo.

Di queste istesse potrai servirtene per zuppa di magro , sostituendo alla carne il pesce, ed al brodo di carne quello di pesce ancora.

Zuppa di Gravioli.

Prendi un rotolo di ottimo fior di farina, lo porrai sulla tavola di marmo , e ci farai un buco nel mezzo : prendi mezzo pane di fresco butiro, e dodici ovi interi, battuti , ed impasterai tutto riducendola come la pasta de' tagliolini , e se ci bisognassero più ovi ce le porrai, (dappoicchè, come saprai vi sono degli ovi, che danno maggiore o minor liquido secondo la loro grossezza.) Dopo di aver maneggiato bene questa pasta , la stenderai con il laganatojo, raffinando e levigando bene le sue tele, formandone tanti piccolissimi pasticetti, che riempirai, o di ricotta e polpette peste, legando con de' torli d'ovi questa farsa, o di ricotta semplice; o con parmeggiano ed ovi; o con pesce fatto in polpette, e queste peste. Unirai bene la chiusura della pasta, tagliandola o con lo sperone o col tagliapasta, come più ti piace. Quando sarà il momento li farai bollire o in un brodo liscio, oppure in acqua; ed allorchè si presentano tutti sulla superficie dell'acqua nella caldaja, li leverai, li farai ben sgocciolare, e li porrai in zuppiera, o col brodo, o incaciati col sugo, potendo servire questa zuppa anche di magro, ed incaciata con *colì* di pesce, o nel brodo di pesce.

Zuppa alla mosaica al bagno-mario.

Prendi otto pagnotte, le scorzerai, le unirai con latte, e gli farai dare pochissimi bolli; dipoi con una mescola le maneggerai bene, e le passerai per setaccio; ci porrai once otto di parmeggiano, provola, o caciocavallo grattugiato, dieci o dodeci torli d'ovi battuti, con poco sale, ed unirai tutta questa composizione: dipoi ne farai tante porzioni per quanti colori vorrai darci, regolandoti nel seguente modo.

Pel rosso (se nell'estate) prenderai due pomidoro, e ne farai la salsa passandole per setaccio; se nell'inverno, potrai servirti de' pomidoro secchi, che ridurrai nell'istesso modo, ovvero di quelle in bottiglie; e se non potrai avere nè gli uni, nè gli altri, potrai usare un poco di lacca siroppata, che mi piacerebbe molto, potendone con questa formare un colore più o meno carico a misura della quantità che ce ne porrai. Potrai fare ancora un altro rosso servendoti delle carote cotte, peste e passate per setaccio, che unirai, e mescolerai con quella porzione, o più porzioni, chè vorrai fare de' differenti rossi, cioè il chiaro, il più forte, il più rosso ec.

Pel verde potrai servirti de' spinaci bolliti e pesti; in mancanza di questi, delle biete; ed in difetto di quest' altre, farai uso del succo delle ordiche, che danno un bel verde;

Pel bigio ci pesterai de' tartufi lessati, e fegatini di polli anche lessati.

Pel giallo ci pesterai de' torli d' ovi duri, oppure un tantino di decozione di zafferano.

Pel nero ci mescolerai un poco di ciccolata, ma cotta in decozione strettissima.

Per altri variati colori potrai pestarci de' frutti di mare.

Fatti tutti questi diversi colori, prenderai una forma di latta col suo coperchio come un cassettino, ed in essa situerai fil per filo interpellatamente tutti questi colori uno sopra dell' altro, ripetendo lo stesso più volte. Indi chiuderai la forma, la legherai con spago (onde non possa sturarsi per l'azione calorica), e la tufferai nell' acqua bollente che dicesi *bagno-mario*; badando che non vi penetrasse dell' acqua. Quando sarà giunta a cottura, la leverai, e la farai raffreddare, di poi la rivolterai su d'una salvietta, ed a tuo capriccio dividerai e suddividerai la detta forma in variati pezzetti, che saran graziosi al vedere quei diversi colori. Quando dovrai servire questa zuppa, porrai pria il brodo nella zuppiera, e poi ci tufferai quei pezzettini.

Zuppa di gnochi alla Milanese.

Prendi un rotolo di semola fina, che cuocerai come la pasta per le zeppole, e dopo cotta ci mescolerai mezzo rotolo di ottima ricotta, once quattro di parmeggiano, provola, o caciocavallo, grattugiato, mezzo pane di butiro, ovvero tre in quattr'once, ed otto o nove torli d'ovi; la maneggerai bene, l'arroterai col fior di farina, e ne formerai tanti maccheroni, che taglierai in tanti pezzetti a forma di giusti struffoletti, e li farai cuocere o nel latte con acqua; o in un brodo chiaro semplice, o finalmente anche nell'acqua; e cotti che saranno, volendoli nel brodo, li porrai in zuppiera con buon brodo già preparato, volendoli incaciati, in vece del brodo, ci porrai del buon sugo, e parmeggiano.

Gnocchi semplici.

Prendi un rotolo di semola fina, once quattro di butiro ed una decina di ovi battuti; e mescolando tutto insieme, farai una pasta come quella de' tagliolini; la taglierai a piccolissimi struffoletti, che ad uno ad uno incaverai con le dita; indi li lesserai, e potrai servirtene o in brodo, o incaciati con sugo.

Zuppa alla santè.

Prendi otto pagnotte scorzate divise a dadi, che friggerai e dopo bene asciugati del grascio, li porrai in zuppiera.

Questa zuppa diversifica da quella di pane semplice nella sola manifattura del brodo, perchè in quella il brodo dev'esser semplice; in questa ci si debbono unire le erbe tritulate, e lessate.

Zuppa di cannoletti di pane farsiti.

Prendi de' grossi pagnottoni , che abbiano molta mollica ; ma bada che questo pane non dev' essere con l'*occhio* al di dentro , perchè allora non potrai lavorare i cannoletti. Taglierai questi pagnottoni in diverse e grosse fette , acciò da ognuna potrai ricavarne due o tre cannoletti, suddividendo le fette in due o tre pezzi , e riducendole come tanti mortaletti da sparo ; li rotonderai bene con la piccola grattugia , e poi col coltellino per vuotare i cocozzoli li forerai similmente, indi li riempirai con un *buchè* o raguncino simile a quello della zuppa di pagnottine farsite , e farai tutto il resto come ti ho prescritto per quelle.

Circa la quantità sarà di quattro cannoletti , per ogni coperto.

Zuppa di Rotelline all' inglese.

Prendi li medesimi pagnottoni , che fetterai regolarmente , e poi col ferro che si tagliano l'ostie , e propriamente quello della rotondità di una *particola* : taglierai un competente numero di rotelline. Queste debbono essere bagnate; e per bene eseguire tale operazione farai così. Bagnerai un tovagliolo , e nella sua mettà vi adatterai simmetricamente le rotelline , che covrirai coll'altra mettà; o con le mani al di sopra farai che tutte sieno bagnate. Dipoi con una santa pazienza (come l'ho avuta io più volte) cercherai d'imbottire mettà del numero delle rotelline , e tutte diverse : a talune ci porrai de' spicchi di ancine , ad altre del trito di polpettine , ad altre della composizione di fonghi e tartufi , ad altre una composizione di diverse erbe ; e tutte queste cose legate con torli d' ovi battuti. Indi le covrirai con l' altra mettà delle rotelline , le passerai nel fior di farina (ed ecco perchè ci bisogna quella bagnatura , onde questo ci si attacchi) , e le friggerai a color d' oro , potendole pur passare nel battuto d' ovi , se ti piace ; e così le porrai in zuppiera col brodo quando dovrai servirle.

Una decina di queste rotelline bastano per un *coperto.*

Zuppa di pane di spagna.

Prendi libbre due di pane di Spagna non molto fresco , lo taglierai a piccoli dadi , ed attentamente lo friggerai con strutto bollentissimo, badando però che non si bruci , gondolando sempre la padella fuori dalla fornella ; e preso che avrà il suo color d' oro , lo toglierai , e lo farai asciugare in una carta molle. Quando dovrai servire questa zuppa porrai il pane di spagna già fritto in uno o due proporzionati piatti , ed il brodo nella zuppiera , perchè chi scalcherà in tavola, col cocchiarone prenderà tanti pezzettini del pane di spagna , li porrà nel piatto da zuppa , e col coppino ci verserà il brodo ; altrimenti , faresti piuttosto una colla che una zuppa.

Polenta.

Metti in una casseruola una caraffa di latte con poc' acqua , che porrai sul foco , e quando principierà a bollire ci mescolerai un rotolo di semola fina , la farai cuocere , girandola sempre con la mescola di legno, e quando ti sembra cotta, ci mescolerai once otto di parmeggiano , provola , o caciocavallo grattugiato , once quattro di fresco butiro , un poco di sale e pepe , quattro torli d'ovi battuti , e seguiterai a mescolare facendoci dare altra piccolissima cottura. Dopo ciò leverai questa pasta dal foco, e la verserai sulla tavola di marmo unta di butiro, aggiustandola alla meglio, e formandone uno o due pezzi lunghi e rotondi come un capetone, e la farai raffreddare. Indi la taglierai a fette di un mezzo dito di spessezza, e l'accomoderai come i maccheroni, però in piatto di rame perchè deve prendere aria di forno. Tra i loro framezzi ci porrai del parmeggiano grattugiato, o altro formaggio che ti piacesse, o che per necessità ti converrà adoperare; delle fettoline di mozzarelle, o provola bianca, delle fettoline di presciutto, delle salcicce o cervellate cotte e divise a pezzetti, e dell'ottimo sugo. Porrai questo piatto nel forno, o sotto al fornello; e quando la polenta sarà bene incorporata, ci rimetterai dell'altro sugo, e la servirai. Se ti riesce toglierla destramente dal piatto di rame, e farla uscir sana, sarebbe cosa ottima, giacchè accomodandola dapprima nel piatto di terra, si correrebbe il rischio d'aprirsi coll'azione del foco.

Minestra di frutti imbottiti, e semplici.

Prendi tre cocozzelle d'acqua, cosi dette *lunghe*; ne rasperai la corteccia, ne formerai dodici cannoli della lunghezza non più di tre dita, e ne toglierai il seme, o col cavafrutti, o col coltellino; indi prenderai dodici percoche, altrettante pera di una giusta grossezza, dodici piccole cipollette, ed altrettanti cavoli, ovvero *torzelle*: a tutti questi frutti e verdure toglierai la corteccia, e le foglie, e col cavafrutti ci farai un forame nel mezzo, onde toglierne ad alcuni il seme, ad altri l'osso, e ad altri per rimanerci un vuoto da riempirsi. Farai una composizione, così detta *farsa*, come quella per le polpette, e se la vorrai dolce ci porrai del zucchero, e della polvere di cannella, riempiendo con questa farsa tutt'i frutti e le verdure.

Questa minestra sarà cotta in buon brodo rosso, però articolo per articolo, e quando sarà tutto cotto, li unirai insieme; e nel doverla servire la porrai in zuppiera con brodo rosso.

Della stessa minestra potrai servirtene anche ne' giorni di magro, riempiendola di un *farsito* di pan gratto, parmeggiano grattugiato, o altro formaggio, ammassandolo col battuto d'ovi, e facendola cuocere in buon sugo di pomidoro; e così la servirai.

Di questi stessi frutti potrai farne una minestra semplice, facendola cuocere o nel *colì* di carne, o nell'estratto di pomidoro però tagliati.

§. II.

Zuppe di magro.

Zuppa di latte.

Prendi due caraffe di latte, lo farai bollire ponendoci un poco di sale, ed un po di zucchero; indi farai le fettoline di pane bruscato, e le porrai in zuppiera, che terrai sulla cenere calda versando sopra una mettà del latte: nell'altra mettà ci porrai dodici rossi d'ovi battuti, e maneggiandolo sempre lo farai restringere sul foco: quando il latte principierà a condensarsi, lo leverai prontamente, e lo verserai anche nella zuppiera; e così servirai questa zuppa.

Zuppa al sugo di Piselli.

Prendi un rotolo di grossi piselli verdi scorzati, un poco di petrosemolo, sei cipollette, e farai tutto cuocere in buon brodo di pesce per un'ora e mezzo; poi li pesterai, e li passerai per setaccio. Se i piselli fussero secchi, allora ne prenderai mezzo rotolo, e li lesserai, e per renderli verdi, ci aggiungerai degli spinaci cotti nell'acqua, e ben premuti; li pesterai insieme, e ritratto questo sugo brodoso, lo verserai sopra le fettoline di pane bruscato, questa può servirsi ancora di grascio adoperando il brodo, o il *coll.*

Zuppa al sugo delle lenticchia.

Prendi una misura e mezzo di ottime lenti, che stropiccerai con un tovagliolo, perchè vada via tutta la polvere, le laverai con acqua fresca; le farai cuocere con buon brodo di pesce, e scotte che saranno le passerai per setaccio. Tutto l'estratto lo scioglierai con altro brodo, unendoci poche erbette, come petrosemolo, cerfoglio, il bianco e tenero di pochi selleri, e tutte queste erbe ben triturate le lesserai, e le unirai col sugo, ed al momento che dovrai servire la zuppa, porrai nella zuppiera o le fettoline di pane bruscato, o di quello a dadi fritti, e ci verserai il sugo.

Questa potrà servirti ancora di grascio, cuocendo le lenti nel brodo o sugo di carne.

Zuppa di magro per la primavera.

Prendi rotoli quattro di piselli, teneri, freschi e scorzati, grana quattro di cerfoglio, quattro o cinque buone lattughe, due o tre cipolle, due grana di petrosemolo, del sale, poco pepe, una piccola stecchetta di cannella, due o tre teste di garofani, e mezzo rotolo di ottimo e fresco butiro; porrai il tutto a bollire con cinque caraffe d'acqua, facendoci dare tre in quattr'ore di bollimento (perchè così tutto si verrà ad incorporare) in modo che tutto si disfaccia. Terrai pronta dell'acqua bollente per rimetterla sino a che vedrai essere ridotto il brodo a caraffe tre, perchè non meno di questo potrà servirti per la zuppa: allora passerai il brodo per panno-lino; e dopo ben riscaldato, gustandolo pria se abbia buon sapore, lo verserai sul pane come sopra in zuppiera.

Altra zuppa di magro mista.

Prendi tre buone cipolle di quelle perfettamente bianche, cinque o sei rape di quelle grandi e di buona figura, perchè queste difficilmente sono spinose, una decina di torzelle, quattro o cinque selleri, e grana due di petrosemolo; netterai tutte quest'erbe dalle loro cortecce, e quanto siavi di cattivo ed inutile; le ridurrai in pezzi, e li farai bollire con mezzo rotolo di (sempre) ottimo butiro, aggiungendovi una stecchetta di cannella, due o tre teste di garofani, del sale, e pochissimo pepe: quando tutto sarà scotto, passerai per setaccio, e panno lino il brodo, e quindi te ne servirai per la zuppa; circa il quantitativo dell'acqua, ti regolerai come per la precedente.

Zuppa al latte di mandorle.

Prendi un rotolo di mandorle dolci, che porrai in una casseruola con acqua sul foco e quando principia a bollire le toglierai dal foco , e le scorzerai ed a misura , che leverai la corteccia le verserai in acqua fresca ; dipoi le asciugherai, e le pesterai in un mortajo di pietra , bagnandole da tanto in tanto con un pochino d'acqua fresca, onde non si convertano in oglio ; e quando le avrai ben peste , in modo che sembrano una pasta, le porrai tutte in un vase con quattro caraffe d'acqua fresca , le rivolgerai benissimo , e con un pannolino le passerai premendole, onde estraggano tutto il latte ; quindi porrai in una casseruola mezza caraffa d'acqua , quattr'once di zucchero, poco sale , e cannella , una dozzina di coriandri , e due once di cedro candito , e farai tutto bollire per mezz'ora ; di poi passerai questa poc'acqua , e l'unirai al latte di mandorle , che farai bollire, e restringere alquanto , ma dolcemente ; ed aggiustando le fettoline di pane bruscato nella zuppiera ci verserai quel latte caldissimo ; e così servirai subito la zuppa.

Riso bruciato.

Prendi un rotolo e mezzo di ottimo riso, che sia di quello *forte* , cioè *duro* ; lo netterai ben bene da qualunque corpo estraneo , e lo stropiccerai con un tovagliolo ; quindi porrai in una casseruola grande un terzo o di butiro , o di sugna, ed un terzo di caciocavallo vecchio diviso in pezzettini , che farai soffriggere , e divenuto a color di cannella ci mescolerai il riso, che volterai , e rivolgerai sempre , finchè il riso si brustolisca ; e

quando sarà bene asciugato, e brustolito lo coprirai, o di brodo chiaro se vorrai servirtene di
grascio, o di *colì* di pesce, se di magro, con
del sale, e del pepe; e così lo farai cuocere, avvertendo che non dev'essere nè brodoso, nè umido; ed in tal modo lo servirai.

Oglia alla spagnuola di magro.

Prendi mezza misura di ceci bianchi; li lesserai, e ci premuterai l'acqua, e li condirai con
oglio ottimo, un pochino di rosmarino in polvere,
basilico, petrosemolo, e maggiorano, il tutto ben
lavato, e triturato; indi prenderai once sei di
buono tarantello dissalato e nettato delle sue impurità, e lo taglierai a giusti dadi; once quattro
d'alici salse, anche nettate e spinate, e le farai
ben soffriggere con tutte le suddette erbe ed oglio
in una casseruola. Quando saranno cotti i ceci, li
unirai alla detta composizione. Prenderai anche cinque in sei torzi di cavoli, due o tre rape bianche, e due o tre selleri, triturerai similmente e
lesserai, e quando saran cotte le sgocciolerai bene,
ed unirai il tutto con *colì* di pesce; farai de' piccolissimi pezzettini di pane fritto, li porrai in zuppiera, e quando dovrai servirla ci verserai tutta
la descritta composizione.

Zuppa di Gamberi.

Prendi de' gamberi grossi, li lesserai, ne
staccherai le code, ove è tutto il frutto, ed il
resto lo pesterai fortemente nel mortajo; indi lo
porrai in una marmitta con acqua, e farai bollire;
quando tutto sarà disfatto, passerai questo brodo

per setaccio , e lo riporrai nella marmitta con oglio, e tutte l'erbe che ti ho detto al §. I. del Cap. III. in dove è descritta la maniera di fare i brodi ; e quando l'erbe saranno pur scotte , ripasserai il brodo , ci porrai del sale , e poche altre erbe trite , già lessate ; farai de'pezzettini di pane fritto , e le porrai in zuppiera, versandoci il brodo , e tutte le code de'gamberi.

Broccoli alla Camaldolese.

Prendi 60 piante di broccoli, dovendoti servire delle sole cime , che taglierai lasciandoci un poco poco di stipite , ovvero *torzillo* ; li laverai benissimo , e li farai maggiormente sgocciolare , di poi li situerai strettissimi in una o più di quelle casseruole piatte , facendo che il fiore resti superiormente , e che siano talmente incassate queste cime , che al dir di un Camaldolese , sembra uno *sfarzo* il rivoltare la casseruola sotto sopra, senza pericolo che sortano le cime.

Porrai a bollire in una marmitta una decina di caraffe d'acqua con mezzo rotolo di finissimo oglio , del sale , e del pepe, dovendo bollire per lo meno quattro in cinque ore, e ciò per far medesimare l'oglio con l'acqua per mezzo del bollimento. Intanto terrai pronta dell'altra acqua bollente da poter sostituire a quella che si restringe, come sicuramente dee succedere ; avvertendo, che di tutto questo brodo deve bisognartene quattro caraffe e perciò lo farai a questo punto ridurre.

Una mezz'ora , prima che dovrai servire questi broccoli , allora baderai alla loro cottura , che sarà la seguente. Prendi un buon coppino di quel brodo , e lo porrai sopra tutti i broccoli, che porrai sul foco, e starai attento a vedere quando sù quel fiorame principiano a sortire delle perle, essendo questo il segno che bollano; ed a misura, che vedi diminuir le perle ci porrai un altro coppino proporzionato (anche bollente già) fatto ciò per tre in quattro volte, destramente ne toglierai uno per conoscere la cottura. (Avverti che non debbono essere *passati*); e cotti che saranno ne farai sgocciolare quel poco di brodo che li ha cotti, e diligentemente li accomoderai asciutti nel piatto, ponendo in una zuppiera il restante di quel brodo. Ti assicuro, che sarà una graziosa sorpresa per i commensali il vedere nel proprio piattino quattro o cinque cime di quei broccoli, con un cocchiarone di quel brodo (che in tavola così saran serviti), ed ognuno crederà essere i broccoli scaldati, perchè cotti in tal modo non perdono il loro verde, e per effetto del bollimento l'oglio si è medesimato con l'acqua, e perciò il brodo è divenuto limbido; ma bisognerà gustarli per conoscerne la squisitezza.

Broccoli alla Martiniana.

Prenderai l'istesso numero di broccoli; ed accomodati similmente nella descritta casseruola, ci porrai del sale e pepe, li coprirai di ottimo oglio ed a foco piuttosto lento li farai cuocere: quando li dovrai servire, con somma attenzione ne farai sgocciolare tutto l'oglio, e li porrai o in zuppiera o in piatto; e saranno anche ottimi.

§. III.

Dei diversi Timpani, e Sartù.

Timpano di maccheroni con pasta.

Pel numero di coperti che col sistema generale ho prefisso cioè sempre per dodeci, basta il
peso di un rotolo di fiore per fare la pasta frolla,
e ce ne rimarrà qualche poco, purchè però saprai
adattare la casseruola proporzionata, e questa proporzione te la darà ancora il peso de' maccheroni.
Farai dunque la pasta frolla, come vedrai al capitolo delle paste ; indi farai una inverniciata di
sugna per tutto il didentro della casseruola, distenderai la pasta col laganatojo riducendola non
molto sottile, e diligentemente farai la cassa nella
casseruola. Contemporaneamente lesserai un rotolo
e mezzo di maccheroni, i quali non debbono essere molto cotti ; li sgocciolerai bene, ed in un
vase separato li condirai di ottimo sugo, e buoni
formaggi. Intanto precedentemente avrai fatto il
brodo di sostanza, entro del quale ci avrai cotto
mezzo rotolo di cervellate, se ne è la stagione,
una decina di fegatini di polli, due o tre petti di
polli disossati, un mezzo rotolo di carne polpa
ridotta in piccolissime polpettine e braciolettine,
de' piselli, e de' fonghi ; come altresì terrai apparecchiato un mezzo rotolo di mozzarelle fettate,
quattr' ovi duri a quartini, e delle fettoline di
presciutto. Farai nella casseruola con la pasta, di
già, nel suo fondo un pavimento intersecandovi un
pò di tutto ciò che ti ho descritto, ma senza brodo, ed un altro pavimento lo farai di maccheroni,
e così farai finchè tutto esaurisci ; badando che gli

ultimi debbono essere i maccheroni, perchè così il coverchio di pasta ci anderà più adattato; e finalmente ci porrai il coverchio di pasta chiudendo bene il suo dintorno. Per la sua cottura ti regolerai nel seguente modo. Accenderai in una fornella due rotoli di carboni, e quando saran tutti bene accesi, li toglierai da quella fornella entro della quale non ci rimarrai che pochissimo frantume, e gli altri li porrai, una porzione sul coverchio della casseruola, ed il resto all'intorno della medesima, adattandola sulla stessa fornella, la quale si troverà rovente, e perciò non vi necessita maggior forza di foco, ed anche perchè nel fondo della casseruola non si ci può avere un occhio materiale. Se per caso la pasta superiore prendesse molto di foco, ci adatterai subito un pezzo di carta, e nuovamente il coverchio; e quando ti sembrerà cotto, con la punta di un coltello staccando la pasta dalla casseruola, lo leverai dal foco. Quando lo dovrai levare dalla casseruola farai pria una pulita a tutto il dintorno della medesima nettandola della cenere, e poscia con un colpo lo rovescerai nel piatto proprio, che terrai con la mano sinistra; ma se poi fosti un principiante ti additerò il mezzo come fanno tutti i *dotti*. Porrai sulla casseruola un altro coverchio un pochino più grandetto, e su di esso rivolgerai la casseruola; indi lo farai scivolare nel piatto, e finalmente con la punta del coltellone ci farai una rotellina, che destramente toglierai, per innaffiarlo con un pajo di coppini di sugo colato, onde il timpano vada umido in tavola, e poscia vi rimetterai la rotellina.

Timpano di maccheroni alla Siciliana con la corteccia di milinsane.

Prendi quindici in sedici grosse milinsane, le scorzerai, le fetterai, é le porrai in sale con un peso al disopra per farne scaturire quasi tutto l'amaro; quindi le premerai, facendone sgocciolàre tutto l'umido, e le friggerai di biondo colore; di poi invernicerai di strutto la medesima casseruola che ti servì pel timpano precedente (onde trovarmi sempre conseguente pel quantitativo di 12 coperti) ci farai una cassa di carta, facendola bene attaccare alla cassèruola, e dopo invernicerai ancora la cassa di carta; poscia ci farai una impellicciata, ovvero ingranita di pan gratto, e finalmente ci adatterai le fette di milinsane già fritte, badando che ogni orlo di fetta vadi su dell'altro, e che questi estremi sieno bene attaccati, in modo di non vedersi la carta. Fatta questa cassa di milinsane in luogo della pasta, farai il rimanente de' maccheroni, e raguncino, ed in ultimo il coverchio di milinsane, l'altro pan gratto, e la carta al disopra; e così lo farai stagionare al foco.

Timpano di maccheroni senza pasta.

Invernicerai bene la medesima casseruola di strutto, ed in luogo della pasta la impelliccerai, ovvero, l'ingranirai di pan gratto; farai li maccheroni ben conditi come sopra anche pel peso (badando, che i maccheroni debbono essere molto tiepidi in caso diverso la sugna attorno la casseruola col pan gratto si liquefacerebbe e tutto il pane grattugiato anderebbe giù nel fondo) e ce ne porrai una mettà, aggiustandoli col cocchiarone, e facendoci quasi un vuoto nel mezzo, in dove porrai il medesimo buchè o raguncino, e quindi ci porrai il rimanente de' maccheroni, con farci una polverata di pan gratto, e de' pezzettini di strutto per sopra, e così lo farai cuocere come il timpano con la pasta.

Timpano di maccheroni di magro senza pasta.

Prendi un rotolo, e mezzo di maccheroni, li lesserai ma che non sieno passati di cottura, li sgocciolerai, e li porrai in una casseruola più grande di quella che dovrà formarti il timpano, mescolandoci once otto di butiro bollente un terzo di parmeggiano grattugiato, del sale, del pepe, e dodici ovi battuti, mescolerai insieme con li maccheroni a lento foco, perchè a poco poco il battuto d'ovi entri in cottura; quindi rovescèrai a poco la volta questa dose nella casseruola adattata, facendoci de' tramezzi di fettoline di mozzarelle, e quartini d'ovi duri.

Farai staggionare questo timpano a vapore onde i maccheroni non si raffreddino, e s'incassano fra loro, e quando dovrai servirlo lo sformerai come il timpano.

Timpano di maccheroni al latte.

Farai la pasta frolla come al capitolo delle paste, e ne farai la cassa nella casseruola come ti ho detto di sopra.

Prendi il solito rotolo, e mezzo di maccheroni, anzi li così detti *maccaroncelli*, prendi ancora quattro caraffe di latte, e porrai a bollire insieme, cioè, una casseruola col latte, ed un al-

tra con acqua , quando bolle l' acqua ci tufferai i
maccheroni , e giunti pria della mettà della loro
cottura li sgocciolerai benissimo , e li porrai in
quell' altra casseruola del latte che già bolle , e
così li terminerai di cuocere ; li toglierai dal latte
ma molto umidi , mescolandoci un mezzo rotolo di
provola grattugiata , dovendo essere un formaggio
più dolce per unirsi al latte , e de' pezzettini di
mozzarella , e così porrai li maccheroni nella casseruola ove hai situata la pasta , e farai cuocere
questo timpano.

Debbo avvertirti , che questo timpano può
servire anco per *entramèe* ; ed allora dovresti far
uso di una delle casseruole piatte , cioè più basse:
laddove poi vorresti servirlo per primo piatto ,
userai la casseruola che ti ho detto.

Mi credo ancora nel dovere di prevenirti, che
questo timpano , volendolo servire per *entramèe* ,
molti lo desiderano col senso di tartufi , e questo
se gli dà, prendendo due o tre tartufi scorsati e
divisi in quartini , e facendoli bollire nel latte , di
unita ancora ai maccheroni , togliendone poscia i
tartufi quando i maccheroni saran cotti.

Sartù di riso.

Prendi un rotolo e mezzo di riso , ma che
sia di quello forte , lo lesserai nel brodo chiaro ,
ed in mancanza anche nell' acqua , sia pure per
economia , perchè vale lo stesso. Quando il riso
sarà cotto , ma non scotto , ci porrai un terzo ,
ossia once undici di parmeggiano o caciocavallo ,
ed un pane di butiro (purchè non l' avrai cotto
nel brodo) , ci farai un battuto di dodici ovi , e
mescolerai tutto ben bene : indi farai raffreddare

questa composizione , e poscia prenderai la casseruola proporzionata per formare il sartù , facendoci una inverniciata di strutto con una uguale impellicciata di pan gratto , poscia ci porrai la metà
del riso già intiepidito , e con una mescola leggiermente lo adatterai facendoci un concavo nel
mezzo , ove porrai il solito raguncino che più volte
ti ho detto per i timpani : Al di sopra ci porrai
l'altra metà del riso , e con le mani l'accomoderai in modo che vada tutto bene incassato , facendoci al di sopra una ingranita di pan gratto con
de'pezzettini di strutto.

Gli darai la cottura come al timpano con la
pasta , facendoci anche un buco in mezzo come a
quello , versandoci uno o due coppini di sugo.

Timpano di vermicelli di magro senza pasta.

Prendi rotoli due di vermicelli , che lesserai,
ma che sieno pronti ; frattanto terrai apparecchiato
tre misurelli d'oglio finissimo , che farai soffriggere con una decina d'alici salse ben pulite , e
spinate , e le farai consumare nell'oglio , cotti che
saranno li vermicelli , li sgocciolerai benissimo ,
versandoli in una casseruola grande , anzi se fusse
un tegame sarebbe meglio , e sopra ci porrai quel-
l'oglio li rivolterai più volte con del sale , del
pepe , e per chi piace ci stà bene ancora un trito di petrosemolo , facendo restare a color di foco
il tegame anzidetto , con darci una rivoltata da
tanto , in tanto , perchè così li vermicelli s'asciu-
gano , e divengono sciolti ; poscia prenderai una
casseruola , che ti sembra proporzionata , che ci
vadino tutti bene incassati , ci farai una verniciata
di strutto e poi una ingranita di pan gratto tal

quale come pel sartù di riso , dipoi ci porrai pochi vermicelli , che accomoderai , facendoci un
suolo di capperi , olive , alici salse , ci potrai
mettere ancora de' piccoli fonghi , ma cotti ; del
pesce , ben pulito , e spinato ec. , e quindi un
altro suolo di vermicelli , e così continuerai ; sulla
superficie de' vermicelli ci farai un' altra verniciata
di sugna , che parimenti ingranirai con pan gratto,
e lo farai cuocere come il sartù.

Timpano di vermicelli con pomidoro cotti crudi.

Per ogni quarto di vermicelli ci và un rotolo
di pomidoro , però debbono essere di quelle tonde
e non molto grandi.

Prendi la casseruola proporzionata pel numero di coperti , che dovrai servire , farai in essa
una verniciata di sugna , dipoi dividerai per mettà
li pomidoro , e li porrai nel fondo della casseruola , con la parte umida al disotto , e la pelle al
disopra , e sopra di esse ci porrai un altro filo di
pomidoro anche divise per mettà , con la differenza , che la parte umida delle seconde resterà alla
parte di sopra , e così sarà coverto tutto il fondo
della casseruola ; ci porrai del sale , del pepe ,
e sopra di esse adatterai li vermicelli crudi , spez-
zandoli siccome è la larghezza della casseruola , e
ne coprirai li pomidoro ; sopra i vermicelli porrai gli altri pomidoro divisi sempre per mettà ,
che spruzzerai di sale , pepe , e sopra di esse
situerai gli altri vermicelli di contraria posizione
degli antecedenti , e così praticherai finchè si sarà
riempita la casseruola ; l' ultimo suolo delli pomidoro le situerai , con la pelle alla parte di sopra,
e per ultimo ci porrai il condimento ; sia oglio ,

sia strutto, sia butiro, sarà sempre pria liquefatto, e quindi lo verserai nella casseruola, che
farai cuocere come al timpano.

Debbo prevenirti ancora, che se ti piace farlo
di magro ci farai de' tramezzi di alici salse, ed
allora ci porrai l'oglio ; se vorresti condirlo con
butiro, o strutto, potrai farci de' tramezzi di
fettoline di mozzarella; par, che mi sia bastantemente spiegato per questa inetta operazione, e
laddove non giunga la mia insinuante spiegazione,
supplirà la tua perspicacia.

Maccheroni alla perfetta siciliana di grascio.

Prendi un rotolo di carne vaccina, e sia il
vacante, lo farai in istufato, che sia ben cotto, e
cotto che sarà lo triturerai benissimo riducendolo
come a quello pel serpicco. Prendi dieci milinsane
e più le scorzerai, le fetterai, le porrai in sale,
e quindi le friggerai. Lesserai rotoli due di ottimi
maccheroni, ma bada, che la loro cottura sia una
terza di meno, li sgocciolerai benissimo, e l'accomoderai in piatto con buon sugo, parmeggiano,
ed altri formaggi grattugiati, e per ogni filaro di
maccheroni c'intersecherai un pavimento di quel descritto trito ed un suolo delle fette di milinsane
fritte, e nella parte superiore ci porrai molto formaggio grattugiato col brodo finchè prendendo aria
di forno succeda la crosta, fatta la quale si guste-
ranno eccellentissimi li maccheroni.

Maccheroni alla perfetta siciliana di magro.

Prendi rotoli due di finocchi freschi ma di
quelli selvaggi, dopo di averli ben puliti, li tri-

tulerai, ma piuttosto grossolani, e li lesserai un poco, li soffriggerai; con oglio con delle alici salse trite, ma spinate, ci porrai ancora mezzo quarto di mandorle brustolite e triturate, e mezzo quarto di passi; di poi lesserai rotoli due di maccheroni, ma non molto cotti, e dopo li condirai, con oglio, del sale, e del pepe; li accomoderai in un piatto suol per suolo, con dei framezzi di quel soffritto di finocchi ec., e li farai incrostare al forno, o sotto al fornello.

Potrai renderli più gustosi, se unito alli finocchi ci farai dei tramezzi ancora di alici fresche spinate, e cotte, e ti assicuro, che saranno più piacevoli.

AVVERTIMENTO

Molte e diverse altre zuppe descriverti potrei in questo capitolo; ma allora formerei un opuscolo solo di zuppe. Bastino dunque quelle che ti ho segnate, potendone altre eseguire quando acquisterai maggiori idee, figlie della teorica, e della pratica.

CAPITOLO VI.

DE' LESSI.

§. I.

Lessi di carne.

Dovendoti servire per piatto un lesso, sia questo un pezzo di vaccina di rotoli tre, non molto grascio; e per essere buono, devi prendere il *vacante*. Può essere anche di vitella, ed allora sia un mezzo rotolo di più. Può essere pure

di carne di nero, e di polleria diversa, ma domestica; e sempre con salsa.

Per la cottura di questi lessi ti regolerai come
ti ho prescritto in parlando de' brodi.

§. II.

Lessi di pesce.

Volendo fare un lesso di pesce, prederai o
un pesce grande, o un pezzo di grosso pesce,
come per esempio: Una magnifica spinola, un
dentice, una ricciola, o un pezzo di essa, un
boccadoro, un' ombrina, una buona cernia, o un
grosso pezzo della stessa, un pezzo di pesce-spa-
da, de' grandi merluzzi, de' grossi cefali, uno
storione, o un pezzo di esso, e finalmente anche
un pezzo di tonno.

Tutti questi pesci, siano interi, siano de' pezzi di essi, vanno sempre cotti in panno-lino, come le galantine fredde, e con salse diverse.

CAPITOLO VII.

DELLE ORDURE.

Ordura di pasta briosce.

Prendi un rotolo di ottimo fior di farina, ed
un' oncia e mezzo di lievito di birra, con poco
sale, che unirai ed impasterai; e dopo aver ben
maneggiata e fatigata questa pasta la farai fermentare. Quando sarà giunta al suo punto la tornerai
a maneggiare mischiandoci once otto di butiro,
o sei di parmeggiano grattugiato. Indi prenderai

otto chiari d'ovi, li monterai alla fiocca, come per le mirenghe, e poscia ci unirai i loro rossi, che batterai ancora, ed a poco a poco mescolerai questo battuto d'ovi con la pasta, continuando a maneggiarla; ma bada che non sia tanto morbida. Indi la farai rassettare per un terzo d'ora, e poscia ne formerai o tanti pagnottini, o tante formette ripiene di provola e presciutto, o anche con un raguncino d'interiori di polli, fonghi, piselli, tartufi a forma di serpicco; li situerai in una tortiera verniciata di butiro (ma che non siano tanto vicini tra loro), e li farai cuocere nel forno.

Gli anzidetti pagnottini potrai friggerli ancora alla padella, con bollentissimo strutto, gondolandola sempre.

Ordura di Pagnottine brusche.

Porrai in una casseruola tre quarti di caraffa d'acqua, ed un piccolo bicchiere di vino bianco, che porrai sul foco; e quando sarà per bollire (questo punto si conosce dal vedere che dal fondo della casseruola salgono tanti pallini sulla superficie dell'acqua) ci rovescerai pian piano con una mano il fior di farina come una pioggia, facendo da altri tener fermo il manico della casseruola, e con l'altra mano girerai la farina con mescola, come la polenta. Ti avverto che quando farai questa pasta devi tener sempre pronto dell'altro fior di farina, non potendo definitivamente descrivertene il quantitativo, perchè alle volte esso suol essere di quello che dicesi *acquoso*, ed allora ce ne bisogna maggior quantità.

Questa pasta sarà giunta alla sua cottura, quando girandola fortemente con la mescola (o anzi col laganatojo, che sarebbe meglio) si stacca dall'orlo della casseruola restando quasi tutta attaccata alla mescola, o al laganatojo. Allora la leverai dal foco, la porrai sulla tavola di marmo, e la farai raffreddare. Indi la principierai a maneggiare ben bene col battuto di otto ovi, che vi mescolerai in dettaglio, aggiungendovi tanti altri rossi d'ovi, quanti ve ne bisognano per renderla morbidissima, dovendola molto fatigare a forza di polso. Di poi ci unirai once due di parmeggiano grattugiato, caciocavallo, o provola, ed once due di butiro, con de'pezzettini di presciutto e mozzarella: ne formerai tante pagnottine, le adatterai in tortiera unta di butiro o strutto, e le farai cuocere al forno, o sotto al fornello, perchè venghino ben gonfie. Le potrai anche friggere nella padella con strutto bollentissimo, gondolandola sempre.

Pasta bugnè.

Questa pasta la farai come quella delle pagnottine, meno il butiro, il presciutto, la mozzarella, e il parmeggiano o altro grattugiato. E volendola per la siringa, baderai a non farci entrare aria, cioè che non vi siano dei vuoti nel suo tramezzo, ciò può evitarsi introducendo la punta del coltello nella siringa, e fare che sia perfettamente piena, ed indi ci adatterai lo stantuffo, il di cui manico appoggerai alla pancia, e con ambe le mani forzerai la siringa facendone uscire la pasta con quel lavoro di cui avrai situata la stampa nell'estremo della detta siringa, e la farai cadere a forma di un tortanetto nella padella già pronta sulla fornella con lo strutto bollente. Bada che il foco non sia violento, ma che lo strutto bolla sempre, gondolando continuatamente la padella, onde l'azione calorica sia eguale. Friggerai queste paste a color d'oro, e polverizzandole con zucchero le servirai.

Ovi di lupo.

Della stessa pasta farai i così detti *ovi di lupo*, formandone colle mani unte di strutto tante polpette, che friggerai nello stesso modo.

Tortanetti di pasta bugnè con amarene.

Farai la pasta bugnè come sopra, ne formerai con le mani similmente unte di strutto, tante pagnottine, facendoci un forame nel mezzo, e riducendole come tortanetti; e così li farai cuocere nella padella come gli ovi di lupo. Quando saran cotti in quel buco ci porrai un cocchiarino di amarene, li polverizzerai con zucchero, e li servirai.

Ordura di pagnottine di riso.

Prendi tre quarti di riso e lo farai come pel sartù, e quando si sarà alquanto raffreddato, ne formerai tante braciolette, o pagnottine, che potrai imbottire, o di grascio, o di magro, con buchè, o ragungino di carne, o di pesce: le involgerai nel battuto d'ovi, e poi nel pan gratto, friggendole a color d'oro.

Ordura di anemole all'inglese.

Prendi sei petti di polli, li disosserai, li spellerai, e li pesterai assieme con mezzo rotolo di polpa di vitella, e se ne è la staggione mezzo rotolo di polpa di nero, in vece, ed in caso di necessità, della polpa *d'annecchia*, e potendo essere tutti di polli sarebbe migliore, ed allora adopererai dodeci petti, pesterai tutto, con un tartufo pelato (per chi piace) de' piselli freschi , e teneri e de' piccoli fonghi ma cotti, con una mollica di pane spungata nel latte , ma ben premuta; ci porrai del sale , e del pepe , ed otto torli d'ovi , e bisognandocene dippiù ce li porrai ; passerai il tutto per setaccio , ed indi ne formerai tante braciolette, l'involgerai nel fior di farina, poscia nel battuto d'ovi , e poi l'ingranirai con pane grattagiato , e le friggerai , accomodandole nel piatto con tovagliolo al disotto.

Alla suddetta composizione potrai anche aggiungere de' fegatini di polli , lessati , e pesti.

Ordura di braciolette di pesce.

Volendo fare la stessa ordura come quella di sopra ma di pesce , potrai servirti del tonno, del pesce spada , de' schettoni , ovvero *lacerti*, del palamito , del merluzzo , del cefalo , ma di quelli grandi , e pel solito quantitativo de' 12 coperti un rotolo ci basta ; facendo tutto il dippiù come sopra, e le friggerai.

Ordura di pagnottine di pane , di grascio , e di magro.

Prendi 12 piccole pagnottine di pane fresco, ne rasperai la corteccia con la grattugia, con somma diligenza ne toglierai la mollica , e le riempirai , o con ragungino di carne , o di pesce , e le farai come quelle per la zuppa.

Saranno queste, due ottime ordure specialmente in provincia', ove non è così facile rinvenire quei mezzi , che sono in Napoli.

Ordura di tagliolini.

Farai la pasta di tagliolini con mezzo rotolo di fior di farina (per darti sempre la proporzione) li lesserai appena, sgocciolandoli benissimo, e li condirai, con once sei di parmeggiano, o cacio-cavallo, e torli d'ovi bene battuti, passando tutto lentamente per foco in una casseruola, rivoltandoli dolcemente, onde il formaggio, e l'ovi entrano in cottura. Farai un pavimento di fior di farina sul pancone, dove ci situerai li tagliolini in tante piccole porzioni da formare braciolette; a ciascuna di queste ci porrai un'imbottitura di un ragungino, o di magro, o di grascio, che terrai pronto, e poi adatterai nella palma della mano una porzione di quella, e diligentemente cercherai di chiuderla a forma di una bracioletta riavvolgendola nel fior di farina, poscia nel battuto d'ovi, e poi nel pan gratto, friggendole color d'oro, accomodandole nel piatto con tovagliolo al disotto.

Ordura di erbe diverse.

Prendi grana sei di spinaci, grana venti di sparaci, mezzo rotolo di pronti e piccoli fonghi, mezzo rotolo di piselli teneri scorzati, tutte queste erbe le lesserai, e le pesterai benissimo, con la mollica di due o tre pagnotte spungate nel latte, ci unirai once otto di parmeggiano grattugiato o caciocavallo, ed una decina di torli d'ovi duri, che pesterai ancora tutto insieme, con sale, e pepe, e passerai questa composizione per setaccio, e se ti sembrasse alquanto dura ci unirai dei torli d'ovi freschi onde renderla in certo modo morbida, da poterla maneggiare, facendone tan-

5

te braciolette ; che chiamansi *anemole* le passerai nel fior di farina , quindi nel battuto d'ovi, e poi pel pan gratto, ed a color d'oro le friggerai , oppure facendone diversi lavoretti , a capriccio.

Ordura di pomi di terra.

Prendi un rotolo e mezzo di pomi di terra , ovvero *patate*, le lesserai , le spellerai e le pesterai , togliendone i nocciuoli , ci porrai once otto di parmeggiano grattugiato , caciocavallo , o provola , del sale , del pepe , ed una mollica di pane spungato nel latte ; e rammasserai questa composizione col battuto d'ovi, formandone tanti tortanetti immergendoli nel battuto d'ovi, che passerai nel pan gratto , e quindi li friggerai.

Ordura di foglie di boraggini , di grascio , e di magro.

Prendi le più grandi foglie delle boraggini , ne toglierai della terra se vi fusse attaccata, le porrai in un vase con del sale , perchè così s'indebbolisce la loro nervatura , e divengono flosce da poterle maneggiare comodamente ; dopo le laverai , e le asciugherai , facendo in modo che a ciascuna vi rimanga il suo stipite. Farai una composizione , ovvero *farsa*, di polpettine cotte , presciutto , piselli , fonghi , torli d'ovi duri, e tutto ben pesto rammassando con altri torli d'ovi crudi , riducendo questa composizione quasi come una salsa consistente ; la stessa porrai su d'una foglia egualmente come se fusse butiro su i crostini , e con un altra foglia la covrirai ; farai una pastarella di fior di farina *velatissima* come da servire per ostie, ci bagnerai quelle foglie ripiene, e le friggerai in bollentissimo strutto gondolandole sempre.

Le stesse le potrai riempire ancora con farsa di pesce, e pel quantitativo, due o tre per cadaun coperto.

Ordura di crostini alla tedesca.

Prendi le pagnotte fresche, le fetterai non molto spesse, ne toglierai la corteccia, ed in coppia le modellerai, formandole come un biscotto, regolandoti per la proporzione di dodeci coperti un pajo per ciascuno : Prendi la polpa di vitella, che la netterai da tutte le sue pellicole, e grascio, e ne farai tante sottili fettoline della dimensione de' crostini testè detti, porrai queste fettoline di vitella in adobbo come la carne per le galantine, e per darti meno imbarazzo te ne ripeterò la maniera. Farai un trito di petrosemolo, e capperini, ma finissimo, e fil per filo adatterai le fettoline in un vase mescolandoci quel trito con del sale, del pepe, e poca polvere d'aromi, e ci porrai del succo di limoni per concuocerli, come al dir *di taluni* formare un *ammarinato*; con sommissima diligenza fetterai in doppio delle magre fettoline di presciutto, ma quasi diafane, e quando tutto sarà pronto, prenderai in coppia le fette di pane, le bagnerai in acqua fresca appena, e poi una di esse la porrai nella palma della mano, adattandoci in primo una fettolina di presciutto, dipoi una di vitella con poco di quel trito, di sopra l'altra fettolina di presciutto, e finalmente la compagna fetta di pane, e con l'altra mano cercherai, che connetta quanto più possibile (ed ecco perchè le fettoline al di dentro debbono essere sottilissime, perchè unite insieme formano un certo volume) in tal modo formato questo biscotto lo passerai nel fior di farina, quindi nel battuto d'ovi, e li friggerai con oglio il più ottimo.

Similmente potrai fare quest'ordura di magro, adoperando in vece della vitella il pesce, però il solo tonno, o pesce spada perchè si assimila alla carne, ed in cambio del presciutto, ottimo tarantello (ma dissalzato).

Ti assicuro che questo piatto sarà graditissimo.

Ordura di rotelle all'inglese.

Prendi un rotolo di polpa di vitella, o annecchia, la pesterai benissimo, con un grano di menta, ed una mollica di pane spungata nell'acqua fresca; la passerai per setaccio, e la condirai con sale pepe, cannella, e carofano, ma poco, e rammasserai tutto con torli d'ovi freschi: dipoi prenderai delle formette di latta rotonde con il loro coverchio, come piccole tabecchiere di contadini; le riempirai della mettà di quella carne, e nel mezzo ci porrai un *buchè* di variati frutti di mare far siti con piccolissimi fonghi, tartufi triturati, delle erbette, e tutto cotto in ottimo sugo, ci porrai dell'altra carne, coprirai le formette, che legherai con spago, e le farai cuocere al bagno-mario, cioè nell'acqua bollente. Giunte a cottura, che da tanto iu tanto vedrai, le ritirerai in acqua fresca, ed appena raffreddate, le sformerai, e le asciugherai; indi le passerai nel fior di farina, e nel battuto d'ovi, e le friggerai con lo strutto.

Le servirai calde accomodandole nel piatto a forma di mattoni col vuoto nel mezzo, e con salvietta sotto.

CAPITOLO VIII.

DELLE ENTRATE

Fregandò di vitella.

Prendi un pezzo di vitella, che sia polposo, non più di un rotolo, anzi meno; e se te ne bisognasse di più ne prenderai altri pezzi; ne toglierai le ossa, se ve ne sono, e tutto ciò che forma disuguaglianza; farai tanti lardelli di buon lardo che non abbia cattivo odore; di questi lardelli ne porrai uno per volta nella larderuola, lasciando al di fuori della stessa la terza parte di ciascun lardello, e con questi uno dopo l'altro piccherai (a) tutta la superficie del pezzo di vitella. Fatta questa prima operazione, prenderai una casseruola, ed il suo fondo lo covrirai di tante fettoline di buon lardo, mettendo su di esse in dettaglio delle fettoline di cipollette, sopra delle quali situerai il pezzo, o i pezzi della carne piccata, con sale, pepe, una stecchetta di cannella, e poche teste di garofano, e delle fettoline di presciutto; riempirai la casseruola d'acqua fresca, ci porrai un sottocoverchio di carta, e poi quello di rame, affinchè non svaporizzi molto, e la porrai sul foco. Dopo un ora e mezzo di bollimento,

———

(a) *Piccare* s'intende di prendere uno dei lardelli, introdurlo nella larderuola, la quale è formata come un'acocella, e dalla parte ove adattansi li lardelli è tagliata in quarto; sicchè s'introduce la larderuola nella carne facendo uscire la punta dalla parte opposta, e con le dita si fa rimanere la terza parte del lardello al difuori, e così linea per linea si seguiterà a piccare immediatamente uno appresso dell'altro.

osserverai a che grado di cottura è il tuo fregandò, avvertendoti che dev'essere cotto un punto
di più del lesso : se non è giunto ancora al punto, lo farai continuare a bollire ; e laddove siasi
ristretto quel brodo ci rimetterai dell'acqua bollente ; lo che difficilmente può accadere ; dovendo
essere la casseruola proporzionata per tal cottura,
cioè, sè il fregandò fusse di un rotolo prenderai
una casseruola di cinque in sei caraffe, se sono
più pezzi ti regolerai con prudenza, badando però,
ch'essendo più pezzi non debbono situarsi uno sopra dell'altro, ma tutti in fila. Quando sarà perfezionata la sua cottura, lo terrai al calor di foco
sino all'ora di pranzo, servendo questo piatto con
salsa di capperi, o di spinaci, o con salsa verde
al disotto, facendo restare i lardelli sulla parte
superiore.

Fregandò di petti di pollo.

Prenderai, o numero otto petti di gallotta,
o numero sei di gallinaccio, per poter servire a
12 coperti ; ne toglierai la cute, e l'ossame, e
con la massima diligenza li piccherai come sopra,
con una larderuola più piccola, ne farai l'apparecchio come per lo precedente, e farai cuocere
questo fregandò anche come sopra, accomodandolo
nel piatto con le stesse salse o con salsa d'ovi
duri che vedrai nel capitolo delle salse, ovvero
salsa alla crema.

Fregandò di lattaroli di vitella.

Similmente farai con li lattaroli di vitella, i
quali esiggono maggiore attenzione, perchè sono

più delicati. A questo fregandò ci starebbe meglio una salsa di fonghi, che al suo luogo vedrai.

Fregandò di fegatini di pollo.

Attento a questa operazione, che l'è più difficile delle precedenti, perchè i fegatini sono più soggetti a lacerarsi, ed a disfarsi per le mani, percui vi è di bisogno una larderuola molto più piccola, facendo in proporzione i lardelli per piccarli. Questo è un piatto molto difficile per un dilettante; ma il tuo amico, e servo l'ha fatto.

Bada che tanto i petti di pollo, quanto i latteroli, e fegatini dovendo esser molti, debbono per necessità situarsi nella casseruola uno sopra dell'altro, perciò nei loro framezzi ci porrai delle fettoline di presciutto. Per li fegatini cercherai avere de'più grandi per riuscirti più facile l'esecuzione.

Fregandò di zinna.

Prendi la zinna, ne toglierai i caporelli, e tutta la grossa cute, che sembra come un cuojo, e cercherai uguagliarla, onde non figuri un pezzo difforme; e se fusse molto grande la suddividerai: questo fregandò figura più in Provincia ove difficilmente può aversi la vitella, nè quì in Napoli è in uso di farsi: ma io volendo far sopra di tutto esperienza e saggio l'ho eseguito, mi è riuscito, ed è risultato ottimo.

Avendo della buona annecchia anche potrai fare il tuo fregandò, come pure lo potrai eseguire della carne di nèro, ma sempre polposa, e lo potrai eseguire ancora di cignale.

Entrata di mallarde con le lenti.

Prenderai una buona mallarda fresca, odorandola pria nel becco; la netterai benissimo, e la farai cuocere in salvietta come le galantine fredde, perchè così viene più ben cotta, e di buon senso. Contemporaneamente farai cuocere le lenti cambiandoci l'acqua alla mettà della loro cottura; quando queste saran cotte, porrai in una casseruola delle fettoline di presciutto, delle fettoline di polpa di vitella con petrosemolo trito, facendo tutto soffriggere con butiro, che bagnerai con buon *colì*: di poi ci unirai le lenti: indi prenderai la mallarda che dopo cotta la terrai in acqua bollente, la porrai nel piatto, e ci verserai sopra le lenti; e con guarnizione di crostini fritti la servirai.

Quaglie al salpicon.

Lesserai 12 quaglie come le galantine fredde, e dopo cotte le terrai al caldo del foco in acqua bollente. Prendi quattro animelle di vitella, quattro o cinque carcioffi, un mezzo rotolo di fonghi, mezzo grano di petrosemolo, due cipollette; lesserai tutto, e quindi lo tritulerai non tanto minuto, unendoci ancora once quattro di presciutto, e farai tutto soffriggere con un pezzo di butiro, sale, pepe, e dopo ci porrai un oncia di fior di farina, e bagnerai il *salpicon* con sugo, e vino bianco; e ridotto tutto come una salsa, accomoderai le quaglie nel piatto, versandoci la salsa al disopra.

Filetti di lepre in civet.

Prendi due lepri, e dopo di averli ben puliti li farai in arrosto; dipoi ne toglierai destramente tutta la carne, che toglierai in fili; tutto il loro ossame lo pesterai alquanto, e dopo lo porrai in una casseruola, con un pezzo di butiro, due o tre fette di cipolla, una o due foglie di lauro, due bicchieri di ottimo vino rosso, e sarebbe meglio se fusse malaga, un coppino di *colì*, del sale, del pepe, della polvere di cannella e garofano, un poco di fior di farina, e farai tutto bollire; e quando si sarà ristretto alla mettà; passerai per setaccio questa composizione, togliendone l'ossame, e la verserai nella casseruola, ove porrai li fili de' lepri, unendoci un poco d'aceto bianco; e senza far bollire, ma ben riscaldare, servirai questo piatto.

Similmente potrai fare il cignale, ed il daino.

Pernici alla turca.

Prendi tre buone pernici, ne toglierai le interiora, e ne prenderai i soli fegati, che taglierai in pezzetti con petrosemolo, cipollette, presciutto, sale, pepe, spezie, ed once tre di lardo pesto; farai il tutto soffriggere; indi porrai questa farsa in corpo delle pernici, e le cucirai, accomodando le loro zampe su lo stomaco; le porrai in una casseruola, e le farai cuocere con butiro, sempre soffriggendo: quando saran cotte le potrai servire con quella salsa, che più ti piacerà.

Similmente potrai fare le beccacce, ed i colombi selvaggi.

CAPITOLO IX.

DELLE ENTRATE DI PESCI DI MARE DI ACQUA DOLCE — E DI SALUMI.

§. I.

Entrata di ragoste farsite calde.

Lesserai le ragoste, ne toglierai la corteccia ed anche da' suoi artigli, perchè li ci è molto frutto; il corpo potrai farlo rimanere sano, facendoci una salsa acetosa calda, e le potrai servire ancora fredde.

Potrai anche fare per entrate altri diversi pesci in salsa.

Merluzzo in salamoja.

Porrai in una casseruola due once di sale, una caraffa d'acqua, due cipolle, mezzo grano di petrosemolo, un tantino di maggiorana, ed altro di menta, una rapa, due pastinache, grana due di cerfoglio, quattro teste di garofano, e farai tutto bollire a lento foco per una mezz'ora; quindi farai riposare questa composizione, onde tutto vada al fondo: passerai, diciam così, questo brodo o salamoja, e ci unirai altrettanto di latte; in esso ci farai cuocere rotoli due e mezzo di merluzzo, ma lentamente; e quando dovrai servirlo accomoderai il merluzzo nel piatto con un poco di quest'umido, o salsa.

In ugual maniera potrai fare degli altri pesci come Dentici — Cefali — Spinole — Ricciolette — Pezzi di Ricciola — Ombrine — Pezzi di Storione — Pesce spada piccolo — Pezzo di pesce spada —, e di tonno ec.

Cefalo alla marinara.

Prendi rotoli due e mezzo di grossi cefali ; dopo che l'avrai ben nettati di tutto, li taglierai in giuste fette, e dopo di averli lavati, l'asciugherai, li porrai in una casseruola piatta con sale, pepe, petrosemolo trito, e due cipollette finissime triturate, due misurelli d'oglio ottimo, e mezza caraffa d'acqua, e così lentamente farai cuocere ; e quando sarà il momento per servire questo pesce, accomoderai le fette nel piatto, versandoci un poco di quel brodo con quel trito — similmente potrai fare il merluzzo.

Cefali, e merluzzi sani, ed in fili, con salsa.

Prendi rotoli due e mezzo di merluzzo, lo lesserai, e cotto, lo potrai servir sano, o spinato col salsa piccante, ed è ottimo caldo, e freddo. In tal modo farai anche il cefalo, e siano pur de'piccoli.

Palamito alla mosaica.

Prendi rotoli due e mezzo di palamito, però in giuste fette, che lesserai: contemporaneamente farai in piccolo tante diverse salse che per consegnenza offriranno de' variati colori, e sarà grazioso il vedersi una fetta del pesce guarnito con salsa di un colore, un'altra diversa, e così tutte, che accomodate nel piatto sembrino un bel mosaico; e questo piatto potrai servirlo, o caldo, o freddo, come ti piace.

Polpette di pesce.

Prendi un rotolo e mezzo di polposo pesce, come tonno, palamito, pesce spada, grossi cefali, e merluzzi, e finalmente ancora d'alici così dette di *sperone*; spellerai il pesce, e lo spinerai, e quindi lo pesterai, dipòi ci pesterai ancora una mollica di pane spungata nel latte, o in acqua fresca, ci unirai once sei di provola grattugiata (per essere un formaggio più dolce), del sale, del pepe, poca spezie, ed un trito di petrosemolo, e rammasserai tutta questa composizione con battuto d'ovi; ne formerai tante polpette di quella grandezza che ti piacerà, e le cuocerai in *colì* di pesce, che potrai fare dalla testa, pelle e spine del pesce medesimo.

Della composizione anzidetta ne potrai fare ancora un polpettone, accomodando la farsa in una sartaggine a due maniglie, unta pria di butiro, e colà l'adatterai come una focaccia, situandoci un perterre di pignoli, con le punte infilzate nella dose, e l'altra mettà al di fuori, facendolo cuocere col medesimo *colì*.

Alici mollicate in cartoccio.

Prendi rotoli due di alici; se sono di quelle grandi le spinerai, e le dividerai per mettà; se sono di quelle medie, pure le spinerai diligentemente, ma le farai figurar sane; se poi fussero di quelle piccole, allora le rimarrai sane, togliendone sempre, ed a tutte la testa; s'intende già di ben lavarle, perchè mio caro amico la pulizia è la principal cosa che si richiede in cucina; sò io quel che ho veduto, e molte volte son rimasto digiuno , perchè così formato di tempera ; sicchè farai de'cartoccetti di carta bianca, dividendo ogni foglio in 8.° in essi ci farai un pavimento di pan gratto , e petrosemolo triturato , del sale , e del pepe , ci adatterai le alici , facendoci due soli fili, e framezzandoci il pan gratto ec. , e di sopra ci porrai un cucchiajo d'oglio, e succo di limone, e li farai cuocere sotto al fornello.

In ugual modo potrai fare de'cartoccetti di frutti di mare qualunque, lessandoli pria.

Storione alla fraise.

Prendi un buon pezzo di storione , che porrai in una casseruola con delle fettoline di vitella, e lardo , ed un quarto di caraffa di vino bianco, poca cipolla trita , e del petrosemolo , una rapa, ed una pastenaca anche trita , una foglia di lauro, del sale , del pepe e del brodo chiaro , ma buono , e così lo farai bollire. Quando sarà cotto lo servirai con la stessa salsa.

Volendolo assolutamente di magro, non ci porrai la vitella , nè il brodo chiaro , ma in vece poche fettoline di tarantello dissalato, e brodo di pesce.

Storione alla torinese.

Prendi un pezzo di storione , e ne farai delle fetti sottili , che porrai in una casseruola piatta , o in una sartagine a due maniche , situandolo in modo che una fetta non vadi sopra dell'altra , ci porrai un pezzo di butiro , del sale, e del pepe, e le farai cuocere a lento foco; e quando son cotte da una parte , le rivolgerai dall'altra (un quarto d'ora è sufficiente per la loro cottura);

indi le leverai, e nella stessa casseruola, o sartagine porrai un poco di fior di farina unita con butiro, pochissima cipolla, e petrosemolo trito; bagnerai il tutto con due bicchieri di buon vino rosso, e lo farai bollire per un quarto d'ora, con de' piccoli capperini ancora; dipoi ci rimetterai le fette di storione per farle scaldare con essa salsa; e quando stà per bollire, le accomoderai nel piatto, versandoci la salsa, e crostini fritti attorno.

Entrata di calamari farsiti.

Prendi li calamari di tre a rotolo, e sei di essi sono sufficienti per 12 coperti, che sieno freschi, conoscendoli pria all'odorato, poi al loro color rubicondo, e quindi alla vivacità degli occhi; con attenzione somma ne toglierai gli artigli, che sono attaccati dentro lo stuccio, badando che non si disfaccia il fiele, perchè tutti si anneriscono: dopo ne leverai l'unico osso che tengono, che è a forma di spada, e li laverai benissimo facendoli sgocciolare.

Prendi del pane grattugiato, dell'origano polverizzato, de' capperini triturati, del petrosemolo, de' pignoli, del sale e del pepe, ed impasterai questa composizione con alquanto di oglio; e con questa farsa ne riempirai i calamari, passandoci uno o due punti coll'ago, onde non sorta l'imbottitura; quindi farai del colì con de' pomidoro triturandoci i loro artigli, ed in quel sugo farai cuocere i calamari, unendoci ancora degli altri pignoli, capperini, ed olive bianche, ma dissossate; e così li servirai con crostini fritti all'intorno.

Delle seppie.

Le seppie anche potrai servirle così , meno però l'imbottitura , perchè nel toglierli l'osso, che hanno sul dorso , si aprono ; sicchè le farai soffriggere con erbette a tuo piacere , e con butiro , o con strutto , o con oglio , bagnandole con acqua bollente ; e giunte alla mettà di cottura , ci porrai de'capperini , delle olive , de'pignoli , de'passerini , del sale , e del pepe : farai tutto cuocere, ed incorporare , e così le servirai.

Del pesce palumbo , ma verace.

Questo pesce l'è ottimo , ma facilmente potrai ingannarti di non saperlo conoscere , confondendosi con quello detto *pesce cane*. Il pesce palumbo è simile di fattezze con quello detto *cane;* si diversifica però nella cute , perchè il verace l'è bianco , e quello l'è un pò pomato , è questo secondo ha la sua cute come una raspa.

Prenderai, adunque il pesce palumbo, ma un grosso pezzo di esso , lo decorticherai , potendolo apparecchiare in tutte le descritte maniere, che sarà molto buono.

§. II.

De' Pesci di acqua dolce.

Tinghe mollicate.

Questo pesce è molto saporoso , purchè sia fresco. Prendi rotoli tre di tinghe , le pulirai , e le dividerai per lungo, togliendone le teste, e diligentemente le spine ; le porrai in una tortiera , e le mollicherai con pan gratto petrosemolo trito, sale, pepe, succo di limone, ed oglio, e le farai cuocere al fornello.

Le Trotte pur son buone, ma questo l'è un pesce molto molle, percui son buone fritte.

Capetone in siviero.

Il Capetone è il migliore, sempre però quando è fresco; ma quelli di Foggia sono ottimi, perchè più grandi, e ve ne sono di quelli di circa rotoli sette, che vengono in Napoli con la pancia piena di sale, onde mantenerli pochi giorni; a questi, e a quelli nostri, ne toglierai con massima diligenza la cute, li laverai, e li dividerai o in fette, o in pezzi, li porrai in una casseruola, facendoli soffrigere con un pezzo di butiro, dipoi ci porrai un bicchiere di vino bianco dolce, e farai cuocere il capetone; dopo cotto lo leverai, ed in quella casseruola ci porrai un marzapane ovvero *mostacciolo* ben pesto, della polvere di cannella, del cedro candito triturato, un poco di garofano pesto, delle mandorle scorzate, brustolite, e contuse, del zucchero, ed aceto bianco, e farai tutto cuocere: gusterai questa salsa perchè non sia nè dolce nè acre, ci porrai un poco di fior di farina onde ci dia nella salsa un pò di colletta, e quando sarà bene incorporata ci unirai il capetone per farlo riscaldare, e così lo servirai.

Delle anquille.

Queste pure son buone, ed anche in questo modo; ma le più grandi son'ottime ancora in diverse maniere, come a suo luogo ne parlerò.

Vi sarebbe a parlare ancora del Carpio, e del Luccio, ma questi pesci non sono in Napoli ma in talune provincie, e specialmente in Terra di Lavoro, e signantemente verso Sora, come pure vi sono anche i cefali d'acqua dolce, ma ci vuole somma scaltrezza per distinguerli da quelli di mare, ed appena ti dirò che quelli d'acqua dolce hanno la squama più scolorita e più facilmente s'indebolisce la spina maestra, e quelli di mare sono più tinti, e quando son freschi si stortigliano.

§. III.

De' salumi

Pesce solmone all' Inglese.

Prendi un pesce solmone, lo lascerai in acqua fresca per tre giorni, cambiandoci l'acqua due volte al giorno, lavandolo bene ogni volta; il terzo giorno lo laverai con spirito di vino, l'avvolgerai in panno-lino, e lo farai cuocere come le galantine fredde (bada moltissimo alla cottura di questo salume, perchè l'è più sollecita) lo leverai dal foco, e lo farai sgocciolare sotto di piccol peso per una mezz'ora, dopo l'aprirai dal panno lino lo netterai della sua squame, e lo laverai con acqua fresca (attento che non si frantumi), lo porrai nel piatto, versandoci o la salsa di spinaci, o di capperini, o la salsa piccante acetosa, o in fine una salsa verde, come vedrai al capitolo delle salse.

Del tarantello.

Potrai anche avvalerti di questo salume tal quale ti ho di sopra descritto ; e tanto a quello, che a questo, potrai farci la salsa alla spagnuola di noci, servendoli caldi.

Aringhe salse alla Milanese.

Prendi le aringhe lattanti, che per l'oggetto sono le migliori ; ne toglierai la testa, le spellerai, e le spinerai dividendole per mettà, lasciandole per due giorni nell'acqua fresca, che cambierai anche due volte al giorno, e che sempre laverai con molta diligenza ; dipoi le laverai con spirito di vino ; e frattanto farai un trito di petrosemolo, capperini, olive bianche, e tarantello; prenderai un panno-lino ci adatterai le mezze aringhe come se vorresti fare un plico, e frammezzando fra loro ci porrai quel trito con pepe, e spezie, chiuderai ben bene il pannò lino, e ligherai con spago, e lo farai cuocere nel brodo aromatico come li precedenti (avverti che queste vogliono minor cottura) ; le toglierai dal foco, e le farai leggermente sgocciolare sotto piccolissimo peso ; le aggiusterai nel piatto con qualunque salsa acida, oppure con succo di limone ed oglio, che sono pur ottime.

Baccalà alla spagnuola con salsa di noci.

Porrai in una casseruola un misurello d'oglio finissimo della cipolla trita, mezzo grano di petrosemolo altrettanto di maggiorana, ed altro di menta romana, e tutto trito farai soffriggere, dipoi ci porrai rotoli due di baccalà lessato, e spinato, con sale, e pepe che farai incorporare con brodo di pesce : quindi prenderai una piccola parte dello stesso baccalà e lo pesterai con mezzo spicchio d'aglio che bene affinerai ; prendi la quarta parte di una misura di noci purgate , che pesterai ancora con mollica di pane spungata nell'acqua ; dipoi scioglierai questa salsa con sugo di pesce , e la farai cuocere; indi la passerai per setaccio, riscalderai il baccalà , l'accomoderai nel piatto versandoci la salsa anzidetta.

Baccalà con salsa di capperi, e con salsa di olive, e capperi.

Lesserai rotoli due di baccalà , lo spellerai, e lo spinerai , quindi lo farai soffriggere con oglio, petrosemolo , maggiorana, uno spicchio d'aglio , del sale , e del pepe , lo porrai nel piatto, e sopra ci verserai una salsa, o di capperi, o di olive, e capperi.

Baccalà alla marinata.

Porrai in una casseruola, oglio, cipolla, basilico , petrosemolo , e maggiorana, tutto trito, e farai, soffriggere; poi ci porrai il baccalà in pezzetti, con sale, pepe, e spezie, facendolo incorporare: dipoi prenderai, un bicchiere d'aceto bianco, un coppino di latte di mandorle, ed un altro di sugo di pesce con due fogli di lauro, e separatamente farai cuocere, mettendoci un poco di fior di farina perchè ci faccia un pò di colletta, e girando bene farai che il tutto s'incorpori; farai quindi nel piatto un pavimento di cro-

stini fritti , e sopra ci verserai il baccalà, con tutte
le composizioni.

Lo potrai eseguire anche senza il coppino di
latte di mandorle.

Baccalà in addobbo.

Porrai in una casseruola un pane di butiro ,
che farai bollire, dipoi ci porrai un'oncia di fior
di farina , e la farai colorire, quindi ci unirai il
baccalà in pezzetti , con sale , pepe , e spezie, e
lo farai soffriggere , dopo ci mescolerai un coppino di *colì* di pesce due foglie di lauro, due prese d'anasi , e farai bollire ; quindi ci porrai un
mostacciolo pesto, del candito di cetro triturato, un
poco di zucchero , e raspatura di limone , e farai
incorporare ; quando tutto è cotto accomoderai il
baccalà nel piatto versandoci sopra la salsa nella
quale ci premerai un poco di limone , ne toglierai
le foglie di lauro , e lo servirai.

Baccalà in trippa con salsa d'ovi.

Farai soffriggere il baccalà , o con butiro , o
con strutto , o con oglio , un poco di petrosemolo,
menta romana , e maggiorana trita , con del sale,
e pepe girandolo sempre , e bagnandolo con sugo
di pesce o acqua bollente , ma in poca quantità ;
e quando sarà cotto , ci mescolerai dodici torli
d'ovi battuti , un pochino di fior di farina , che
farai alquanto ridurre ; ci porrai del succo di limone , e così lo servirai.

Baccalà a mustacciolo.

Dopo che avrai lessato il baccalà, ne toglierai, la cute, e le spine, e lo pesterai benissimo, con una mollica di pane spungata in acquafresca, e premuta, ci porrai de'pignoli brustoliti del petrosemolo, e maggiorana trita, e due chiara d'ovi montate alla fiocca, del sale, del pepe, e spezie, ed unirai tutto come una farsa, che non sia molle; di questa ne formerai tanti mostaccioletti, che porrai in tortiera unta di butiro, e li farai cuocere sotto al fornello; e quando saran cotti li porrai in piatto con qualche salsa a tuo piacere, e se ti trovassi de'pomidoro ci stà benissimo la loro salsa.

N. B. Per entrate s'intendono ancora i presciutti rifreddi, le teste di vitella, e quelle di nero, anche rifredde; le galantine di polli grandi, e piccoli, e fredde, e calde; delle galantine di pesce, de'pasticci in cassa, caldi, e freddi, e degli altri pasticci ancora ec.

CAPITOLO X.

DELLE SECONDE ENTRAMÈE.

Entramée di tartufi semplici di grascio.

Prendi un rotolo di tartufi, ne toglierai la corteccia e li farai in tante fettoline, di poi porrai in una casseruola, mezzo pane di butiro, un mazzettino di petrosemolo triturato, delle piccolissime cipollette, ed once quattro di presciutto, anche triturato, e farai soffriggere con poco sale, pepe, ed una testa di garofano, che bagnerai con

un tantino di brodo alla volta, unendoci ancora
due cocchiaj di vino bianco, e quando sarà ben
soffritto ci tufferai li tartufi, che farai cuocere,
ma non scuocere, rimettendoci un poco di brodo, e quando saranno cotti, e dovran servirsi
ci porrai un poco di *colì*, l'aggiusterai nel piatto
con guarnizione di crostini fritti.

Entramée di tartufi semplici di magro ovvero all' oglio.

Volendoli fare di magro, cambierai il presciutto in ottimo tarantello, ed il brodo, e colì, che
sia di pesce, ma chiarissimo.

Entramée di tartufi farsiti.

Prendi per lo stesso numero di coperti, cioè
per dodeci un rotolo di tartufi, procurando, che
sièno, per quanto possibile, tutti uguali, ne toglierai le cortecce, badando di rotonnandoli quante più si può, e col cava-frutti (ma che sia quello più piccolo) ci farai un piccolo forame, come
per li frutti ripieni, li lesserai, ma non a cottura ; farai una composizione di frutti di mare, come patelle, ostriche, delle tonninole, pezzettini di
fonghi, de tenerissimi piselli, che farai soffriggere,
con chiarissimo *colì* a riprese, unendoci ancora poche erbette, triturate finissime; come petrosemolo,
e maggiorana, del sale, e del pepe, legando questa dose, con torli d'ovi, ed un tantino di fior di
farina, poscia ne riempirai li tartufi, che terminerai di farli cuocere nel *colì*, e quindi servirli con
sottè, o di piselli, o di piccoli fonghi, con guarnizione di crostini fritti.

Potrai farli in oglio volendoli di magro , ed allora non li farai cuocere nel *coli* di carne ma assieme coi fonghi , o piselli; e potrai farli pure col *coli* di pesce; potrai farli al butiro , servendoti di quest'ultimo per *veicolo*; potrai . riempirli di grasso , cioè con fegatini tritulati , presciutto ec. ed in tal caso terminerai la loro cottura col *coli* di carne.

AVVERTIMENTO.

Le cortecce de' tartufi , che toglierai è buono che li conservi facendole alquanto esiccare , perchè quelle oh quante volte mio caro amico , te le avran fatto pagare per tartufi interi , e per conseguenza di moltissimo prezzo , specialmente in taluni tempi , che vedesi molta penuria di tartufi , sicchè dovendo bisognare per te medesimo nella circostanza , potrai comodamente servirti di quelle cortecce , spungandole nell'acqua , ben pulirle e poi servirtene per sensi , perchè chi 'l conosce se son tartufi , o cortecce ? come chissà quante volte ti sarà ancora a te succeduto.

Etramée di Gamberi.

Prendi rotola due di Gamberi grandi , ovvero così detti *mazzacuogni* li farai bollire alquanto da poterne togliere dalle code la corteccia , e contemporaneamente potrai servirti di due piatti; delle cortecce , fare un'ottima zuppa , come al suo capitolo , e delle code il seguente *entramée*. Prendi un rotolo di piccoli fonghi , a'quali farai il descritto esperimento nell'articolo de' medesimi , li farai in cassuola con delle fettoline di tartufi , del petrosemolo trito , e ci farai terminar di cuocere li gamberi , che servirai con guarnizione di crostini fritti.

Entramée di petti di polli alla sciampagna.

Per dodici coperti come ho di già detto bastano otto petti di pollanche, li dissosserai con toglierne ancora la cute e, tanto della cute, che di
quell'ossame potrai farne un poco di brodo chiaro, li laverai, e l'asciugherai, dipoi prendi una
casseruola, ed il suo fondo lo coprirai, o di tante
fettoline sottilissime di vitella, o della carne di nero, ma quella polposa, e propria, sopra ci porrai ben disposti li petti delle pollanche, che coprirai con altre sottilissime fettoline di presciutto,
ma della parte più grassa, ci unirai un bughè, ovvero un mazzetto d'erbette, cioè petrosemolo, cerfoglio, acetosa, maggiorana, qualche foglia d'alloro, ma strettissimo legato, onde tramandino solo
il loro senso, con del sale e del pepe; per questo quantitativo basta mezza caraffa di sciampagna,
ed altrettanto di ottimo brodo, che mescerai insieme, e lo verserai nella casseruola coprendo li descritti petti; nel caso che ce ne abbisognasse dippiù, vedi che non dipende, che abbia io errato,
ma che forse addiviene dalla casseruola, più o meno fonda, ed all'oggetto tale proporzione non saprei come descriverla, poicchè dipenderà dalla tua
prudenza, che in tua buon'ora, ho inteso, ed
intendo parlare a miei amici dilettanti, e per con-
sequenza intelligenti; e non *cavoli*; sicchè farai
cuocere lentamente: quanto tutto sarà cotto, ci
aggiungnerai dell'altro buon brodo, cioè tanto che
tornerai a coprire l'*entramée*, e rassettato alquanto ne toglierai li petti ben asciutti di grascio,
toglierai da quella già ridotta a salsa il grasso, e
laddove non si fusse ben disfatta, ci farai dare degli altri punti di cottura aggiungendoci dell'altro

brodo da poterla passare per setaccio, e riunendo
l'estratto con li petti, ben caldi li servirai con crostini di pane fritti.

Entramée di petti di polli alla spagnuola.

Per lo stesso numero il medesimo quantitativo di petti di pollanche (perchè più teneri) cioè
otto, i quali dopo disossati, spellati, e ben lavati, e divisi in due, ci darai una lessata, dipoi,
li porrai in una casseruola con sopra delle fettoline di buon lardo, un misurello d'oglio finissimo
un quartino di vino bianco (a) altrettanto di brodo, un mazzettino di erbette come *l'antecedente*,
due teste di garofani, sale, pepe, e tutto insieme farai cuocere lentamente.

Entramée di petti di pollanche alla matelotta.

Prendi li petti di pollanche, che farai per la
prima parte come sopra, e li conserverai; dipoi
prendi un mezzo pane di butiro, due once di fior
di farina un quartino di buon vino bianco, ed altrettanto di brodo, porrai tutto in una casseruola,
facendolo colorire sul foco girando sempre, onde
la farina non si aggruppisca; quando avrà preso
un buon colore ci porrai li petti, e li farai cuocere insieme con un mazzettino di petrosemolo, e
due cipollette sane, del sale, del pepe, e due
teste di garofano; quando i petti saran cotti li toglierai asciutti, e se le cipollette, ed il petrosemolo non si son bastantemente scotti ci farai dare

(a) Quartino di vino s'intende la quarta parte della caraffa.

maggior cottura per passare questa salsa per setaccio, e riponendo l'estratto in casseruola ci farai cuocere due once di piccoli capperini in aceto, e bisognando, ci porrai dell'altro brodo, onde la salsa venghi alquanto spessa, riporrai li petti nella salsa, servendoli, o con una guarnizione di piccole cipollette lessate pria in *colì*, oppure con crostini di pane fritto, ma che sieno graziosamente intagliati.

Entramée di petti di polli alla crema.

Prendi li stessi petti, come sopra, e divisi in due parti, o più se sono grandi, li farai bollire con un pezzo di butiro, e due once di pane grattugiato, ed una caraffa di latte, quando saran cotti li petti di polli li toglierai destramente, aggiungendo a quella salsa, il petrosemolo trito, piccolissimi fonghi, del sale, del pepe, e numero dieci torli d'ovi, e quando sarà tutto cotto, aggiungnendoci (se bisognasse) alquanto di brodo, ci porrai li petti, e così saran serviti, ma ben disposti nel piatto.

Entramée di petti di polli alla Turca.

Prendi li soliti petti, facendo la prima parte come sopra, cioè, disossandoli, togliendone la cute, e dividerli in due, o più parti se sono grossi, e li farai cuocere con poco sale in brodo chiaro, anzi in quello stesso brodo, che farai del loro ossame, e cute; contemporaneamente farai un minutissimo trito di una mezza cipolla, un mazzetto di petrosemolo, e funghi, che porrai in una casseruola con mezzo pane di butiro, dieci rossi d'ovi, sei once di pan gratto, del sale, del pepe, e poca cannella, e garofani pesti che farai lentissimamente cuocere mescolando bene sempre, onde non si attacchi, e quando sarà questa salsa cotta, aggiusterai li petti di polli nel piatto, versandoci sopra la salsa anzidetta. Se piace presentare il piatto più grazioso, ci farai all'intorno una guarnizione di piccolissimi sfoglietti.

Entramée di petti di gallotta alla Egiziana.

Prendi sei petti di gallotta, e dopo di averli come sopra disossati, pellati ed in due parti divisi, li piccherai con la piccola larderuola, o di lardelli di buon lardo, o di lardelli di verigine (lattante intendo) di poi porrai in una casseruola, quattro mezzane cipolle fettate, quattro carote nettate della loro corteccia, e similmente ridotte (purchè non sieno spinose) quattro pastinache, raspate al difuori, e toltone il midollo, e quindi ridotti in pezzettini, del petrosemolo trito, del sale del pepe una piccola stacchetta di cannella, e due teste di garofani, e disponendo tutto come dissi nel fondo delle casseruola ci adatterai al di sopra li petti con li lardelli al disopra, quindi farai una mista di brodo e vino bianco, che coprirai tutto, e lentamente farai cuocere; allorquando ti persuaderà la cottura de' petti di gallotte (che debbono essere bastantemente teneri) li toglierai, e rimenando bene quella salsa la passerai per setaccio, e riscaldandola novellamente gustandola pria la porrai nel piatto, situandoci con simetria li petti, facendo figurare i loro lardelli.

AVVERTIMENTO.

Non solo potrai fare de' petti, ma ancora dei fegatini, e soli, e mischiati, ma dippiù le pollanche, e pollastri intere, cotte, e condite con le descritte salse.

Piccioni in composta.

Prendi sei piccioni, ben pennati, e lavati togliendone il collo, e le ali (per la ragione, che questi essendo teneri, la prima cosa a scuocersi sono questi estremi) ed in tal modo li lesserai; prendi inoltre un' animella di vitella, quattro fegati di polli qualunque, e separatamente li cuocerai in acqua, e dopo li ridurrai in pezzi, uniti a due tartufi pelati, e fettati, e pochi funghi, un mazzettino di petrosemolo, un pane piccolo di butiro, un' oncia di fior di farina, e farai cuocere di belnuovo con *colì*, e brodo chiaro, un bicchiere di vino bianco, del sale, e del pepe, riducendo tutto a stretta salsa, e quando sarà cotta ne toglierai il grascio, e ci unirai o il succo di limone, o un poco d' aceto bianco, come più ti piacerà, e riscaldata bene detta salsa, la verserai nel piatto sopra li piccioni bene sgocciolati del loro brodo.

Piccioni alla Mamelucca.

Prendi sei piccioni, che ben pelerai, e netterai, lasciandoci tutti i loro estremi, non esclusi le gampe, che ben accomoderai, ed incoscerai, li farai bollire per un quarto d'ora, e poscia li tufferai nell'acqua freschissima; dipoi porrai in una casseruola un trito di quattro tartufi e mezzo rotolo di piccolissimi funghi, quattro, o sei carciofi nettati (e tanto i funghi, che questi ultimi pria lessati) del sale, e del pepe, ed once otto di presciutto ancora triturato finissimo, che farai cuocere, con sugo, e brodo, e quaudo tutto sarà cotto ci unirai li piccioni facendoli terminar di cuocere in questa salsa con ancora brodo e sugo se il bisogno lo richiede, e così saran serviti.

Piccioni finis-erbe.

Lesserai i piccioni, e contemporaneamente tritulerai i loro fegati, che porrai in una casseruola con un pezzo di butiro, funghi, cipollette, petrosemolo, due scarole tutto triturato, del sale, del pepe, ed un poco di basilico in polvere, e se vi fusse fresco, due o tre foglie, un bicchiero di vino bianco, e del brodo, e facendo tutto cuocere, ci porrai un oncia di fior di farina che maneggerai bene con la mescola onde si sciolga, e cotta che sarà questa dose ci unirai i piccioni, e così saran serviti.

Piccioni in coverta.

Prendi sei piccioni, e dopo di averli ben puliti ne toglierai il collo, le ali, e le zampe, e ben accomodati li farai bollire in brodo grasso, ma che giungono a mezza cottura conditi di sale; dipoi prendi sei grandi lattughe, e le farai alquanto imbianchire, sol che si rendano flessibili per poterle aprire, frattanto farai una farsa de'loro fegati, con pezzettini di presciutto, poco trito di petrosemolo, con carne pesta di vitella, o di nero o finalmente anche di tenerissima vaccina che

legherai con torli d'ovi, con sale, pepe ed un poco di fior di farina ed un poco di butiro, o lardo pesto, appena imbianghite le lattughe, le porrai in acqua fresca, che destramente le sgocciolerai anzi ci darai una dolce premuta badando, che
le foglie non si stacchino, quindi le aprirai come
in due parti ma restando sana una parte, su di
essa porrai una parte di quella farsa e ci chiuderai
un piccione ricoprendolo nella lattuga che legherai
bene con filo, onde non si riconosca il piccione,
poscia farai cuocere questi sei involti lentamente
per un'ora in brodo grasso, con un mazzettino
d'erbette a piacere, quando saran cotti, passerai quel brodo, con porzione della farsa, che sicuramente ne sarà sortita, e farai restringere maggiormente, con altro poco di butiro e cinque, o
sei rossi d'ovi con poco fior di farina, e tenendo caldi li piccioni ne toglierai il filo, l'aggiusterai nel piatto, versandoci sopra l'ultima descritta salsa.

Piccioni all' Indiana.

Prendi il solito numero di piccioni, sempre
ben pennati, e puliti, lasciandoci nel loro interno i fegati, li porrai in una casseruola con quattro cucchiai d'oglio, due coppini di brodo, del
sale, del pepe, e due foglie di lauro, li farai
bollire leggermente: quando saran cotti li laverai,
e li asciugherai del grascio; al brodo che l'han
cotti ne toglierai le foglie di lauro, e ci porrai due
o tre alici salse pulite, e spinate triturate, due cipollette trite, e due once di capperini anche triturati, farai tutto cuocere restringendo in fine con
un poco di fior di farina, e fatto che sarà lo verserai sopra i piccioni, e così li servirai.

N. B. similmente potrai fare de'buoni pollastri, come ti ho detto de' piccioni, e non solo come identicamente ti ho prescritto, ma acquistandoci la pratica battezzerai ancor tu de piatti siccome sto battezzando io.

CAPITOLO XI.

DE PASTICCI.

Pasticcio di carne con sfoglio.

Farai la pasta di sfoglio, nel modo come ti
descriverò nel Capitolo delle paste; distenderai
questo sfoglio della spessezza di mezzo dito, e
formerai il fondo con cui dovrai covrire la tortiera: quella pasta che toglierai dal suo d'intorno
col coltello infocato, la rimpasterai di nuovo, e
ne formerai il disotto della tortiera. Farai un buchè, ovvero un ragungino mischiato, di polpettine battute, che ne formerai il pavimento della tortiera, e quindi ci porrai di sopra degl'interiori di
polli, de' petti de' medesimi, de' fonchi, e fettoline di tartufi; al di sopra ci adatterai quel fondo, e colla punta del coltello infocato ci farai un
tortiglione, segnando sul piano superiore dei disegni; di poi farai un battuto d'ovi, e col pennello di piume ci farai un inverniciata, e lo porrai nel forno. Baderai bene per la sua cottura.

Questo pasticcio lo potrai fare ancora diversamente, cioè, quando avrai disteso lo sfoglio sulla
tavola di marmo, ne taglierai tutto l'orlo; di poi
ne taglierai delle strisce larghe due dita; di tutta
la pasta cattiva ne formerai il fondo della tortiera,
senza l'orlo; sopra di questo adatterai, quelle

strisce, da formare come un canestrino, e taglierai un piccolo tondo, da servire per coverchio, che porrai in altro ruoto, e lo farai cuocere, o al forno, o sotto al fornello; quando saran cotte separatamente queste paste, leverai quel canestrino, e lo porrai dentro il piatto, ci verserai il buchè, e sopra ci porrai quel tondo di sfoglio pel coverchio, e così lo servirai.

Pasticcetti di sfoglio.

Prendi un rotolo di farina, e farai lo sfoglio, e quando l'avrai disteso, con la punta del coltello infocato ne taglierai tanti piccoli tondi per quanti pasticcetti ti bisogneranno; il resto della pasta lo distenderai di bel nuovo, e ne farai tanti altri tondi, che ti serviranno pel disotto ove porrai la farsa, o di magro, o di grascio, e li covrirai coi primi tondi, che sono i veri sfoglietti; prenderai una tortiera unta di butiro, ci accomoderai li pasticcetti, e li farai cuocere nel forno.

Pasticcio di pasta frolla alla Genovese.

Prendi tre quarti di fior di farina farai la pasta frolla com'è prescritto nel capitolo delle paste; la distenderai, e ne covrirai quella tortiera proporzionata pel descritto fior di farina sufficiente per dodici coperti; avverti, che la pasta del fondo dev'essere un pochino più spessa di quella di sopra: terrai pronto il più volte ripetuto buchè, al quale ci unirai sempre un poco di colletta, onde il pasticcio venghi morbido; ci farai il coverchio della modesima pasta e lo farai cuocere al forno.

Pasticcetti di pasta frolla.

Prendi tre quarti di fior di farina (ciò serve per ricordarti della proporzione) e ne farai la pasta frolla. Potrai fare li tuoi pasticcetti, o tagliati col taglia pasta, o nelle formette, o nelle varchiglie, e li riempirai con sarpicco di carne o di pesce.

Debbo però avvertirti, che tanto ai pasticci, che ai pasticcetti dovrai sempre fare il letto battuto di carne, ovvero sarpicco; e questo si fa di quella tale carne, che dicesi di sostanza, e mischiata con polpette, che ben bene tritulerai col coltellone, l'unirai con un coppino di *colì*, ed un poco di colletta; sopra di questo ci porrai il raguncino.

Volendo fare il pasticcio, o pasticcetti di pesce, circa il sarpicco farai così. Prendi della scarola bianca la tritulerai, e la farai soffriggere o con butiro, o con strutto, o con oglio diunita a de' capperini, olive trite, piselli, fonghi, fettoline di tartufo (per chi piace) bagnando questa farsa con *colì* di pesce, e dopo cotta la farai sgocciolare, e raffreddare, e di questa ne farai i fondi de' tuoi pasticci, e grandi, e piccoli, adattandoci sopra quel pesce che ti piace, e che ti riuscirà avere purchè sia la polpa, ben condito, spinato, e fresco.

De' pasticci in cassa.

Prendi un rotolo di fior di farina, l'impasterai con battuto d'ovi, e mezzo pane di butiro e maneggerai bene: stenderai questa pasta non più alta di mezzo dito, e ne farai la cassa alla forma destinata pel pasticcio in cassa inverniciandola pria di strutto, oppure la metterai nel rotondo di una tortiera, che all'una, o all'altra ci farai ancora una cassa di carta inverniciata di strutto pria, e dopo.

Volendo fare il pasticcio di cignale ne prenderai rotoli due di polpa, la taglierai in pezzetti, e la porrai in adobbo come i filetti delle galantine fredde, con pochissimo succo di limone; quando questa carne si è macerata, e per servirmi del termine materiale si *è marinata* l'aggiusterai nella forma, o nel rotondo della tortiera, e covrirai il pasticcio con l'altra pasta, che sarà un poco più sottile di quella di sotto.

Ti raccomando a chiudere bene l'orlo, e che le connessure siano bene unite, anzi medesimate.

· Nel mezzo poi ci farai un buco quanto un mezzo scudo, all'intorno del quale ci farai un camino della medesima pasta; ed affinchè il buco non possa chiudersi, ci farai una carta rotolata: bagnerai tutto il pasticcio col pennello di piume di battuto d'ovi, e colla pasta istessa ci farai tanti piccoli fiori all'intorno per darci una grazia.

Quando sarà pronto il forno verserai nel buco del pasticcio un bicchiere di spirito di vino, che gli darà molto gusto; lo porrai nel forno, e lo farai stare per quattr'ore almeno, badando però che non si bruci; quando sarà cotto lo leverai e subito con altro poco di pasta cruda covrirai il buco togliendone la carta. Quando sarà raffreddato il pasticcio ci verserai un casseruolo di brodo di zampe di vitella, già chiarito, e purificato, che sia ancor-dolce, che gelandosi nel pasticcio gli dia maggior gusto.

Lo stesso farai, volendolo di vitella, e carne porcina.

Volendo il pasticcio farlo di Pernice — Faggiani — Capponi — Pollastri — Pollanche — Beccacce — Piccioni, e domestici, e selvatici, dopo che li avrai ben pennati, l'incoscerai, e ci darai una battuta, affinchè le ossa si fratturino, ma non in modo da sfacelare la carne, indi li farai abrustolire un tantino sul foco, e poi ci farai una inverniciata di lardo liquefatto. Se i suddetti volatili li vorrai sani li farai stare alquanto in adobbo come sopra; se in pezzi ognuno di essi lo dividerai in quarto, e dopo che si saranno macerati alquanto farai lo stesso come sopra.

A questi pasticci ci stà benissimo ancora una salsa che farai nel seguente modo.

Prendi de' tartufi ben pelati, de' piccoli fonghi ben purgati, de' capperini ben puliti, e pestato tutto benissimo; questo pesto lo farai bollire in buon brodo chiaro, e quando sarà tutto disfatto lo passerai per setaccio, e riponendo l'estratto in casseruola, lo farai addensare al foco dolcemente, unendoci qualche torlo d'ovo, del sale, del pepe poca polvere di cannella, un tantino di zucchero, e del succo di limone, e rivoltando bene tutto, gusterai questa salsa, se fusse molto aspra, o molto dolce per temperarla, o con più zucchero, o con più succo di limone; e tosto che leverai il pasticcio dal foco, ci verserai nel buco la salsa, otturando di belnuovo il buco, sturandolo quando si presenterà in tavola, avvertendoti, che questi pasticci vanno serviti freddi.

Pasticcio all' Inglese.

Prendi li polli, e li farai in pezzetti, con tutte le ossa, de' pezzetti di vitella (ma la polpa); porrai tutto in un vase di creta, con sale, ed aromi e covrirai tutta la carne di buono aceto bianco ; che farai stare infusione per uu' ora , e mezzo , e dopo passerai in una casseruola tutti gli anzidetti pezzetti ben sgocciolati dell' aceto che unirai con molte fettoline di presciutto, delle fettoline di tartufi , pochi , ma piccolissimi capperini , de' fonghi ben purificati , ed un poco di butiro , mescolerai tutto , e farai cuocere lentamente , e bisognandoci maggior umido , bagnerai con buon *coli*. La sua cottura dev'essere giusta , ma che non si fatichi nel gustare un pezzettino di quei polli.

Questo pasticcio si serve in una forma di majolica , o di terraglia espressamente fatta per quest' uso , oppure farai in una casseruola una forma di pasta come quella de' pasticci in cassa , facendola cuocere al forno vuota ; nell' intelligenza, che dovrai farci una controcassa di carta riempiendola di brenna impastata con poca acqua calda , altrimenti non potrai avere la forma sana ; ed in questa porrai il pasticcio , che va servito caldo.

Nel modo medesimo far potrai questo pasticcio di qualunque sorte di cacciagione.

CAPITOLO XII.

DELLE GRANATE AL BAGNO-MARIO.

Granata di carne.

Prendi un rotolo e mezzo di carne vaccina, o annecchia, e se fusse di vitella rotoli due, ma che sia polpa, ne toglierai tutte le pellicole ed i nervi , che assieme con altro mezzo rotolo di carne ne farai la sostanza , ovvero del *coli* ; tutta la polpa la pesterai con la mollica di due pagnotte spungate nel latte , e quindi la passerai per setaccio , ci porrai once otto , o di provola , o caciocavallo grattugiato , con de' torli d'ovi , del sale , del pepe , ed aromi e farai questa composizione come per le polpette. Nella casseruola ove farai la sostanza , ci farai cuocere delle polpettine , delle braciolettine , de' fegatini di polli , degli ovi nommati , de' fonghi , de' piselli , delle fettoline di tartufo (per chi piace) insomma farai quel tale più volte detto buchè ovvero raguncino.

Prendi quattro selleri ben nettati da tutto il loro verde , e duro, togliendone tutte le foglie, restandone quattro dite soltanto dalla parte del grosso , e li dividerai in quartini. Prendi delle pastenache , che rasperai , togliendone i loro estremi ; prendi de' carcioffi , che netterai benissimo , come se vorresti frigerli , e li dividerai in quartini, prendi ancora de' piccolissimi cocozzoli , e delle torzelle e farai lo stesso , indi dopo aver tutto ben lavato , lesserai tutte le anzidette erbe in brodo chiaro, *ma lasco*, che farai ben sgocciolare. Prendi la forma destinata , ed in essa ci adatterai le descritte erbe , ma che mostrino qualche disegno , che sformandosi figurino graziosamente. Dopo di aver ben accomodate l'erbe formandone una fodera nella forma , prenderai quella farsa di carne pesta , e ne formerai un altra cassa , ma che vadi uguale , in modo , che nello scalcarsi non si vede un pezzo più spesso dell'altro , e nel mezzo poi ci porrai il buchè chiudendo la forma siccome l'hai principiata , e finalmente ci adatterai il coverchio che legherai bene con spago onde coll'azione calorica non scoppi. Porrai la detta forma a cuocere in acqua bollente , che è ciò che chiamasi *Bagno-Maria* rivoltandola due in tre volte , dopo di un pajo d'ore di bollimento potrai osservare se siasi cotta, togliendola dall' acqua bollente , e pianin pianino aprirla , e vedere, che sicuramente la troverai cotta, la ricoprirai di bel nuovo, e la terrai calda nell'acqua bollente medesima.

Quando dovrai servirla , ne toglierai il coverchio proprio , e la rivolterai sopra di un coverchio di casseruola tenendo la forma sopra , per farne uscire tutta l'acqua , che si ci è introdotta, e quando ti sarai assicurato esserne uscita tutta l'acqua la rivolterai togliendone il coverchio di casseruola , ed in vece ci adatterai il piatto in cui dovrai servirla , e rivoltandola novellamente con somma attenzione alzerai la forma e rimarrà nel piatto la granata , e tenendo pronto dell' ottimo *colì* ne porrai nel piatto , e così la servirai.

Ti avverto che la prima volta vorrai fare questa granata , onde ti riesca meno difficile , giacchè la massima pazienza è nel situare nella forma le benedette erbe in modo che vadino a disegno , altrimenti l'occhio non resterà soddisfatto. Prenderai perciò delle pastenache , e de' ravanelli di ugual calibro , e dopo di averli ben nettati li taglierai per tondo a fettoline, ma che non sieno tanto sottili ; quindi prenderai una forma che non abbia alcun lavoro , ed in essa situerai una presso dell' altra le anzidette fettoline con simmetrico intervallo sempre all' intorno , come se vorresti farci una fodera , e sopra ciascun filo porrai le altre fettoline in modo che quella di sopra occupi il vuoto delle due di sotto ; e così farai la cassa di tutta la forma. Quindi con destrezza farai l'altra controcassa della carne pesta; e finalmente nel vuoto della carne ci porrai il solito buchè , ossia raguncino.

Similmente potrai fare la granata di pesce ,

cioè in vece della carne pesta, farai la composizione di polpa di pesce duro, ed il buchè lo farai di polpettine e braciolette di pesce, unendoci de' fonghi, piselli, tartufi, quartini d' ovi duri, torli d' ovi duri, ma sani, allusivi agli ovi nonnati ec.

Granata tutta d'erbe, di magro.

Prendi il bianco delle cappucce, il tenero delle scarole, delle lattughe, e delle torzelle; lesserai quest'erbe con mezzo pane di butiro, sale, e pepe; e cotte che saranno (non molto) le sgocciolerai, e di esse ne formerai alla rinfusa la prima cassa nella forma. Cuocerai del riso come servir ti dovesse pel sartù, e con esso (intendo già condito di battuto d' ovi, e parmeggiano, o provola, o caciocavallo) farai l'altra cassa, che farebbe le veci della carne. Pel buchè poi prenderai de' piselli, de' carcioffi tagliati a quartini, de' fonghi, delle piccole torzelle farsite, ossia ripiene d'ovi e parmeggiano, e pan gratto, de' piccolissimi cocozzoli similmente ripieni, de' piccoli pomi di terra anche ripieni, che farai cuocere con coli di pesce, e poscia ci unirai un poco di colletta, e porrai nella forma tutte le descritte erbe come un raguncino: le coprirai con l'altro riso, e con le prime erbe, e quindi col suo coverchio ben ligato la farai cuocere come sopra.

Quando la scivolerai nel piatto ci porrai del buon *coli* di pesce.

Granata di Baccalà.

Volendo fare questa granata, circa l'erbe potrai servirtene come ti piace per la prima cassa,

e situarle il meglio ti riuscirà ; per l'altra controcassa, cioè, in vece della carne, del pesce, e
del riso, impasterai, del pan gratto, con molta
provola anche grattugiata, ed ovi, con del sale,
e del pepe, ed un poco di petrosemolo trito, e
con questa ne farai la controcassa anzidetta, che
non sia molto morbida : il suo buchè poi sarà il
baccalà, che lesserai, ne toglierai tutte le pelli,
e le spine, e quindi lo condirai in una cassaruola
con pochi capperini, pochissimi pignoli, de' fonghi, de' piselli, e con *colì* di pesce lo farai alquanto bollire, ed incorporare, ed in vece del *colì*
di pesce, vorresti, e potresti fare una salsa di
pomidoro, condita con butiro, l'è pur ottimo, e
pel dippiù farai come le precedenti : la farai cuocere nel bagno mario ; quando dovrai servirla, la
sgocciolerai pria come ti ho prescritto per le altre,
e nel piatto, ci porrai *colì*, se dentro ti sei servito di esso, o salsa di pomidoro.

Granata di ceci.

Questa l'è assolutamente novissima, ed im-
magginata al momento, ma il trasporto della penna, ed i suggerimenti della mia Gastronomia me
ne additeranno la pratica.

Prendi una misura di ceci bianchi, li spugne-
rai in acqua fresca, e li lesserai benissimo, li pesterai con mollica di pane sufficiente, spungata nel
latte, e li passerai per setaccio; a questo estratto
ci unirai once dieci di parmeggiano, provola, o
caciocavallo grattugiato, e molti torli d'ovi, del
sale del pepe, e petrosemolo trito, e rammasserai tutto. Farai le solite erbe a tuo piacere, e le
adatterai nella forma graziosamente, per la prima

fodera., per l'altra ci porrai la farsa di ceci, e pel buchè ti servirai del pesce, se la destini per magro, e volendola anche di grascio, sarà pur buona fare il buchè di petti di polli, granelli, ovi nonnati, fonghi, piselli ec. facendo il rimanente come le altre, e pel *colì* sarà o di pesce, o di polli.

Per la granata all' antica.

Vi sono taluni mio caro amico discesi dal Regno della Luna a quali non piacciono le granate cotte al bagno-mario, sostener volendo che son tutte *bobbe*, ma che la vera granata gustosa l'è quella del 600 cioè apparecchiata e cotta nella casseruola, che ho trovato segnata nell' *abecedario* degli più affumicati volumi di cucina, che per quanto memoria mi assisterà, te ne darò anche un idea.

Si prende una casseruola unta di molto strutto, o butiro, ed all' intorno si ci adatta una fodera di carta, ed attaccata a quest' ultima si ci adattano pochissime erbe, come per esempio fettoline di cocozzoli, delle cimette di lattughe, qualche piccolo cavolo, e delle fettoline di presciutto, e senza radice (forse perchè in quei tempi ne temeano maggiormente) ed attorno a queste poche descritte erbe situate in dettaglio con qualche simetria si ci adatta la carne pesta come per le polpette, e nel mezzo, quello che ora dicesi raguncino, o buchè, chiamavasi *ramaglietto*, e così l' altra carne sopra ed in ultimo il coverchio di carta unta di strutto, facendosi cuocere come il timpano.

AVVERTIMENTO.

Mi credo nel dovere avvertir, che volendo

eseguire le granate al bagno-mario di carne, o di pesce e volendole delicate, se di carne, dev'essere di polpa di vitella, o petti di polli, se di pesce, esser dovrebbe di tonno, o pesce spada, perchè la polpa di questi pesci si avvicina alla carne; ma se per caso ti trovi in un sito, che non potrai avere nè le une nè gli altri, ti dico, che l'annecchia rimpiazza la vitella, ed anche la vaccina, o finalmente, il castrato, che in provincia ve ne sono degli ottimi, come pure (a preferenza delle altre carni, meno della vitella) della carne di nero, se ne fusse la stagione. Pel pesce, le alici di sperone, il merluzzo, il cefalo, il palamito la ricciola, ed anche il grosso pesce castagno rimpiazzano benissimo, il tonno, ed il pesce spada, come ancora un bel pezzo di pesce palumbo. Eh oh quante volte, mio garbato amico, avrai gustato nelle granate, o altri piatti di carne scomposta, non la vitella, la vaccina ec., e nè anche il buon castrato, ma in vece il montone, e la pecora più schifosa, ed in vece de' descritti pesci, lo smeriglio, e lo scurm, percui il dopo pranzo hai desiderato abbeverarti di caffè, Rum, o altri liquori, e frigidi lusingandoti così, accomodàre l'incomodo viscerale che t'inquietava, senza poi volere entrare sull'importo della lista del pranzo ove vedesi segnata, per esempio, vitella un rotolo grana 50 mentre la pecora anderà grana dicci, o poco più, e così circa il dippiù.

Ti prego adunque mio buon lettore non tacciarmi di maldicenza, se da tanto in tanto vedi segnato in questa mia operetta qualche avvertimento, col quale vo' squarciarti quel velame che sin ora ti ha impedito la vista, in osservare quelle cose, che grave danno pel passato han recato alla tua salute ; da ora innanzi sarai più cauto , e diligente in iscoprire tutte quelle magagne , che ti ho dimostrato , e che non vi è nulla da opporre; mi si permetta la mia franchezza , essendomi pur troppo cara la salute de'miei amati amici , pei quali ho voluto dargli un divertimento o con leggere la presente , o di porla in esecuzione , o finalmente di preservargli da malanni sì di viscere che di borsa.

CAPITOLO XIII.

DE'PIATTI D'ERBE.

Cognizioni de' fonghi.

Di questi ve ne sono di moltissime specìe , e ne segnerò la loro gradazione , per coloro , che non li conoscono.

In primo luogo sono stimati li brognoli , i quali sono bianchissimi , ma certe volte son molto circondati di terreno, perchè si fanno in talune pianure ; la loro grandezza l'è piccola e poco si sviluppano sulla terra , e talun'altri si veggono come un ovo perchè disotterrati da campagnuoli pria del loro sviluppo ; ma di questi non ve ne sono molti , e se ne conservano secchi , facendo molto prezzo , e freschi , e secchi.

Vi sono li spognoli , e questi sono di figura come quelle così dette *conocchielle* per cavare il succo dai limoni , sono un poco più alti de'brognoli ; e meno bianchi , ed anche sono di minor quantità.

Li fonghi di pioppo sono i più comuni , e questi la natura li produce vicino ai pioppi , principiando dalla radice di quest'albero sino alla sua sommità, e ve ne sono di ogni grandezza, percui per questa qualità possonsi apparecchiare in diversi modi.

Vi sono quelli di celzo bianco, e questi hanno il loro stipite molto lungo, ed il loro cappello l'è quasi sempre uguale, e non grande, e son pur buoni, ed hanno il gusto come quelli di pioppo.

Gli ovi di vite sono come un ovo di oca, che dividendosi per mettà, si vede al di dentro il fongo rosso, quasi che fusse il torlo d'ovo, e si apparecchiano in oglio, il loro sugo però l'è mucilaginoso.

Vi sono i così detti moniti; questi hanno il colore molto scuro e si presentano molto grandi, ed apparecchiandosi, estraggono molto umido, e mucilagine.

In Calabria Citeriore sono i fonghi così denominati colà *Pennicelle* questi sono ottimissimi, bianchi come petti di pollo, nascono nelle boscaglie su i monti, ed hanno un picciolissimo stipite di lato, e tutto il loro fongo si spande rotondo veramente come sembrasse una piuma, perciò da' Calabresi vien denominato *Pennicella*; il loro gusto è forse meglio de' nostri di pioppo.

Vi sono finalmente (ciò che è a mia notizia) quelli di pietra, e piacesse al cielo, che se ne potessero aver molti, perchè questi son senza tema di veleno, producendosi da una pietra che per piacere si tengono entro le teste in casa.

Fatta la descrizione di queste specie di fonghi, è necessario, che dica il modo di conoscere se siavi in essi veleno, e come distruggerlo, semmai poco contatto avessero avuto, con oggetti velenosi, e maniere d'apparecchiarli.

§. I.

Modo di togliere il piccolo veleno.

Prendi i fonghi qualunque essi sieno, ne toglierai la piccola radice, e li porrai in acqua fresca per toglierne tutto il terreno, e lordura che avessero; di poi li passerai in diversa acqua fresca, ci premerai de' limoni e ci porrai per esempio ad un rotolo di fonghi once due di sale pesto, li farai rimanere per una mezz'ora, e poi li laverai più volte in acqua bollente, e li farai restare per un'altra mezz'ora, e due volte li laverai con acqua bollente ritirandoli poscia in acqua fresca, e così essendovi poca parte velenosa si distrugge, e sono allora di verun pericolo.

§. II.

Mezzo come conoscere se vi fusse rimasto veleno.

Dopo tutte queste precauzioni porrai in una casseruola, un poco d'oglio, uno, o due spicchi d'aglio, ed un cocchiajo d'argento, o un pezzo d'argento qualunque, e li fonghi, e li farai soffriggere; se veleno vi è, l'aglio si farà verdastro, e l'argento si annerisce; laddove veleno non esiste, ogni oggetto rimarrà nel suo color naturale, e bisoguandoti, se riescono buoni, i fonghi con l'oglio, li continuerai a cuocere, con tutto ciò si unisce di magro, bisognandoti di grascio, terrai pronta l'acqua bollentissima in dove farai lasciare l'oglio, ma se l'oglio è perfetto, purchè lo farai ben sgocciolare, riponendo li fonghi per non molto maltrattarli in un setaccio e sopra ci versarai l'acqua bollente ; praticate tutte queste precauzioni potrai star tranquillo gustare i fonghi in qualunque maniera, senza tema veruna, ma dimmi un po' in grazia chi di tanto si occupa ? ed è perciò che sovente veggiamo de' casi funesti per tali omissioni.

§. III.

Maniera di apparecchiarli.

Fonghi all' oglio.

I fonghi di pioppo sono i più comuni, ed usuali perchè in maggior quantità, dopo fatti li descritti, e forse nojosi esperimenti, prendi li fonghi li porrai in casseruola con buon oglio del sale del pepe, e del petrosemolo trito, li ridurrai a giusta cottura, e li servirai con crostini fritti.

Fonghi arrostiti.

Prendi li fonghi più grandi, li aggiusterai in tortiera con pavimento di pan gratto, e petrosemolo trito finissimo, ed anche al disopra, con sale, pepe, ed oglio, e li farai cuocere al forno, o sotto al fornello.

Potrai, volendo, aggiungerci ancora de' capperini triti, e delle alici salse, e quando dovrai servirli, li toglierai destramente dalla tortiera, e li porrai nel piatto, con crostini fritti all'intorno.

Volendoli di grascio, in vece dell'oglio ci porrai il butiro liquefatto, ed in vece del butiro, alquanto di strutto e capperini e fettoline di presciutto, che anche son ottimi facendoci fare sopra il brulé nel forno.

Fonghi in cassuola di grascio.

Porrai li fonghi in casseruola, con *coli* di carne, ci unirai pochissime polpettine, e pezzettini di fegatini, e li servirai con crostini di pane fritto.

Fonghi al butiro.

Per due rotoli di fonghi bastano once quattro di butiro, che farai liquefare in una casseruola unendoci delle fettoline di presciutto, del petrosemolo trito, e de' pezzettini di tartufi, e quando sarà alquanto soffritto ci porrai li fonghi. Dopo cotti, li servirai con guarnizione di pastarelle.

Faggioletti teneri verdi al butiro.

Prendi un rotolo di quei piccolissimi faggioletti ne toglierai le loro estremità, e li lesserai, farai soffriggere in una casseruola delle fettoline di presciutto con poco *coli* di carne, e petrosemolo trito, e quando si sarà arrossito, ci porrai li faggiolini, e rimenandoli bene con sale, e pepe, ci metterai once quattro di ottimo butiro, e mescolandoli bene, l'aggiusterai nel piatto con crostini frittti.

Cocozzoli piccoli farsiti di grascio, e di magro.

Prendi de' cocozzoli piccolissimi, ne taglierai gli estremi, gli darai una piccola lessata, e col coltellino proprio li forerai. Li riempirai di una farsa di carne, o di pesce che terrai pronta, e li terminerai di cuocere o in *coli* di carne, o in *coli* di pesce.

Similmente potrai farli alla parmeggiana, o frigendoli dopo di averli ripieni, perchè possa cuocersi la farsa o cotti nel *colì*, e quindi, o nell'uno, o nell'altro modo l'accomoderai in tortiera con parmegiano, o altro formaggio che più ti piacerà, ed anche perchè ti trovaste in sito ove parmegiano non potrai avere, ci porrai quel *colì*, che potrà appartenergli secondo la farsa, che l'avrai ripieni.

Cocozzoli semplici alla parmegiana.

Fetterai de' cocozzoli non molto grandi, e li porrai in un vase polverizzandoli con sale, facendoli rimanere circa un'ora così, dipoi li laverai, li asciugherai bene, e passandoli nel fior di farina di bel colore li friggerai. Quindi farai un pavimento di parmegiano, provola; o caciocavallo grattugiato in una tortiera, o piatto, e negligentemente ci porrai i già fritti cocozzoli, con altro strato di formaggio, e buon *colì* o brodo rosso, sia di carne, sia di pesce, con butiro liquefatto, secondo le giornate, e facendoci fare il brulè (a), o al forno, o sotto al fornello li servirai.

Selleri alla parmegiana.

Prendirai due grossi selleri per cadaun coperto, ne toglierai tutto il cattivo, e li lesserai dalla parte del grosso non più di cinque dita tagliando via il resto, li dividerai per metà, li laverai, e li lesserai, e quindi sgocciolandoli bene li passerai nel fior di farina, e rivolgendoli nel battuto

---

(a) Brulè, ovvero incrostati.

d'ovi li friggerai, e l'accomoderai in tortiera, o in piatto adoperando quel *colì* di cui vorrai servirli non escluso mai il butiro.

Carcioffi alla parmigiana.

Netterai li carcioffi come quelli da friggere riponendoli in acqua fresca, con succo di limone onde non si anneriscono, e dopo di averli lavati li dividerai, o per metà, o in quartini, li lesserai, e poscia li passerai nel fior di farina, e nel battuto d'ovi, e li friggerai, e farai come sopra per il resto.

Carcioffi farsiti.

Farai la prima operazione come sopra, e dopo averli bene asciugati ci darai una piccolissima imbianghita, troncandone sempre le punte, avverti, che l'imbianchita serve perchè si rendano flessibili le foglie, in conseguenza non denno essere cotti, li toglierai dall'acqua bollente e diligentemente li riempirai di quella farsa che vorrai servirli, ed in conseguenza con il *colì* corrispondente; potendoli riempire ancora di mozzarelle, e quindi farli cuocere con butiro.

Carcioffi alla martiniana.

Pulirai li carcioffi, intendo di toglierne sempre il primo, e secondo giro delle foglie, che sono cattive, e poi toglierne un altro pajo di giri solo alla mettà superiore, troncandone la punta, ed il suo grosso al disotto nettarlo bene (non saprei quall'altro metodo tenere per farmi meglio intendere) farai sempre la prima operazione di tuffarli nell'acqua fresca con succo di limoni, e poco

sale, perchè così si raddolciscono ancora ; dopo
l'adatterai in una delle cassaruole piatte, ci porrai
del sale, del pepe, del petrosemolo trito, e li
covrirai d'oglio, e così li farai cuocere dolcemente. Quando son cotti li toglierai dalla casseruola
bene sgocciolati dell'oglio, e così li situerai nel
piatto.

Sparagi alla parmigiana.

Toglierai da sparagi il loro duro, e li lesserai con sale, li farai poscia sgocciolare, e l'aggiusterai o nel piatto, o in tortiera fil per filo con
parmegiano grattugiato, o altro, e buon sugo,
o di carne, o di pesce, ed ancora con butiro,
facendoli ritenere sotto al fornello, o al forno.

Sparagi in cassuola, di grascio e di magro.

Bisogna prendere un grosso quantitativo di
sparagi, a quali ne toglierai il duro, e con attenzione li lesserai, e sgocciolerai ; farai soffriggere
in una casseruola delle fettoline di presciutto, o tarantello, con menta, servendoti, o dello strutto,
o dell'oglio, o del butiro secondo quello, che
vorrai adoperere, ci porrai quindi li sparagi ; e
quando saranno bene incorporati li verserai nel piatto facendoci attorno una guarnizione di crostini
fritti.

Piselli all'Inglese.

Prendi rotoli due, scorzati però, di teneri
piselli, e che siano de' bianchi (questi si conoscono dal piccolo fiore, che rimane vicino allo
sterpo, che se è rosso i piselli sono neri, e producono danno ai visceri, se è bianco, allora so-

no bianchi) lesserai dunque questi piselli , in brodo chiaro , e *colì* , e quando saran cotti, li sgocciolerai di quel brodo, e li passerai nel butiro liquefatto , con poca polvere di zucchero ; l'accomoderai nel piatto , con piccolissimi sfoglietti in
dettaglio.

Sparagi fritti a fascettini.

Dopo che avrai lessati e sgocciolati i sparagi , con molta pazienza ne farai tanti mazzettini,
non più lunghi di un terzo di palmo , e che stiano stretti fra loro , li passerai ben bene nel fior
di farina , perchè così si uniranno maggiormente ,
dopo li ravvolgerai nel battuto d'ovi , e quindi
senza farli scomporre li friggerai, e saranno ottimi.

Braciolette di cappucce farsite fritte.

Toglierai dalla cappuccia , tutto il cattivo , e
ci darai una imbianchita , per rendere morbide le
foglie e dopo le staccherai ad una ad una , togliendone lo sterpo , e con diligenza molta, le a-
datterai sul pancone ; terrai pronta una farsa di
carne, o di pesce , che porrai nelle foglie , che
ravvolgerai come tante braciolette ; le passerai nel
fior di farina , e nel battuto d'ovi , e le friggerai.

Potresti servirle ancora per un *Entramée*, senza però friggerle , facendole cuocere in buon sugo,
accomodandole nel piatto con crostini fritti, o con
piccole pastine.

Cavolifiori in grana.

Prendi il cavolifiore (non posso dirtene il
quantitativo , perchè ce ne sono , de'grandi , e
de'piccoli , ma il tuo proporzionato giudizio ne de-

stinerà la quantità pel numero de' coperti che può bisognarti) e riducendolo in cime nettandone li sterpi ; li farai cuocere per mettà nell' acqua bollente , e poi li metterai nell' acqua fresca ; li farai sgocciolare , ed indi prenderai una casseruola proporzionata , nel fondo della quale porrai delle sottili fette di lardo, e sopra di queste le cime del cavolifiore , cioè col fiore sotto e li sterpi sopra , di poi farai un trito di vitella , o carne di nero, presciutto , petrosemolo e fonghi , con del sale , del pepe , e tre o quatto ovi battuti ; unirai tutta questa composizione , e la verserai sopra le cime del cavolifiore , anzi per tutti quei vuoti , e farai tutto cuocere con buon brodo ; quando saran ben cotti , e la salsa quasi disfatta , allora rivolterai la casseruola nel piatto , e così lo servirai.

Cavoli alla Borghese.

Prendi un cavolo intiero ben lavato , lo farai bollire per un quarto d' ora nell' acqua , indi lo farai raffreddare nell' acqua fresca , e poi lo premerai con diligenza : farai una farsa di carne , o di pesce , e riempirai le foglie ad una ad una , aggiustando le une sopra le altre ; e dopo lo legherai con filo , e lo farai cuocere con brodo. Cotto che sarà ne toglierai il filo , e lo forzerai leggermente in un pannolino facendone sortire il grascio; lo taglierai in due e lo aggiusterai nel piatto , ponendoci sopra un buon sugo colato — Circa questa proporzione ne puoi intendere il numero.

Lattughe pomate farsite.

Prendi le lattughe pomate (cioè le così dette

mortarelle) le lesserai, e le passerai nell'acqua fresca, e poi le premerai leggermente con le mani, e ponendole sul pancone alzerai le foglie senza però separarle, e fra ciascuna di esse ci porrai una farsa come sopra, quindi riunirai le foglie, e le farai cuocere in brodo chiaro, o *colì*, quando saran cotte le farai sgocciolare, e le asciugherai in un panno-lino per farne uscire il grascio, di poi farai una pastarella per dove le passerai, e così le friggerai di bel colore, le potrai passare nel battuto d'ovi, e poi mollicarle, e quindi friggerle;

Potrai accomodarle, pria di friggerle, in tortiera alla parmeggiana,

E potrai finalmente servirle con qualche salsa, o sugo.

Milinsane farsite per magro, e per grascio.

Prendi dodici milinsane, non molto grandi, ne toglierai una parte dello sterpo, con quelli estremi che vi sono attaccati; col coltellino adattato ne toglierai con molta diligenza lo sterpo, però a forma di turaccio, che terrai in disparte per servirtene al suo tempo; vuoterai le milinsane de' loro semi, riempiendole, con farsa o di carne, o di pesce, o con mozzarelle pan gratto, e torli d'ovi, o con farsa di pan gratto, origano, capperi, olive, ed alici salse.

Se la farsa sarà di carne, le cuocerai con *colì*.

Se sarà di pesce le cuocerai con brodo simile.

Se sarà di mozzarelle ec. le farai cuocere con salsa di pomidoro, e butiro.

Se saranno ripiene di pan gratto alici salse ec. le cuocerai anche con salsa di pomidoro con oglio.

Milinsane farsite alla Parmeggiana.

Scorzerai le milinsane, le fetterai, e poscia le porrai in sale sotto di un peso, per farne scaturire tutto l'amaro, dopo le laverai e le premerai, e quindi le friggerai, cioè, da una parte sola, e nella parte cotta ci farai una farsa, ovvero un serpicco, finissimo perchè chiudano bene due fette insieme, e poi farai friggere le altre due mettà; le accomoderai in una tortiera con parmeggiano grattugiato, e brodo di sostanza, e le farai incorporare al forno.

Cipollette ripiene alla Savojarda.

Prendi le piccole cipolle, ne toglierai il cattivo, e ci darai una piccolissima lessata, quando si saranno sgocciolate, col cavafrutti ne toglierai il dimezzo; quindi spungherai una mollica di pane nel latte la premerai, e la pesterai con torli d'ovi duri, con parmeggiano grattugiato, e torli d'ovi crudi, del petrosemolo trito, un poco di zucchero del sale, del pepe, e della polvere di cannella, e garofano, affinerai bene questa composizione, e ne riempirai le cipollette, che passerai col fior di farina, nel battuto d'ovi, e poi le friggerai, quindi le porrai in una casseruola, con brodo di pesce, e le farai terminare di cuocere, e quando saran cotte ci porrai un poco di fior di farina, un poco di succo di limone, e raspatura dello stesso farai bene incorporare, e con molta diligenza le aggiusterai nel piatto versandoci quella salsa sopra.

Cipolle alla Veneziana.

Riempïrai le cipolle come sopra, e le farai cuocere non tanto, o nel brodo di pesce, o nel *coli* di carne, secondo i giorni, che ne vorrai far uso, dopo le sgocciolerai bene, le passerai nel fior di farina, e nel battuto d'ovi, e poi nel pan gratto ancora, e le friggerai, accomodandole nel piatto con salsa piccante.

Zucca alla Egiziana.

Prendi rotoli due di zucca, la pulirai, e la lesserai e quindi la farai sgocciolare, e poi la passerai per setaccio; porrai questo estratto in una casseruola, con due once di butiro, once quattro di parmegiano grattugiato, ed altrettanto di zucchero, poco sale, della cannella polverizzata, e due once di candito triturato, e farai bollire, quando siasi alquanto ristretta ci porrai dieci torli d'ovi battuti, e mescolando bene, farai darci pochi altri bolli, e vedendola incorporata, e ristretta la verserai in un piatto unto di butiro, al disotto, e batterai due ovi, e ne indorerai la superficie, e per ultimo ci porrai del pan gratto mescolato con zucchero e cannella, facendola incrostare sotto al fornello.

Cipolle a griglie.

Prendi le cipollette rotonde, e non delle piccolissime, le netterai del loro esteriore, e ci darai una piccola lessata, e poi col cavafrutto ne toglierai il dimezzo come i frutti; le riempirai di una farsa con pesce, e le farai terminar di cuocere con *coli* di pesce: quando si saran cotte, ed incorporate, le toglierai facendole sgocciolare, e di poi le ravvolgerai nel pan gratto, sale, e spezie e le adatterai sullà graticola, con giusto foco, e quando si saranno incrostate, le accomoderai nel piatto, con salsa di capperi sotto.

Cardoni all' Indiana.

Prendi dei cardoni, a' quali ne toglierai le foglie verdi, tutte le altre le netterai, togliendone tutti i sfili, e dividendoli a pezzetti non più di quattro dita, li porrai in acqua fresca con poco sale, e succo di limone, li laverai benissimo, e li farai cuocere in acqua rivoltandoli spesso, affinchè il disopra non diventi nero; dopo cotti li rimetterai in acqua fresca; frattanto farai una salsa bianca, ponendo in una casseruola, un poco di fior di farina, stremprandola con acqua, e butiro, sale, pepe e un poco d'aceto bianco, la farai legare alquanto sul foco, e ci unirai li cardoni bene sgocciolati facendoci dare pochi bolli perchè s'incorporino, a lento foco; semmai ti accorgi, che il butiro siasi ridotto in oglio, ci porrai un cucchiajo di acqua, ci farai dare un altro bollo, e così li servirai.

Li potrai fare ancora alla parmegiana, dopo che li avrai lessati, accomodandoli in tortiera con parmegiano, e sugo, sia di pesce, che di carne, e fatta la crosta li servirai.

Piccole fave fritte.

Prendi le prime fave, le più tenere, ne taglierai le due estremità, e le lesserai; dopo di averle bene sgocciolate, le passerai nel fior di farina , mescolandole nel battuto d' ovi , e le friggerai.

Fichi non maturi fritti.

Prendi i primi fichi immaturi , ne taglierai quel piccolo sterpo , ed in quel punto ci farai una incisione in croce, li lesserai, e li friggerai come sopra.

Faggioletti fritti con salse , e semplici.

Lesserai i faggioletti verdi, ma i più teneri, dopo li passerai nel fior di farina , e li friggerai, e poi li mescolerai con salsa acrodolce , con pignoli poco cedro candito triturato ec.

Ne potrai fare ancora un grazioso fritto, mischiato , con selleri lessati , e ridotti in quartini, e de piccoli cocozzoli, fettati per lungo in sale , e mescolando questi tre ortalizj, similmente li passerai nel fior di farina , e quindi nel battuto d'ovi, e così alla rinfusa li friggerai di bel colore , che saranno ottimi.

CAPITOLO XIV.

PIATTI D' OVI.

Ovi alla milanese.

Farai gli ovi duri, li taglierai in quartini, l'accomoderai nel piatto , e ci verserai una crema di limone liquida.

Ovi alla monachile.

Farai gli ovi duri , li dividerai per mettà , e ci vesserai una salsa acro-dolce. Si possono servire caldi, e freddi.

Anemole.

Farai un battuto d'ovi, di poi prendi una padella un pò grandetta, in dove porrai un pochino di sugna che farai liquefare passandola per tutto il fondo della padella, e divenuta bollente, prenderai un coppino del battuto d'ovi, e con somma diligenza lo verserai nella padella girando, girando, in modo da covrire tutto il fondo della stessa, formando una sottilissima frittata, girerai la suddetta padella sul foco, onde quella frittata sia subito cotta, dipoi con la punta del coltello la staccherai all'intorno, e la rivolterai con piccol colpo facendola cadere sul pancone, e con le mani l'aggiusterai, e così farai tutte le altre. Taglierai queste frittatine in diverse strisce per formare tante braciolette. Farai una composizione di ricotta, zucchero, e provola grattugiata rammassata con torli d'ovi, e con questa ne riempirai le braciolette di quelle frittatine, che sono le anemole; fatte queste le aggiusterai nel piatto, con pavimento di provola grattugiata, e zucchero, e così potrai fare due fili, che farai incrostare sotto al fornello e le servirai.

Ovi alla fiocca.

Imbianchirai gli ovi, e li terrai in acqua calda, di poi prenderai due chiara d'ovi, e le batterai alla fiocca, ovvero che alzi la schiuma, e ci mescolerai due once di zucchero bianco polverizzato, e continuerai a battere; prenderai gli ovi, e l'aggiusterai nel piatto, e di sopra ci porrai quella fiocca, polverizzandola con cannella, facendo confettare il piatto sotto al fornello.

Ovi alla Svizzera.

Prendi once sei di butiro, lo farai liquefare in una casseruola, ci porrai una cipolla trita, petrosemolo, e maggiorana, che farai soffriggere, e poi ci porrai mezza caraffa di latte, due once di pignoli brustoliti, e tritati, raspatura di limone, un poco di colletta ovvero fior di farina, e farai alquanto bollire, dipoi imbianchirai num. ventiquattr'ovi, l'accomoderai nel piatto, e ci verserai sosopra la salsa.

Ovi alla marinara.

Prendi num. ventiquattr'ovi, e li farai duri, li scorzerai, e li dividerai per mettà; pesterai grana due di menta e petrosemolo due pagnotte di pane spungate nell'aceto bianco, che premerai, e quando l'avrai ben raffinato ci unirai ancora tutti quei torli d'ovi, che diligentemente toglierai da' loro gusci senza che questi ultimi si lacerino, e continuerai a pestare, mischiandoci once sei di zucchero, un poco di polvere di cannella, pochino di sale, e due once di cedro minutamente triturato, mescolerai bene questa composizione, e ne riempirai quelle chiara d'ovi, che aggiusterai nel piatto, del rimanente della composizione che vi rimarrà, la stemprerai con aceto bianco riducendola in salsa alquanto densa, e ce la verserai, e seranno serviti cosi.

Ovi con salsa.

Farai gli ovi duri, li dividerai in quartini, e ci verserai sopra una salsa, che più ti piaccia di quelle descritte nel capitolo di esse.

Ovi farsiti fritti.

Farai gli ovi duri, e li dividerai per mettà; pesterai il torlo con mollica di pane spungata nel latte, e premuta, della provola grattugiata (e volendoli dolci, ci porrai del zucchero, e cannella), e con altri torli d'ovi freschi ammasserai la dose, riempiendone i vuoti delle chiare d'ovi, li passerai nel fior di farina, e poi nel battuto d'ovi, e li friggerai; e caldi li servirai.

Ovi verdi alla Spagnuola.

Prendi grana quattro di spinaci, li pilirai, li laverai, li lesserai, e quindi li premerai, e li tritolerai. In una casseruola porrai once quattro di butiro, e lo farai liquefare e poscia ci unirai li spinaci, con sale, e poca polvere di cannella, facendoli bastantemente soffriggere, e dopo ci porrai una caraffa di latte: batterai dodici ovi, con once quattro di fior di farina, che verserai ancora in detta composizione, che farai cuocere, e cotta che sarà ci porrai once quattro di parmegiano, tornerai a mescolare facendola restringere bene, e la porrai in un piatto a raffreddare: dipoi ne formerai tanti ovi; l'indorerai, li rivolgerai nel pan gratto, e li friggerai, servendoli con salsa di fonghi, o altra.

Ovi in fili.

Porrai in una casseruola, once sei di butiro, un rotolo di fonghi, ma di quelli grandi, tagliati a filetti, e due cipolle ancora tagliate in fili, e farai soffriggere: quando le cipolle cominciano a colorirsi ci porrai un tantino di fior di farina, e due bicchieri di vino bianco , bagnando con brodo, o di carne , o di pesce , del sale , del pepe, facendo bollire per una mezz' ora , riducendo ad una salsa consistente; dipoi farai gli ovi duri , a quali ne toglierai li torli sani , ed i bianchi li taglierai in fili ; li porrai nella salsa facendoli incorporare; verserai tutta questa composizione nel piatto , ed al disopra ci accomoderai li torli d' ovi, con crostini fritti attorno.

Ovi duri con salsa piccante acida.

Farai gli ovi duri , li scorzerai , e li dividerai in quartini e ci verserai sopra la salsa piccante.

Ovi in sublisì.

Prendi un grano di biete ben lavate , ne toglierai tutte le coste , le lesserai , e dopo ben premute sottilmente le triturerai ; metti in una casseruola un oncia di butiro , o oglio , con una cipolletta e mezzo grano di maggiorana , grani due di mandorle brustolite (tutto triturato), sale pepe , e polvere di cannella , e farai tutto incorporare con un bicchiere di latte , o brodo di pesce ; asciugata , che sarà la detta composizione , ci porrai , un pochino di fior di farina , con due ovi battuti , due once di parmeggiano , o provola grattugiata , la mescolerai bene , e quando si sarà ristretta la farai raffreddare ; indi ne formerai tante braciolette , le passerai nel fior di farina , poi nel battuto d' ovi , e dopo le involgerai nel pan gratto, e le friggerai , accomodandole nel piatto con salsa di rossi d' ovi.

Questa dose è sufficiente per tre persone.

Ovi al cappon di galera.

Porrai in una casseruola once quattro di butiro, che farai liquefare, e ci porrai once due di
fior di farina, e sulla fornella gli farai prendere il
colore di cannella, indi ci porrai un coppino di
brodo, o sugo di pesce e lo farai bollire; prendi
once quattro di pignoli e li bruscherai; la mettà
li pesterai, e l'altra li tritulerai, e li porrai nella
casseruola, con del sale, cannella, once quattro di
zucchero, raspatura di limone, ed un poco d'a-
ceto bianco, e farai bollire, imbianchirai n.º ventiquattro ovi aggiustandole nel piatto in mezzo della
salsa.

Ovi alla fracassè.

Prendi once otto di mollica di pane, che farai bollire, con tre quartini di caraffa di latte,
o con brodo di pesce, maneggiandola in maniera
che diventi come una polenta, e la farai asciugare; batterai numero venti ovi, ma bene, li mescolerai colla mollica, e ne farai una frittata, che
taglierai in tanti mostaccioletti, e li aggiusterai
nel piatto; dipoi porrai in una casseruola un battuto di ott'ovi, poco sale, petrosemolo, e maggiorana trita, raspatura di limone, ed un poco
di succo di limone, un bicchiere di latte, o brodo
di pesce; porrai questa casseruola sulla fornella,
facendo bene incorporare tutta questa composizione,
che verserai sopra i mostaccioletti.

Frittata montata.

Prendi numero ventiquattro ovi, che dividerai, le chiara, ed i rossi e batterai le chiara col

fascetto di vetiche alla fiocca come per le mirenghe; quando sarà perfezzionata la schiuma, batterai separatamente li rossi, e poi l'unirai con la schiuma, con petrosemolo trito, mozzarella a pezzettini, ed once sei di parmeggiano grattugiato, del sale, e del pepe, mescolerai bene tutto sempre da un lato. Prendi una casseruola alla quale ci farai un unto di butiro, con una polverata di fior di farina, e ci porrai la detta composizione, che farai cuocere come le schiume, con non molto foco, usando molta attenzione, nel rivoltarla, staccandola pria all'intorno con somma diligenza.

Polpette d'ovi in cassuola.

Prendi once dodeci di pane grattugiato, ed altrettanto di parmeggiano, provola, o caciocavallo grattugiato, e mescolerai insieme, con mezzo grano di petrosemolo triturato, del sale, del pepe, e ci porrai tanto di battuto d'ovi, che diventi una pasta, o una farsa, ne farai tante polpette, che passerai nel fior di farina, e le friggerai in bollentissimo strutto; dipoi farai, o una salsa di piselli, o di fonghi, o di latte ec. adatterai le polpette nel piatto, e ci verserai sopra la salsa.

Ovi fritti nei crostini.

Farai delle fette delle pagnotte, bastantemente spesse, e diligentemente le scorzerai, arrotondandole, oppure le farai dalla mollica de' pagnottoni; in ogni fetta ci farai un concavo nel mezzo, friggendole da quella parte ove hai fatto il concavo, dipoi le rivolterai, ed in quel vuoto, ci porrai un' ovo, e frattanto si cuocerà la parte di sotto e l'ovo si congelerà, per quindi rivoltare con somma attenzione il crostino, e far terminare di cuocere l'ovo, e così li porrai nel piatto.

Ovi allo specchio.

Prendi un piatto, che resista al foco, mettendoci alquanto di butiro, che liquefacendosi si distenda per tutto il piatto, ci porrai gli ovi, con del sale, e poco pepe, e due, o tre cucchiaj di latte, che farai cuocere dolcemente sulla fornella, passandoci per sopra una paletta infuocata, e così li servirai.

Ovi alla trippa.

Farai in una casseruola la cassa di pasta frolla per servirtene vuota, che farai nel seguente modo; fatta la pasta frolla invernicerai di strutto la casseruola, e ci porrai la pasta, al suo dintorno ci farai una contro cassa di carta, ed in essa ci porrai della brenna impastata con poco di acqua bollente, che servirà per sostenere la forma altrimenti la pasta frolla con l'azione del foco si disfarrebbe; in questo modo verrà cotta, ed intera; quando sarà cotta la pasta come se fusse un timpano, toglierai dal foco la casseruola, e la farai raffreddare, togliendone con attenzione a poco a poco la brenna, e finalmente la carta, e così toglierai sana dalla casseruola la cassa di pasta frolla che adatterai nel piatto, e nel suo vuoto ci porrai gli ovi duri divisi in quartini, versandoci sopra, una crema liquida con senso di limone calda. Potrai versarci ancora, qualche altra salsa, che ti piacerà.

Potrai far pure diversamente la cassa, facendo

in una casseruola un cattò di pane di spagna della sola composizione del pane di spagna in dove ne toglierai tutto il didentro , ed in quel vuoto porrai gli ovi ec.

Potrai ancor fare la cassa di sfoglio , come vedi nel capitolo de' pasticci, ed in essa ci porrai gli ovi ec.

CAPITOLO XV.

DELLE FRITTURE.

Crocchè di riso.

Prendi due terzi di riso , lo farai cuocere in due caraffe di latte , e quando sarà ristretto , ci porrai once otto di parmegiano grattugiato , dodici soli torli d'ovi, del sale, e del pepe, e rivoltando lo farai assodare sul foco , e quando il riso si sarà ristretto farai sul pancone un pavimento di pan gratto e con un cucchiajo prenderai il riso facendolo cadere sul pan gratto , come tante pignoccate , ed accomodandole meglio con la punta del coltello in quella guisa , le polverizzerai di pan gratto , e così diligentemente le friggerai.

Ricottelle fritte.

Prendi delle ricottelle , quelle che diconsi di *massa* le passerai più volte nel zucchero fino, poi nel fior di farina , e quindi nel battuto d'ovi , e così le friggerai , polverizzandole poi con cannella.

Frittelle di castagne.

Lesserai once otto di castagne , con altrettanto di ceci ed ancora di buone noci, scorzate; pesterai benissimo tutto con once otto di zucchero, poca polvere di cannella, e raspatura di noce moscata; per ligare questa composizione ci porrai dei torli d'ovi crudi, e mescolerai; ne formerai tante frittelle, e le friggerai servendole calde; polverizzandole con zucchero.

Crema fritta.

Farai la crema di quel senso che ti piace, ma che sia un poco più soda, dovendola friggere, quando si sarà ben reffreddata, la taglierai in pezzetti la passerai nel fior di farina, e nel battuto d'ovi, e quindi la friggerai, accomodandola nel piatto con tovagliolo al disotto, e la polverizzerai con cannella.

Circa il quantitativo per dodici coperti ne farai una caraffa, e mezza di latte ec.

Frittelle alla romana.

Prendi un rotolo di ottima ricotta, la mescolerai, con once otto di mollica di pane spungata nel latte, e premuta, otto torli d'ovi, ed once otto di zucchero, un poco di raspatura d'arancio, e con un cucchiajo prenderai quella composizione l'avvolgerai nel fior di farina, e pel battuto d'ovi, e così friggerai con strutto queste frittelle.

Frittelle di portogalli.

Prendi de' portogalli, ne toglierai la corteccia, e li dividerai in quarto, cercando se è possibile, di toglierne i semi, e li porrai a cuocere

con zucchero , cioè per ogni sei portogalli ci porrai once otto di zucchero in una casseruola , dandogli una giusta cottura ; indi farai una pasta con
vino bianco , e fior di farina , un cucchiajo di ottimo oglio , e poco sale, stempererai tutto ben bene , con poco d' acqua fresca , se vi bisogna , ma
che non sia , nè dura nè molle , dimodochè versandola dal cucchiajo fili : c' immergerai i pezzi di
portogallo , e così ad uno ad uno li friggerai di
bel colore ; dopo fritti l' agghiaccerai con zuccero
fino , passandovi la paletta infuocata sopra , e poi
li servirai.

Frittelle di mela , e percoca.

Da queste frutta ne toglierai la corteccia , e
le fetterai di una giusta grossezza ; gli darai una
lessata piccolissima con zucchero, e quando saran
raffreddate le bagnerai nella colletta di fior di farina, ovvero pastarella , le friggerai , e quindi l' accomoderai nel piatto polverizzandole con zucchero.

Canestrine di pane farsite in varie maniere.

Prendi la mollica de' pagnottoni di pane , la
taglierai in fette, e ciascuna di esse gli darai una
graziosa figura col coltello, oppure con uno de' diversi taglia-paste ne farai la forma, dipoi con coltellino , ne toglierai tant' altra mollica, in modo ,
che dovrai formare un canestrino, una navetta,
insomma come più ti piace ; fatto ciò le bagnerai
appena in acqua fresca , e nel fior di farina , perchè venghino alquanto morbide , e le friggerai di
bel colore. Frattanto terrai già pronto un *Entramée* di frutti di mare con piselli , tartufi , e fonchi , o un altro di pezzettini di petti di polli fe-

gatini, piselli, fonghi ec., o un altro di pesce
con fonghi, piselli ec., e di ciò ne riempirai i
vuoti de' canestrini, e così l'accomoderai nel piatto, e li servirai.

Frittelle di cecinelli.

Farai la pastarella di fior di farina un pò consistente; indi prenderai i cecinelli, bada bene, che
qui vi è un intrigo: vi sono de' veri cecinelli, che
si chiamano *veraci*, e questi sono di color biondo, nè mai ingrandiscono (per essere così la
loro specie); vi sono poi degli altri, che chiamansi *bianchetto*, e questi sono quelle piccolissime alici proibito dalle Leggi di potersi pescare
in taluni mesi dell'anno, perchè si prendono con
una rete come la calzetta, ed hanno un certo
amaro: di questi *taluni* se ne servono battezzan-
doli ancora per cecinelli, per la ragione, che costano la mettà de' veri cecinelli (starai dunque
attento a farne l'acquisto). Sicchè prenderai li cecinelli veraci, e dopo ben puliti, e lavati, li mescolerai in quella pastarella, facendone tante frittelle, e così li friggerai.

Questi medesimi cecinelli (ma sempre de' veraci) sono ottimissimi a farli fritti sciolti, a segno, da poterli numerare; e tutta l'attenzione è
di saperli ben farinare, e meglio friggerli con strutto, o con oglio; sono migliori fritti con oglio.

Frittelle di caffé.

Porrai in una casseruola once otto di butiro,
un poco di raspatura di cedro, un piccolo bicchiere d'acqua distillata di cedro, o di fiori,

mezza tazza di caffè dolce, pochissimo sale, once quattro di zucchero, una caraffa d'acqua fresca, la porrai sulla fornella, e farai bollire tutto per un momento: dipoi ci mescolerai tanto fiore, quanto diventi una pasta ben unita e spessa, rivolgendola sempre sul foco con mescola di legno, finchè si attacchi alla casseruola, allora la passerai subito in un altra casseruola, sciogliendoci due ovi battuti, e continuare a mescolare, e se la pasta è ancor dura ci unirai qualche altro ovo battuto, perchè la pasta sia alquanto molle ma che non sia chiara però. Con un cucchiajo da tavola, ne prenderai tanta pasta quanto entri nella coppa, e con strutto bollente le friggerai, però a foco lento, gondolando sempre la padella, e le toglierai gonfie, e di bel colore, che le aggiusterai nel piatto polverizzandole con zucchero.

Frittelle di pere e persiche.

Prendi le pere, e le persiche, che sieno pronte e non molto mature, le scorzerai, e le dividerai in quarto, togliendone i semi, ed i nocciuoli; le porrai in un vase infusione con rosolio, o di cedro, o di cannella, ed alquanto di zucchero, facendole rimanere per tre in quattr'ore; ma però che non sieno un pezzo sopra dell'altro, ed essendosi così bene incorporati gli anzidetti pezzetti, li farai sgocciolare, e poi li passerai bene nel fior di farina, e li friggerai di bel colore agghiacciandoli con zucchero.

Fritto di granelli.

Ti farò la descrizione di questo fritto, giacchè per gli altri te ne farò un solo accenno ; poicchè se tutti volessi descriverli, m'inoltrerei nella cucina casareccia, che come ti ho detto primieramente, la troverai in fine in dialetto Patrio per divertirti.

Prendi dunque li granelli, o siano bottoni di montone (essendomi qui proibito servirmi del termine prettamente detto, per farmi meglio intendere) ne toglierai quella doppia pelle che li custodisce: se sono grossi, li dividerai in quarto, e per lungo, se piccoli per mettà, li laverai benissimo, e li farai asciugare; l'ingranirai con mollica di pane grattugiato, e di bel colore li friggerai.

Volendo il fritto di cervelle ; le lesserai pria, ne farai tanti pezzetti a giudizio, le passerai nel fior di farina, poscia nel battuto d'ovi, e quindi le friggerai.

Volendolo, di fegato d'agnello, ne farai pure tanti pezzettini, ci darai una piccolissima lessata, l'infarinerai, e li friggerai.

Potresti ancor fare un fritto di polli ; questi li farai prima bollire, e cotti li disosserai e riducendoli in tanti pezzi non molti piccoli li passerai nel fior di farina, nel battuto d'ovi e li friggerai.

Circa poi le fritture de' pesci ho scorno di farne la menoma descrizione, riserbandomela nella cucina casareccia, ma semplicemente ti dirò, che questi vanno sempre ben farinati e fritti di bel chiaro colore, serviti nel piatto sempre con tovagliolo al disotto, e guarniti di petrosemolo fritto ma asciutto, oppure di erba di mare, la quale ben lavata l'è ottima, però per quanto riguarda un tantino da mettersi nel mezzo del piatto.

CAPITOLO XVI.

DELLE SCHIUME,

Schiuma di zucca.

Prendi rotola due di zucca, ovvero così detta *cocozza di Spagna*, la lesserai ben bene, e quindi la premerai onde vada via l'acqua, e la passerai per setaccio, con molto pane spungato nel latte; batterai otto chiara d'ovi alla fiocca che unirai con la zucca, rimettendoci ancora i rossi, che mescolerai insieme. Se la vuoi dolce, ci unirai un terzo di zucchero polverizzato, con polvere di cannella, o due o tre stille dell'oglio della stessa; se ti piace rustica, invece del zucchero ci porrai un terzo di parmegiano, provola, o caciocavallo grattuggiato, e se ti sembrasse alquanto duretta ci porrai degli altri soli torli d'ovi; prenderai una casseruola in proporzione, che la dose ci vadi sino alla mettà del bordo, dovendo gonfiare, facendoci pria una verniciata di botiro, o sugna, e questa polverata di fior di farina, e secondo il gusto più o meno, può farsi ancora di finissimo pan gratto, ci verserai la dose e la farai cuocere, come il timpano, adattando in quel modo il foco, il quale per le schiume v'ha sempre così.

Schiuma di ceci.

Prendi una misura di ceci, pria spungati in acqua, li lesserai benissimo, li pesterai, e li passerai per setaccio con molta mollica di pane spungata nel latte (ma premuta), farai la fiocca di otto chiara d'ovi, e pel dippiù farai come la precedente.

Schiuma di sparagi.

Prendi un competente quantitativo di sparagi, ne toglierai tutto il duro, li lesserai, li pesterai unendoli con pane spungato nel latte, facendo il dippiù come sopra, regolandoti sempre del modo come la desideri, se rustica, sostituendo il formaggio al zucchero.

Schiume di favette, o di faggioli bianchi secchi.

Prendi le fave secche, cioè quelle scorzate che le chiamano *favette*, le lesserai, e le pesterai sempre con mollica di pane spungata nel latte, facendo del resto come quella de' ceci.

Circa il prefisso quantitativo per dodici coperti ne prenderai una misura di Napoli (ti dico questo, perchè in Napoli il tomolo è diviso in ventiquattro misure colme, ed una misura è sufficiente per la quantità in quistione per la quale ti ho prescritto, il corrispondente, del pane, degli ovi, del zucchero, e del formaggio; mentre nelle provincie la piccola divisione del tomolo è diversa, come per esempio, in Calabria citeriore, le nostre misure Napoletane, che son ventiquattro lì son 36 e si chiamano *Cozze* ed allora, essendo più piccola o più grande questa misura, se in altra Provincia fusse diversamente, il dippiù, che ti ho detto non v'a bene, ma ci darai da per te stesso la proporzione sù quanto ti ho prescritto, in caso contrario la schiuma riuscirebbe cattiva, e mi spiacerebbe moltissimo, ricevere la taccia di poco calcolatore sulle quantità, di proporzione, che ti ho fin ora precisato.

Volendo fare la schiuma di faggioli bianchi secchi ti regolerai nel medesimo modo come di sopra per la morbidezza della dose.

Schiuma di pomidoro.

Farai la salsa di pomidoro, con due rotoli, ma che sia stretta, questa l'unirai ad un rotolo, e mezzo di mollica di pane spungata nel latte, e se ti piacesse più la ricotta, potrai frarla ancora, con un rotolo di ricotta, e mezzo di pane spungato nel latte, che sia ben premuto, e volendola, o dolce, o rustica farai lo stesso come le altre precedenti.

. Schiuma di pomi di terra.

Prendi un rotolo di patate, ben lessate, e spellate, le pesterai togliendone quei nocciuoli, ci unirai la mollica di quattro pagnotte spungate nel latte, oppure mezzo rotolo di mollica di pane, e ben premuta la mescolerai con la pasta de' pomi di terra, che passerai per setaccio, dipoi ci unirai otto chiara d'ovi montate alla fiocca mescolandoci ancora li rossi, e semmai di questi ultimi ce ne bisognassero dippiù ce ne porrai ancora onde la dose sia morbida, ci porrai un terzo di zucchero polverizzato, e sarà dolce, ci porrai in vece un terzo di formaggio parmegiano, provola, o caciocavallo, e sarà rustica; la cottura come le altre.

Schiuma di ricotta.

Prendi un rotolo, e mezzo di ricotta, que-

sta dev' essere perfettissima , e non molle , e se
per caso come tante volte succede , che ti si presenterà, la ricotta nel piatto divenuta già una crema per essere troppo molle , e non potendo far di
meno di cambiarla , la porrai in un tovagliolo pendolo , perchè così se ne sgocciola tutta la parte
sierosa , oppure in un setaccio un pò lasco , ed
allora ti regolerai prenderne altro mezzo quarto dippiù , ci unirai le chiara d' ovi montate alla fiocca
come per le altre schiume , e così per tutto il
dippiù.

AVVERTIMENTO.

Nelle schiume dolci ci stà sempre benissimo
l' oglio di cannella , nelle rustiche potrai far uso
qualche volta, di unirci delle fettoline di presciutto,
e de' pezzettini di mozzarella. Baderai alla loro
cottura , perchè la perfezione delle medesime con-
siste , che sieno ben gonfie , il che si ottiene dalla
spuma delle chiara d' ovi , che sieno ben montate
ovvero ben battute , e darci il foco proporzionato,
adattando la fornella in dove avran bruciato i carboni ; questi toglierli . restando il fondo della fornella con pochissima brace , perchè si è già infuocata , su di essa situerai la casseruola col suo
coverchio ; e li carboni accesi , li porrai sul coverchio medesimo , ed al suo d'intorno, osservando
da tanto intanto , se l' azione calorica sia uguale ,
onde poterla proporzionare. A conoscer poi se la
schiuma sia giunta alla perfetta cottura immergerai
in essa la punta d' un coltello , e tirandolo fuori
vedrai , se il coltello , ne sorta come l' hai introdotto , allora è cotta , se il coltello esce umido ,
e con parte di dose, ha bisogno di più cottura. Cotta che sarà la ritirerai dal foco per farla alquanto

staggionare , e quando dovrai servirla·, osserverai se il suo diótorno sia staccato dalla casseruola , altrimenti colla punta del coltello lo farai, e quindi adatterai nel piatto un tovagliolo sul quale rivolgerai la schiuma.

CAPITOLO XVII.

DEGLI ARROSTI.

Arrosto di vitella semplice.

Prendi un bel pezzo di vitella , e questo dovrebbe essere il filetto ; ne toglierai qualche esteriore pellicola·, ed il molto grascio , lo vernicerai di ottimo butiro , e lo avvolgerai in fogli di carta, che legherai con spago , perchè prenda una regolare figura e l'infilzerai allo spiedo. Almeno due ore prima , ed anche più di servirlo, lo porrai in cottura però al vapore (e ciò secondo il mio sistema d'esperienza , sù della quale ho basata questa mia intera operetta) il foco a vapore dunque, che da me s'intende l'è il seguente. Accenderai rotoli tre di carboni sul pagliaccio , e quando si saran tutti bene accesi li dividerai in due ali , restando perfettamente scombro il letto di mezzo ove situerai lo spiedo, così, distillando il grascio , non anderà su i carboni , che si smorzerebbero , e non si eleva fumo , che darebbe cattivo odore , e gusto all'arrosto , e girando sempre lo spiedo avrai la vitella cotta alla perfezione ; volendone conoscere il suo punto , potrai osservare da una parte di esso , discostando diligentemente la carta , e quando sarà cotto l'arrosto , pria di servirlo , ne toglierai la carta , e ci farai con pennello di piume un unto di butiro , che per asciugarlo ci passerai

la paletta infuocata ; quindi triturerai delle foglie
di lattuga , o indivia , che porrai nel piatto , e sopra ci situerai l' arrosto.

Arrosto di cignale.

Circa la cottura di questo arrosto farai lo stesso come di sopra ti ho detto per la vitella , e questo ha di bisogno tempo dippiù ; circa poi il pezzo , se fusse il filetto sarebbe migliore ma questa
l'è una specie , che difficilmente si divide come il
nero domestico , ma si divide alla rinfusa , e per
conseguenza , volendolo gustare in arrosto , comun-
que esso sia il pezzo si farà ; però lo piccherai
o con lardelli di presciutto grascio , o con lardelli
di verigine , introducendoci in dettaglio qualche
testa di garofano , facendo tutto il dippiù come di
sopra.

Arrosto di nero domestico.

Questo arrosto lo farai similmente come quello
di vitella , dovendo essere sempre il filetto.

Arrosto di polli qualunque.

Sieno pollastri , pollanche , capponi , galline ,
gallotte , gallinacci ec. saranno bene pennati , e lavati benissimo (che questa parte si omette quasi
sempre , e ne succede , che gustando un pezzo
di questo arrosto si sente nel palato una stoma-
cosa muffa , come mi è succeduto in qualche volta
che ho pranzato fuor di mia casa , perciò ti raccomando non essere avaro di acqua , nè già di
nulla altrimenti niente gusterai di buono) li asciugherai , e quindi l'incoscerai , cioè , non mettendo

i nodi delle cosce incrocicchiati nella cassa del pollo, che l'è un de'massimi errori, sicchè appena sì troncano i soli artigli de'piedi, restandoci la gamba, e con l'ago proprio, che infilzerai dentro la coscia, passandolo per sotto la punta del petto e con spago legherai sulla schiena, le ali le annoderai da loro stesse, una di esse, che sostenga il collo, quando non vuol recidersi; nell'interno del pollo ci porrai un pezzettino di buon lardo, o verigine, e quindi ci farai dare una piccola lessata, perchè così oh quanto vengono più di gusto, ed umidi; dipoi li leverai, e l'avvolgerai in carta verniciata di butiro, e li farai cuocere sempre a vapore come sopra.

Volendoli ingraniti, dopo toltone la carta l'ungerai novellamente di butiro, e li mollicherai con pan gratto, gli darai poco altro calor di foco, perchè il pane s'incrosti, e prenda colore, li adatterai nel piatto con verdura al disotto, e li servirai.

Arrosto di Beccacce.

Dopo che avrai ben pennata, e pulita la beccaccia aprirai il suo viscere, e ne toglierai le interiora, la laverai più volte con acqua fresca, e poi con aceto bianco, e non ci sarebbe male se un altra volta la laveresti con spirito di vino; la riempirai di capperini, fettoline di presciutto, di tartufo, del sale, e del pepe, e la cucirai. Farai una fetta di buon lardo larga quanto il suo petto, che fermerai su di esso con delle punte di *palicchi*. Il collo con il suo lungo becco lo adatterai nel mezzo del petto infilzandone la punta nella fine del petto medesimo. I piedi li rimarrai interi, ma ben puliti, che l'aggiusterai nei lati, e così l'infilzerai allo spiedo, e la farai cuocere, bagnandola spesso con butiro liquefatto. Il suo fegato, lo farai in *Entramée*, cioè con tartufi, presciutto, e petrosemolo trito, condito di butiro, ne formerai tanti piccoli crostini fritti, ponendo su di essi questa piccola farsa, facendoli incrostare, o con paletta infuocata, o sotto al fornello. Quando sarà cotta la beccaccia l'accomoderai nel piatto con verdura trita al disotto, e guarnita con quelli crostini, togliendone le punte de' *palicchi* che avrai adoperati e la servirai.

Arrosto di pernici.

Lo stesso farai delle pernici come per le beccacce.

Arrosto di pivieri.

Questi sono ottimi, quando sono grasci, ti raccomando sempre la pulizia, l'infilzerai allo spiedo, facendoli cuocere a vapore lardandoli sempre.

Arrosto di quaglie.

Sono ancora buone, vuotandole, e facendole come i pivieri.

Arrosto di Faggiani.

I faggiani sono pur ottimi in arrosto, vuotandoli ed avvolgendoli con carta, come i capponi domestici, e così l'infilzerai allo spiedo, e li farai cuocere per arrosto.

Arrosto di colombi selvatici.

Questi li farai di bel colore come li pivieri.

Arrosto di Agnello.

Dell' agnello la miglior parte per arrosto sono le coscie, queste potrai farle come l'arrosto di polli, meno di lessarli.

Arrosto di granelli.

Prendi li bottoni di montone, togliendoci, quella pelle che li racchiude, li laverai benissimo; l'infilzerai con li spiedini, ed a lento foco a vapore li farai cuocere, bagnandoli sempre con butiro liquefatto. Prendi delle fettoline di presciutto le farai cuocere con menta, aceto bianco, un poco di zucchero, e succo di limone, pepe, ed un tantino di colletta; metterai questa salsa nel piatto, e sopra ci porrai li granelli.

Arrosto di Lepre.

Piccherai il lepre con molta diligenza di fettoline di presciutto, ma grascio, e l'infilzerai allo spiedo. In una casseruola farai liquefare un pezzettino di lardo, con vino bianco, ma forte, ci porrai del sale, del pepe, del rosmarino, e farai bollire; con questo sugo bagnerai il lepre che farai cuocere, con foco più forte.

Il foco lento e forte per tutti gli arrosti a vapore, s'intende, che le ali di carboni sieno più vicini, o più lontani, e questa sarà la sua gradazione.

Arrosto alla papigliotta.

Prendi un buon pezzo di vitella, che farai lentamente soffriggere, come suol dirsi alla genovese, però senza cipolle, solo con butiro, e presciutto; farai cuocere la carne con molta pazienza bagnandola sempre con brodo chiaro non facendola mai bruciare, ma arrossire; frattanto farai delle braciolettine, peste di petti di polli, o di vitella, o di carne di nero, e di queste due ultime, la carne non deve esser pesta, ma a sottili fettoline, ed uguali; che riempirai di un trito di erbette capperini presciutto, sale pepe, e poca spezie, e lardo pesto, o sugna, le legherai con filo, e le farai soffriggere, e cuocere come sopra; quando son cotte le leverai, ed in quel grascio farai un trito di fonghi, e tartufi (perchè piacciono) presciutto ancora, ed erbette, facendo cuocere questo misto come una salsa, unendoci un poco di fior di farina, e *colì* di carne, e ridotta a salsa ci porrai le braciolette; e quando dovrai servire questo arrosto verserai nel piatto la salsa, e sopra, ci adatterai il pezzo di carne, o intero, o diviso in grandi fette che situerai con simetria.

Similmente potrai regolarti per il filetto di nero, però disossato.

Arrosto di nero domestico alla Greca.

Prendi del nero domestico il filetto, ma che sia di quello il più grande, ne toglierai con diligenza molta, ma non tutta la parte grassa, e ne toglierai ancora li suoi difformi estremi, dipoi lo farai rimanere per ore ventiquattro in fortissimo aceto bianco, riponendo nel vase medesimo (che sia

di terra) delle poche foglie di salvia, due in tre
cimette di rosmarino, un mazzettino di menta no-
strale, e di menta romana, una decina di teste
di garofani appena contuse, ed un mezzo quarto
di sale pesto, se il filetto sia di rotoli due, e
mezzo, se di più, o di meno ti regolerai con questa proporzione : dopo il corso delle ore ventiquattro che dovrai servire l'arrosto, lo toglierai da
quel bagno aromatico, e lo asciugherai benissimo;
dipoi per il lungo della sua polpa lo piccherai (1)
di fettoline di presciutto, di qualche spicchio d'a-
glio ridotto in minutissimi quartini, di molti capperini in aceto, ma di quelli finissimi; dopo di ciò
ci farai come una lavanda, ma leggiera di oglio
(ma questo ti raccomando, che sia il perfettissi-
mo, diversamente ne farai di meno sostituendovi il
butiro) lo ravvolgerai in carta, e lo farai in arrosto
col foco a vapore, come ti ho detto per gli altri.
Non tralascio raccomandarti badar bene alla sua cottura, girandolo sempre con lo spiedo, e da tanto
in tanto lo bagnerai, con oglio battuto, ed acqua,
e quando dovrai servirlo lo apparecchierai nel piatto
come gli altri con verdura trita al disotto.

Arrosto di pesci.

Dopo, che avrai tolte le garge a qualunque
specie di pesce per arrosto, gli aprirai le viscere,
e li laverai più volte; li asciugherai, e l'insup-
perai con buon oglio; dipoi farai infuocare la graticola, e ci adatterai il pesce, che farai cuocere
dolcemente bagnando spesso, o con aceto, e sale,
o con succo di limone, e sale, se piace; e l'accomoderai nel piatto con erbe trite sotto.

_____

(1) Piccare s'intende infilzare imbottire ec.

Arrosto di ostriche, e di altri frutti di mare.

Lesserai un tantino qualunque siansi i frutti di mare, tanto, quanto possonsi togliere dal loro guscio. Prendi li gusci delle *Ostriche*, cioè quelle del Fusaro, perchè sono più grandi, o quelli de' *sponoli* li pulirai tutti, ed al di fuori ed al di dentro, ed in essi porrai tutti li frutti di mare che ti piacciono; ci porrai del pan gratto, petrosemolo trito, del sale, del pepe, ed oglio, li adatterai in una tortiera sotto al fornello, e così li farai cuocere, ed incrostare, l'accomoderai nel piatto, e li servirai.

CAPITOLO XVIII.

DELLE CREME

Metodo per le creme di qualunque senso.

Prendi una caraffa di latte, che sia munto a te dinanzi onde sia perfetto. Metti in una casseruola mezza caraffa d'acqua, dentro della quale porrai due chiara d'ovi, che frollerai bene fino a che sopra dell'acqua sorta fuori la spuma; indi ci porrai un terzo di zucchero grascio, che mescolerai, e la porrai sulla fornella; e quando la spuma tutta si riunisce bollendo, allora colla mescola bucata ne spumerai tutta la lordura del zucchero, che porrai dentro un passabrodo con un vase al disotto, perchè ne possa sgocciolare dell'altro zucchero, che porrai nel giulebbe; e quando credi, che sia spumato interamente lo leverai dal foco, facendolo alquanto raffreddare. In un altro vase porrai mezza caraffa d'acqua fresca con cinque once di amido, ovvero fioretto, e con la mano lo farai ben liquefare: ci mescolerai ancora otto torli d'ovi freschi, e ci unirai la caraffa di latte col giulebbe, un pochino di sale, e con la raspatura di limone, o di portogallo; mescolerai benissimo tutto; quindi passerai questa composizione per setaccio, la porrai in una casseruola sulla fornella, e con mescola di legno nuova principierai a girare, sempre però da un lato facendola indensare, che farai siccome più ti necessita, come per esempio; se la crema ti bisognasse per formarne una turta, de'pasticcetti, allora alla crema ci darai un maggior punto di cottura; se ti necessita per formare un gattò un punto di meno; se poi per una crema semplice, o anche per una zuppa di pane di spagna, la farai più morbida.

Ti raccomando di non alienarti mentre giri la tua crema, e di girarla sempre da un lato diversamente non farai più la crema.

Crema di caffè bianco.

Avendoti data la norma per ogni caraffa di latte farai sempre lo stesso come di sopra, per tutte le altre, le quali potranno variare per i soli sensi, come a darsi.

Prendi once quattro di ottimo caffè, lo bruscherai di bel colore carmelitano, e caldo caldo lo tufferai nella composizione divenuta già fresca: quando si sarà raffreddato il caffè passerai il tutto per setaccio, facendo il dippiù come sopra.

Crema di caffè a torroncino.

Prendi una caraffa d'acqua, la farai bollire,

e ci farai la decozione di caffè mettendoci due once di ottimo caffè brustolito, e macinato che farai bollire; e quando si sarà rassettato, lo passerai leggiermente, e l'unirai colla caraffa di latte, le once cinque di amido gli otto rossi d'ovi freschi, e due terzi di zucchero finissimo, e bianchissimo, sempre il pochino di sale passerai il tutto pel setaccio, e farai il resto come sopra.

Crema di Cioccolata.

Farai la decozione strettissima, e densissima di mezza libra di ottima cioccolata, che unirai col zucchero in giulebbe; ci unirai ancora le once cinque di amido stemprato in mezza caraffa d'acqua fresca, otto rossi d'ovi, il solito sale (ma poco per carità) e la caraffa di latte, mescolerai tutto, ma sempre con le mani, e passando la composizione per setaccio farai il dippiù come sopra.

Crema di rose.

Farai la composizione solita della crema semplice, però prenderai once tre di *bombò* di Francia col senso di rose, che farai liquefare nel giulebbe dopo di averlo spumato, aggiungendoci un altro tantinello d'acqua, perchè diversamente restringendosi il giulebbe fin che li *bombò* si liquefacessero, diverrebbe molto di meno il fluido dello giulebbe, laddove non ti riuscisse avere gli anzidetti *bombò* porrai nella composizione generale tante stille di oglio di rose per quauto basterà dare il senso, e se nè anche questo avrai, e volendo fare la crema di rose potrai servirti dell'acqua distillata di rose adoperandone mezza caraffa, quella appunto che vi necessita per liquefare le cinque once di amido, e se nettampoco questa avrai non saprei mio caro suggerirti altro mezzo, perchè Gastronomia non ha preveduto un tal caso; finalmente, avendo, o gli uni, o le altre, o l'ultima farai la crema come di sopra.

Crema di menta.

Per questa crema siamo al medesimo caso della precedente, perchè vi sono i *bombò* di Francia col grazioso senso di menta, e di quelli potrai avvalerti, nel modo istesso che ti ho detto per quelli di rose facendoli liquefare nel giulebbe dopo di averlo spumato, o in difetto di questi, potresti far uso dello spirito di menta, che porrai nella composizione generale, nella quantità, che ti gusterà; di questo senso non esserne generoso, altrimenti amareggia.

Crema di pistacchio.

Riuscendoti avere li *bombò* di Francia di pistacchio ti regolerai come quella di rose; se non potrai averli, prenderai once sei di pistacchi, li spellerai con acqua bollente come le mandorle, e li pesterai come la semata, e ne farai una caraffa bene stemprata con acqua fresca, e farai questa crema come quella di caffè a torroncino.

Crema di limone, o portogallo.

Farai la crema come sopra, nella quale porrai un poco più della raspatura di limone, o di portogallo, onde dia il senso bastante alla crema, e farai il dippiù come le altre.

Crema di cannella.

Prendi un' oncia di ottima cannella, ma non in polvere, la triturerai ne farai una decozione in una cafettiera, ben chiusa (ma che non abbia cattivo odore) onde non svaporizzi, quando avrà sufficientemente bollito, e che abbia estratto il senso, ne ricaverai una caraffa, e farai la crema come quella di caffè a torroncino.

Crema di vainiglia.

Prenderai una bacchetta di polposa vainiglia, e ne farai la decozione come sopra, e così per tutto il rimanente.

Crema di mandorle, senza latte, e senza ovi.

Prendi tre quarti di mandorle dolci, le spellerai con acqua bollente, le pesterai benissimo, sciogliendole come la semata nell' acqua fresca, dovendone ricavare una caraffa e mezza, prenderai altra mezza caraffa d'acqua, in dove ci sciropperai due terzi di zucchero bianco; e quando sarà raffreddato l'unirai con l'estratto di mandorle, in dove scioglierai cinque once di amido, con pochino di sale. Passerai questa composizione per setaccio, e farai come le altre.

Se la vorresti di cioccolata, ne farai la decozione strettissima con mezza libra, e la mescolerai nella dose, e farai come il solito.

Crema di fragole.

Prendi un rotolo, e mezzo di ottime fragole,

le passerai per setaccio, e ne ricaverai una caraffa di estratto, lo mescolerai con una caraffa di latte, numero otto rossi d'ovi, once cinque di amido, due terzi di zucchero bianco finissimo polverizzato, il solito sale, mescolerai benissimo con la mano tutto, e passerai per setaccio, e farai questa crema come le altre, e sarà ottima.

Volendola di fragole ananasse, lo stesso; nell'intelligenza, che queste fragole debbono essere pronte, ma mature.

Crema di ananassa.

Per questa crema deve precedere una operazione, che è, di acquistare prima una matura ananassa, pelarla, e metterla in zucchero per una decina di giorni prima perchè si raddolcisca, o per dir meglio s'impregni di zucchero; questa messa in zucchero sarà la seguente.

Sciropperai in una caraffa e mezzo d'acqua, un rotolo di zucchero, riducendolo alla prima cottura del mio riposto qui appresso denominandolo *lissè* e giunto a questo punto, lo toglierai dal foco e lo riporrai in un vase di terra, e quando sarà divenuto tiepido ci tufferai l'ananassa pelata, e divisa in pezzi, il giorno seguente, toglierai dal giulebbe l'ananassa, facendone sgocciolare il zucchero, che farai novellamente restringere sul foco, riducendolo alla seconda cottura, cioè al grande *lissè*, lo rimetterai nel vase di terra, ed intiepidito ci porrai l'ananassa; nel terzo giorno farai lo stesso come il precedente, riducendo il giulebbe alla terza cottura, cioè un poco più ristretto, che chiamasi il piccolo *perlèc*, e farai lo stesso; il quarto giorno osserverai il vase; se l'ananassa avesse dato fuori più umido, cioè, se lo sciroppo siasi allungato dippiù di quello lo ponesti nel vase, allora è segno, che il zucchero non ancora si è interamente introdotto nel frutto, se poi il zucchero non abbia fatto mossa veruna l'è segno, che l'ananassa ha tramandato il suo umore nel zucchero, ed in tal caso la continuerai a trattenerle in zucchero per altri giorni; finalmente quando vorrai fare la crema, prenderai mettà dell'ananassa la triturerai, e la bollirai ricavandone l'estratto di una caraffa, e farai la crema, come quella di torroncino.

Crema di fegatini di pollo.

Prendi trenta fegatini ben puliti, li lesserai non molto, li pesterai benissimo, e li scioglierai in una caraffa d'acqua fresca, li passerai per setaccio facendola come quella di torroncino, cioè un pò più stretta delle altre.

Questa l'è ottima per riempire sfogli pasticcetti e crostini.

Crema ghiacciata.

Porrai in una casseruola un oncia di fior di farina, delle cortecce di cedro verde triturato fino, de' fiori di cedro inzuccherati, e pesti, un terzo di zuccotto, o zucchero finissimo; scioglierai il tutto con otto rossi d'ovi, conservandone le chiara; ci mescolerai una caraffa di fior di latte, ed un quartino di latte; farai cuocere questa crema per mezz'ora, finchè divenga spessa, girandola sempre ed allora la toglierai dal foco; batterai con un battitore, o fascetto di vetiche quelle chiara d'ovi, e quando avrai montata la fiocca, la mescolerai nella crema, che non sia bollente ma tiepida, e mescolata bene, la verserai nel piatto in cui dovrai servirla, polverizzandola da per tutto con zucchero, finchè la crema sia tutta coperta: di poi la farai cuocere, o al forno, oppure sotto al fornello; e quando sarà ben elevata, e ghiacciata la servirai.

Crema alla musaica.

Prendi un'oncia di mandorle, ed un'oncia di pignoli, brustolirai le une, e gli altri, le tritulerai con due once di candito; farai la crema semplice, in dove dopo passata la dose ci mescolerai le mandorle ec. e la farai come le altre.

Crema alla Tedesca.

Per questa crema farai come la precedente aggiungendovi, un bicchiere di vino di Cipro, che porrai in bicchiere più grande capace della quarta parte della caraffa, che terminerai d'empirlo di latte, e mescolerai il tutto colla crema semplice, che farai come le altre.

Latte bianco.

Prendi un quartino d'acqua, e ci sirupperai un quarto di zucchero doppio raffinato, e quando si è raffreddato ci mescolerai una caraffa di latte di capra, ed once tre di farina di riso, con pochino di sale, ci porrai ancora il senso di limone; di cedro, d'arancio, e se di cannella, delle stille del suo oglio ec., e dopo di averlo mescolato tutto insieme lo passerai per setaccio, indi porrai la composizione in una casseruola, ed a fuoco discreto principierai a ragirarlo, facendolo cuocere.

La cottura di questa crema l'è più difficile delle
altre perchè l'è più tarda ad indenzarsi perchè non
vi sono dei torli d'ovi, sicchè farai due pruove
per conoscerne la vera sua cottura, la prima è,
che nel mentre giri si principia al disopra ad
aggrinsirsi dimostrando delle rughe, l'altra poi
l'è più materiale, cioè versarne un poco in un
piattino e prendendo aria di fresco rimane talqua-
le, allora è fatta, e la toglierai dal foco, versandola ove ti piace.

AVVERTIMENTO.

Per dovermi trovar sempre conseguente nelle
mie promesse ricordo, che il ricettario per le creme, è quello com'è prescritto nella prima di esse, ma per la quantità del prefisso numero di dodeci coperti prenderai due caraffe di latte, e su
di queste, darai il dippiù in proporzione.

Dei Gattò.

Il gattò può farsi in varie maniere, cioè o
farsi la dose del pane di spagna, versarla, o in
una forma tonda di carta, o in una casseruola unta appena di butiro, e cuocere il detto gattò. Lo
sformerai facendolo raffreddare, e ci farai un buco
nel mezzo togliendone quasi tutta la mollica, e
restare il solo guscio. In quel buco ci porrai della
crema che ti piace o sola, o mescolata con quella
mollica che ne avrai tolta, lo situerai in un piatto,
otturando la superficie del buco col pezzo, che
diligentemente ne avrai tolto, e con salvietta sotto
potrai servirlo anche così, oppure passarci la
pasta mirenga sopra, ed ingrostarlo sotto al for-
uello.

Potrai farlo ancora diversamente, cioè, accomodare nel piatto le fettoline di pan di spagna e tramezzarle o con una sola crema, o con creme diverse facendone più fili, quando il piatto possa sostenerne la proporzione dell'altezza, e presentarlo, o con verniciata della medesima crema, o con pasta mirenghe come sopra.

Potreste eseguirlo di altra maniera.

Prendi una casseruola, che ti sembra proporzionata per quel numero de' coperti, che ti bisognerà, ed in essa ci farai una cassa di carta, principiando il primo filo di fettoline di pane di spagna, e sopra ci accomoderai un tramezzo di crema di un senso, e di un colore, disopra ci porrai un altro filo di pane di spagna e ci tramezzerai un filo di percocata, di poi un altro filo di pane di spagna, ed un altro tramezzo di diversa crema, e di senso, e di colorito, e così proseguirai finchè avrai riempita la casseruola, prevenendoti, che l'ultimo filo sia di pane di spagna, nulla importando, che sortisse un pochino al difuori, perchè nel rassetto che faranno le creme presciugandosi del loro umido, che se ne impregna il pan di spagna, se vi è quel pochino al difuori si rimetterà al suo livello, nell'intelligenza, che facendolo in questo modo, almeno ne devi anticipare l'operazione di cinque in sei ore, per dare il tempo, che tutto s'incorpori, se poi fusse nell'inverno, potrai anticipare l'operazione la sera per la mattina. Un ora prima, che dovrai servire questo gattò, adatterai un tovagliolo nel piatto, e su di esso rovescerai con molta diligenza la casseruola facendolo cadere nel mezzo; ne toglierai la carta, ed al suo dintorno ci farai un intonaco di crema, che ci porrai con la punta di un coltello, facendoci qualche disegno con li residui delle creme colorite, e poi, o farai delle piccolissime mezze mirenghe o le acquisterai, e con queste farai un contorno al gattò; sulla parte superiore poi ci porrai un grazioso siruppato, o una pera simile, e lavorerai il resto a tuo piacere, e vedrai, che nell'assieme farà una graziosa figura.

Lo potrai ancora riempire diversamente, che sarà pur ottimo, cioè, nella casseruola medesima, situando le fettoline di pane di spagna, non occuperai tutto il piano della casseruola, ma pel suo dintorno lasciandoci un vuoto nel mezzo, come se fusse un tubo, e così proseguire sino alla sommità, ed in quel vuoto versarci la composizione d'ovi faldacchiere, o semplice, o mescolata con piccolissimi pezzettini di pane di spagna, onde riesca più consistente perchè l'ovi faldacchiere saranno sempre più umide, pel dippiù proseguirai come disopra.

Gattò alla Cinese.

Farai, non meno di sette tondi di pasta frolla questi debbono essere formati con la loro gradazione, cioè, il primo lo farai in una tortiera, che occupi il giro poco meno di quel piatto in cui vorrai servire questo gattò, e tutti gli altri dovranno impiccolirsi a poco a poco finchè l'ultimo sia una barchiglia di così detto *bocconotto, ovvero pasticcetto.*

Tutti questi tondi di pasta frolla li farai cuocere al forno, dandoci un punto di più dell'ordinaria cottura, onde la pasta s'imbiscotti, e questo punto gli si dà, dopo cotta si farà alquanto raffreddare, e poscia si ritorna con l'azione del fuoco, e così si ottiene quel punto di cottura come di sopra ho detto. Quando saran cotti, e raffreddati tutti li descritti fondi di pasta, adatterai nel piatto corrispondente un tovagliolo, ovvero una salvietta, e su di esso ci situerai il primo fondo più grande, in esso ci porrai delle fettoline di pane di spagna e ti raccomando di tagliarle precisamente uguali (e ce n'è la sua ragione, perchè se queste fussero difforme, ti darebbero un piano ineguale, e dovendo alzare questo gattò facilmente, o crollerebbe tuttto, oppure da qualche lato farebbe una mossa, ed allora perderesti tutta la tua manifattura e più l'occhio non rimarrebbe pago) su di queste fettoline, ci porrai una qualità di crema (che di già avrai precedentemente fatta ; e che sia raffreddata) perchè diversamente la pasta frolla si aprirebbe e colla punta del coltello l'accomoderai in modo, come se fusse un piccolo rialto levigando bene all'intorno della crema medesima, la quale sarà un tantino più forte, non dovendo essere più alto, che di due dita ; su di questo ci adatterai l'altro fondo di pasta frolla meno grande e farai lo stesso con altra qualità, e colore di crema, e così farai fin che son terminati i fondi di pasta, badando, di rimanere i bordi de'fondi sempre scoverti :

Terminata questa operazione, se ti piace potresti guarnire di piccole mirenghe, e queste dovran essere di quel medesimo colore, che avrai fatto le creme, adattandole fra un vuoto, e l'altro de'fondi di pasta frolla, e precisamente impiastrandole leggermente nei dintorni della crema ; or fatto così questo gattò non sarà grazioso, e di una figura Cinese ? e ti prego calcolare nel tuo pensiero, che questo gattò dovrà figurare come quei piatti montati per riposto in dove si pongono i diversi dolci ; questo difficilmente si conosce in cucina , a motivo, che nelle cucine non vi puol essere *disegno* , e senza di questo , non si gusterà nè un bel *Pranzo* , o un grazioso *Bouffet* per cena.

CAPITOLO XIX.

MODO DI FARE L' OVI FALDACCHIERE E MIRENGHE SECCHE.

Ovi faldacchiere.

Porrai in una casseruola, o polsonetto da siroppare zucchero, una caraffa, e mezza d'acqua e due chiara d'ovi , e col frollatojo farai come per la ciccolata , onde si elevi la spuma , e lascerai di frollare, quando vedi , che non si alza maggior spuma ; di poi ci mescolerai un rotolo di zucchero doppio raffinato , e lo siropperai spumandolo bene , e tutto ciò che sgocciola lo riporrai nella casseruola o polsonetto , e ciò lo farai con foco temperato. La cottura di questo siroppo bisognando per l' ovi faldacchiere , dev' essere al settimo grado , che ho basato nelle dieci cotture dello siroppo tanto nella mia prima edizione, che in questa ; e quì facendo una piccola digressione, mi cade in acconcio presentare un dubbio fattomi da una graziosa Damina per mezzo di un comune amico ; Che la stessa avendo fatto acquisto della mia prima edizione persuadersi non si potea come il zucchero , potesse avere tanto bollimento quasichè dovesse averne la durata di dieci giorni ; all' amico sorridendo risposi in villeggiatura ove il dubbio mi presentò, che i punti di cottura del zucchero l' avevo portato a dieci , da servire ciascun di essi per li diversi lavori, che voleansi fare, siano per *Cucina*, sian per *Riposto* servendomi dei termini francesi e che il bollimento non s'intendea continuare per dieci giorni, ma per dieci momenti, perchè da un all'altro istantaneamente si passa ad un punto di cottura, che per rimetterlo, basta immischiarci un pochino d'acqua fresca, e tosto si ritornerà al punto precedente, laddove vi fusse stata qualche alienazione galante : or dovendo fare questa seconda edizione, trascriverò quelli stessi ond'essere conseguente e cercherò alla meglio adattarmi, onde più facilmente spiegarmi, e rendere più paga l'amabile Damina, che di tutto cuore ringrazio di aver fatto l'acquisto della prima edizione, come pregarla di fare per la presente non escluso il degnissimo e Rispettabile suo zio, che in una Chiesa mi estrinsecò il suo gradimento della mia opera.

Sicchè diversamente spiegando il punto della settima cottura dello siroppo, da servirti per l'uso in quistione, cioè, per l'ovi faldacchiere, lo conoscerai quando colla mescola farai cadere delle stille di siroppo in un piattino da caffè (che non sia bagnato), e raffreddandosi resti denso, allora lo toglierai dal foco, e lo verserai in un vase di terra a raffreddare, e se hai della fretta, porrai il vase in acqua fresca ricambiandola più volte. Quando si sarà raffreddato lo siroppo ci mescolerai numero trenta torli d'ovi freschi, a quali ne avrai tolto bene le chiara (e quì voglio darti un altro metodo, come togliere con più faciltà le chiara dai torli, ovvero *rossi*, o aprirai il guscio dell'ovo facendolo cadere in un piatto, e con tre dita della mano destra prenderai il torlo, cioè, coll'indice e col medio, e col pollice accompagnerai passandolo nella mano sinistra, e poi con l'altra ne staccherai la chiara oppure, finchè non ci acquisterai la pratica farlo più facilmente, cioè, aprire la corteccia, e versarlo interamente nella mano sinistra, e con l'altra fare come ti ho detto, e se ne anche così ci riesci, lo farai come fanno le *donne*, che da una mezza corteccia lo passano all'altra, perdendo così un'immensità di tempo; quest'altra discussione non ti sembra stracca, e frivola, dappoicchè dovendo scrivere mezzi teorici-pratici, credo tutto necessario, che anzi per talune altre cose, ove necessitano le sole chiara per montarle, se questa tale operazione non si fa precisa, e ci andasse qualche poco di rosso, la fiocca non ti riuscirà perfetta, come ne parlerò a suo luogo). Mescolerai dunque li torli d'ovi con il giulebbe già raffreddato, e con la mano tutto medesimerai aggiungendoci un poco di raspatura di limone, o arancio, e se fusse di limone piccolo ci sta molto bene; di poi attentamente passerai per setaccio questa composizione, per toglierne chissà qualche residuo di chiara, ovvero tutte quelle piccolissime membrane, che racchiudono precisamente il rosso dell'ovo; porrai questo estratto in una casseruola mescolandolo bene e l'adatterai sulla fornella con proporzionato foco, e con mescola di legno nuova almeno che non senta di nulla, girerai come la crema, ma qui vi ha di bisogno maggiore attenzione perchè facilmente la composizione si attacca nel fondo, e da per tutto devi girarla, onde gradatamente si addensi, e quando ti sembra, che sia divenuta quasi come la crema la leverai, versandola nel piatto proprio in cui vorrai servirla; se poi vorresti fare una zuppa, allora la riporrai in un vase di terra, la farai raffreddare, ed adattando le fettoline di pane di spagna, ci verserai sopra l'ovi faldacchiere, polverizzando di cannella, che anzi la crivellerai con un piccolo setaccio per tale uso, di questa medesima composizione ne potrai riempire de' pasticcetti, delle torte ec.

Delle mirenche secche.

Prendi sei chiara d'ovi, ma fresche, le batterai, o col battitore, o col fascetto di vetiche, che sarà meglio, e monterai alla fiocca, ma che venchi la schiuma quanto più dura; dipoi passerai per setaccio mezzo rotolo di zucchero doppio raffinato, ed a poco a poco lo mescolerai nella schiuma; quindi porrai in una tortiera un foglio di carta, e con un cucchiajo prenderai la dose, che in diversi punti della carta porrai della figura di un biscotto, e le farai cuocere sotto al fornello con lento foco, sotto e sopra, e quando avran preso colore di cannella le leverai, staccandole dalla carta diligentemente con un coltello, potendotene servire così semplici, o in coppia ripiene di ovi faldacchiere.

Le medesime potrai farle ancora con pignoli, cioè, quando porrai la dose nella carta, nel mezzo di ciascuna ci porrai pochi pignoli e le farai cuocere.

Le potresti far cuocere ancora al forno, ma bisogna saper pure il grado del calorico del forno, e questo lo conoscerai, quando porrai un foglio di carta sul suolo del forno nettato di tutto il foco; se la carta si brucia è forte, e non è cosa, se la carta non fa nessuna mossa, ma soltanto, come volesse colorirsi, allora è il punto, e su' fogli di carta nelle tortiere farai cuocere le mirenghe secche.

CAPITOLO XX.

Delle croccande di mandorle.

Prendi un rotolo di mandorle dolci, e con acqua bollente le spellerai, e le taglierai in fili, o in altromodo, che più ti piace, e le friggerai color cannella con strutto bollentissimo, o con oglio, ma ottimo, le porrai dentro una carta perchè vada via tutto il grascio.

Prendi tre quarti di di zucchero grascio, e lo sirupperai al grado della nona cottura del zucchero, che ho chiamato *cassè*, e questo punto lo conoscerai, che immergendo la mescola nel zucchero, e subito nell' acqua fresca, premendo le dita sulla mescola istessa si rompe quella patina di zucchero, ed allora mescolerai le fritte mandorle col zucchero, e bene incorporate, farai un unto d'oglio in una casseruola, o altra forma propria, e velocemente ci farai cadere le mandorle con qualche stilla d'oglio di cannella accomodandole per tutta la forma in modo come se fusse un pezzettino appresso dell' altro, e quando si sarà ben raffreddata la forma la rovescerai nel piatto con un tovagliolo bene accomodato, facendoci una guarnizione di piccoli confettini, delle piccolissime mirenghe, dei cannellini, tramezzandoci ancora de' pezzettini di candito.

Potrai farne delle piccole forme ancora servendoti di quelle per i pasticcetti.

Volendo le mandorle bianche, allora non le friggerai nè il zucchero lo sirupperai, ma bensì, dopo scorzate, e triturate le mandorle come sopra le mescolerai in una casseruola , con tre quarti di zucchero ben polverizzato , ed a foco lento farai tutto incorporare aggiungendoci un poco d'oglio di cannella , e quando sarà tutto bene assodato , toglierai dal foco la casseruola , e distribuirai la composizione in un vase unto di ottimo oglio , e dopo , che si saranno raffreddate le mandorle , rovescerai la forma , e su di essa ci farai quel lavoro , che ti piacerà.

Croccanda di mandorle a tarallini.

Prendi un rotolo di mandorle dolci , le spellerai con acqua bollente , le tritulerai minutamente , e le friggerai con somma attenzione , e diligenza , ma appena , appena prendono colore , di poi sciropperai un rotolo di zucchero a *caramella* (e di questo zucchero ne conserverai un pochino , come appresso ti dirò) porrai nel zucchero le già triturate e fritte mandorle , togliendo la casseruola dal foco , e rivolterai benissimo le mandorle onde s'incorporino col giulebbe , e ti raccomando usare in questa circostanza maggior sollecitudine altrimenti , non potrai maneggiare le mandorle , perchè a misura si raffredda il zucchero s'indurisce , toglierai le mandorle dalla casseruola , con le mani bagnate in acqua ne farai tanti piccoli tarallini , e di essi potrai formare un cestino , adattandoli uno sopra dell'altro , o con una forma , oppure idealmente , e per avere un *mastice* proprio , che li sostenghi , adoperrai quel zucchero , che ti ho detto conservare , e se nel lavorio de' tarallini si fusse indurito lo riscalderai , e di esso ti servirai. Formato che avrai il cesto , in esso ci porrai , o delle mirenche secche , o de' piccolissimi pasticcetti

ripieni qualunque o di piccole fiscelle di *cialdoni*
ripiene di creme , o latte miele ec. Questo cesto
v'a servito in un piatto con tovagliolo al di sotto.

Potrai far uso de' suddetti tarallini accomodandoli nel piatto isolatamente.

Di questa medesima composizione, potrai servirtene anche diversamente , che in vece di farne
qualche lavoro, la verserai nel fondo di una tortiera unta sempre d'oglio , e di stenderla sottilmente , ma uguale , e dividerla in tanti pezzetti,
ciò potrai farlo però finchè non avrai acquistato
bene la pratica di formarne dei lavori, che di sopra ti ho descritto.

CAPITOLO XXI.

DELLE PASTE , E PASTICCERIE.

Pasta per sfoglio.

Prendi mezzo rotolo di fior di farina , che
porrai sulla tavola di marmo , lo impasterai con
acqua fresca , pochino di sale , e di butiro, quanto una noce : faticherai , e batterai benissimo questa pasta ; la farai riposare per mezz'ora , e di
poi collo stenderello , ovvero laganatojo la stenderai , portandola all'altezza di mezzo dito , e su di
essa ci distenderai once dodici di ottimo , e fresco butiro, indi chiuderai i due lati nel mezzo, ed
il tutto per mettà ; e distenderai novellamente la
pasta , polverizzandola col fior di farina ; e ripeterai la medesima operazione , cioè, cinque volte
nell'estate , e sei nell'inverno ; l'ultima volta poi
la lascerai della stessa grossezza di mezzo dito.
Taglierai questa pasta col coltello infocato, divi-

dendola, e suddividendola di quei lavori, che più ti piaceranno.

Focaccia alla savojarda.

Prendi n.° quattordici ovi, che porrai in una delle coppe di una bilancia riponendo dall' altra altrettanto zucchero fino; ne toglierai il zucchero, e vi riporrai tanta quantità di fior di farina per quanto pesano sette ovi che porrai dall'altra coppa della bilancia. Aprirai gli ovi, che dividerai, le chiara dai torli, ed in quest'ultimi porrai della raspatura di cedro, e de' fiori di cedro brustoliti, e triti, e batterai tutto per mezz'ora; dipoi batterai le chiara d'ovi alla fiocca, che unirai ai rossi al zucchero, che sia ben polverizzato, e quindi a poco a poco ci porrai il fior di farina, rivolgendola a misura, che vi cascherà. Prendi una casseruola mezzana, ma profonda, che ci farai una inverniciata uguale di butiro, versandoci ripartitamente la composizione, che farai cuocere per un'ora, e mezza al forno; quando sarà cotta dolcemente la rivolgerai nel piatto, e se è di bel colore dorato la servirai nel suo naturale; ma se avesse preso troppo colore, bisogna ghiacciarla, con ghiaccio bianco, che si fa con zucchero finissimo, un bianco d'ovi, ed il succo di mezzo cedro, battendo il tutto insieme fin che il ghiaccio sia ben bianco, e con questo coprirai la focaccia, procurando che il ghiaccio sia ben secco, che otterrai col forno ma lento, e così la servirai.

Focaccia di riso.

Porrai in una casseruola non grande, once

otto di riso ben lavato, e ci porrai due bicchieri d'acqua, e porrai al foco per farlo *crepare*, e quando si è impregnato che sta per bollire, ci porrai del latte per quanto basti di farlo cuocere; quando sarà consistente lo leverai dal foco facendolo raffreddare; dipoi ci unirai due libre di fior di farina, poco sale, ott'ovi battuti, ed una libra di butiro, impasterai il tutto insieme, e ne formerai una focaccia, che indorerai con battuto d'ovi, e la farai cuocere al forno in tortiera unta di butiro, coprendola con carta.

Focaccia di mandorle.

Prendi due libre di fior di farina, che porrai sulla tavola di marmo, ci farai un buco nel mezzo, e ci porrai due once di butiro, ott'ovi, un poco di sale, mezza libra di zucchero polverizzato ed una libra di mandorle dolci, pelate, ovvero *scorzate* e ben peste; impasterai tutto insieme, e ne formerai una focaccia come la precedente, facendola cuocere al forno, e dopo cotta l'agghiaccerai di zucchero, passandoci sopra la paletta infuocata, e così la servirai.

Focaccia brioches.

Prendi una libra di fior di farina, che impasterai con poco di acqua calda, e ci porrai una mezz'oncia, e poco più di lievito di birra, e se questo non potrai avere, ci porrai quello di pane, ed impastando bene, la ravvolgerai in un panno-lino, facendola *rinvenire* in un luogo caldo, cioè, per un quarto d'ora nell'estate, ed un ora nell'inverno. Dipoi porrai sulla tavola di marmo, altre, libre due di fior di farina, assieme colla pasta già fatta in lievito, una libra e mezza di butiro, dieci ovi battuti, un oncia di sale, ed un mezzo bicchiere d'acqua, impasterai tutto con le mani per tre volte polverizzandoci da tanto in tanto del fior di farina, la ravvolgerai in un tovagliolo, lasciandola fermentare per nove in dieci ore. Fermentata che sarà la pasta, la taglierai siccome ti piace, cioè, ne farai delle focacce, e grosse, e piccole, dandogli una figura rotonda, appianandole un poco al disopra, che indorerai con battuto d'ovi; le farai cuocere al forno; le piccole per mezz'ora, e le grosse per un'ora e mezza.

Ci potrai far ancora de' tramezzi di fettoline di presciutto, e mozzarella.

Pasta frolla.

Prendi un rotolo di fior di farina, mezzo rotolo di zucchero scuro, mezzo rotolo di sugna, un pochino di sale, raspatura di limone, o portogallo, e dodici rossi d'ovi freschi, ed impasterai tutto sollecitamente senza maneggiarla molto. Di questa pasta te ne potrai servire, per timpani, per pasticci, pasticcetti, torte di qualunque maniera, e pastarelle per piattini. Tutte queste cose vanno cotte, o al forno, o sotto al fornello.

Pasta per li panzarotti.

Prendi mezzo rotolo di fior di farina, mezzo quarto di zucchero, mezzo quarto di strutto, poco sale, e numero quattro ovi intieri, ben battuti ed impasterai, e se sotto la mano ti sembrasse alquanto dura, ci porrai un pochino d'acqua. Fatta questa pasta la distenderai come se fosse un cartoncino, e ne farai de'panzarotti, i quali possono essere ripieni di formaggio, ed ovi, di un sarpicco di carne, di un raungino di pesce ec. che friggerai con strutto di bel colore.

Pastarelle alla Reale.

Porrai in una casseruola un tantino di corteccia di cedro verde triturato, once quattro di zucchero polverizzato, poco sale, un pezzettino di butiro, quanto un ovo, e due bicchieri d'acqua; farai tutto bollire per un momento, e poi ci unirai dieci cucchiaj di fior di farina, farai cuocere bene il tutto, rivolgendo sempre affinchè venchi ben consistente; e quando incomincerà ad attaccarsi alla casseruola la leverai dal foco, e ci porrai due ovi battuti, rivolgendoli ben forte col cucchiajo, affinchè tutto s'incorpori bene, e continuerai ad aggiungerci degli altri ovi battuti, però uno per volta, sino a che la pasta diviene molle, ma che non sia liquida; indi ci porrai de'fiori di cedro confettati, e quattro marzapani di mandorle amare il tutto ben fino, e mescolerai bene tutto.

Prendi delli fogli di carta, che ungerai di butiro, adattandoci sopra delle frittelle di quella pasta, che prenderai con un cucchiajo, dandogli la forma di un ovo; le farai cuocere per mezz'ora sotto al fornello, o al forno con calore temperato, indorandole sopra con battuto d'ovi.

Pasta per struffoli.

Prendi un rotolo di fior di farina, che impasterai con ovi battuti, ed un tantino di sale,

maneggiando questa pasta come quella de' tagliolini, badando, che dev'essere molto faticata; dipoi taglierai questi struffoli a tuo piacere, ma se
li farai piccolissimi saranno migliori. Porrai dello
strutto nella padella, ma non devi essere avaro,
friggendoli color d'oro. Dipoi farai un trito finissimo di cortecce di portogalli con mandorle scorzate brustolite, e del candito trito. Siropperai mezzo rotolo di zucchero stretto, e giunto al punto
ci unirai le mandorle, le cortecce, ed il candito
tutto triturato, e quando si sarà tutto incorporato, ci mescolerai li struffoli già fritti, e li rivolgerai benissimo, e poscia li aggiusterai nel piatto
in quel modo, e forma, che più ti piacerà, polverizzandoli con zucchero, e cannella fina.

Di questa medesima pasta ne potrai far pure
tanti piccolissimi tarallini che friggerai, e li con-
fetterai come li struffoli.

Biscotti di gelsommini.

Prendi un cucchiajo di marmellata di gelsomino, che porrai in una casseruola, con otto rossi
d'ovi (conservando separatamente le chiara) ed una
libra di zucchero ben polverizzato, batterai il tutto facendo che s'incorpori; dipoi prenderai le otto
chiara d'ovi, con due altre, che batterai separatamente alla fiocca, e giunta a perfezzione la spuma, la mescolerai con l'altra dose, e quando sarà
tutto bene unito, ci porrai once otto di fior di
farina ripassato per setaccio, però farai, che vi
cada a poco, a poco, e colla mescola rivolterai.

Prendi de' fogli di carta unti di butiro, e su
di essi porrai la pasta come tanti biscotti, e sopra ciascun di essi ci spolverizzerai del zucchero

per ghiacciarli , e poi li farai cuocere al lento forno.

Pasta brisèe per pasticci rifreddi.

Prendi libre quattro , e poco più di fior di farina, libre due di butiro, e due once di sale ; porrai la farina sulla tavola di marmo , facendoci un buco nel mezzo , in dove porrai il butiro , ed il sale ; indi prenderai dell' acqua quasi bollente , e la verserai sopra il butiro mescolandolo bene colle mani , finchè sia liquefatto il butiro ; dipoi impasterai bene a forza di braccio sollecitamente , perchè la pasta divenghi ben legata , dappoicchè quanto più sarà ferma la pasta meglio sarà la riuscita. La lascerai riposare per tre ore prima di servirtene , ed aggiustarla per quel pasticcio che vorrai fare.

Pasta bugnè.

Tacerò la descrizione di questa pasta , avendone diffusamente parlato nel Capitolo delle ordure.

Tortiglion.

Prendi un rotolo di sola polpa di vitella , o di nero secondo la stagione : la ridurrai in minutissimi pezzi , come per le cervellate ; porrai la detta carne in una casseruola , con due once di butiro , e la farai ben suffriggere , e quando è cotta , la leverai ; prendi un rotolo di mandorle peste a forma di pasta , e la siropperai , fatta quest'altra operazione farai una decozione di ciccolata ben stretta di una libra , ed unirai tutto facendo bene incorporare , dipoi ci unirai , de' pezzettini di mellone sciroppato , di cocozzata , di percoche ec. , e della polvere di cannella ; fatta questa composizione la farai alquanto raffreddare. Dipoi farai la pasta di sfoglio e ne formerai una lunga striscia , tagliandone quella all' intorno , che rimpasterai e ne farai la striscia pel disotto , dovendo combinare un *capetone*; nella pasta di sotto ci porrai la composizione anzidetta , e sopra ci coprirai la striscia sfogliata che in tortiera propria farai cuocere al forno, come un *capetone*.

Pasta per tagliolini.

Prendi un rotolo di fior di farina , ma il più ottimo , lo porrai sulla tavola di marmo, e ci farai un buco nel mezzo ; dipoi prendi una dozzina d'ovi freschi , e ne batterai dieci , che mescolerai col fior di farina , ed a forza di polzo l'impasterai benissimo , e se vedi , che la pasta fosse alquanto dura , ci batterai un altr' ovo , non potendoti precisare il numero degl' ovi perchè l'è facilissimo rinvenire degli ovi ora più grandi , ora più piccoli , e perciò daranno più o meno fluido ; quando la pasta sarà bene raffinata , ne farai quattro , o cinque parti distendendo ciascuna di esse collo stenderello , o laganatojo , formandone una tela sottile , che ravvolgerai , tal quale come se piegar vorresti un foglio di carta in quarto, e quindi , taglierai i tagliolini di quella larghezza che ti piaceranno , e poi ci polverizzerai del fior di farina , e colle mani , cercherai di scioglierli leggermente , riponendoli o sopra de' fogli di carta , o sopra dei panno-lini.

Di questa medesima pasta farai le lasagnette, cioè, dopo di aver distese le tele sottilmente, senza avvolgerle, le taglierai , in tanti difformi pezzetti , non più grandi del segno che qui appresso vedrai.

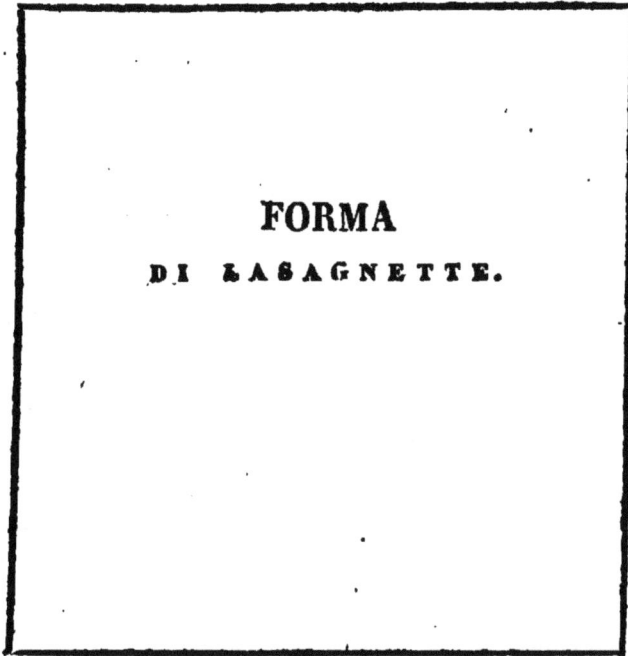

FORMA

DI LASAGNETTE.

Con questa pasta medesima potrai fare ancora la così detta lasagna di monastero cioè , facendo i pezzi un poco più grandi di quelli del modello, con la differenza , che per le lasagnette, dopo che si saranno bene asciugate le bollirai in moltissim'acqua volendole incaciate con sugo , altrimenti sì farebbero come una colla , se col brodo in moltissimo brodo per la ragione medesima ; per far poi la lasagna di monastero , bisogna aver molta pazienza , nel cuocerla, perchè dovrai tener pronta una casseruola , che bolla sempre con acqua , ed a misura che farai un pezzetto della lasagna la tufferai nell' acqua (quando bolle già) e quando sarà cotta diligentemente la toglierai facendola bene sgocciolare , e la porrai nel piatto in dove farai la lasagna accomodando le fettoline cotte nel detto piatto con diversi formaggi grattugiati, zucchero, e polvere di cannella, volendola dolce, e così praticherai per l'intera formazione del piatto, facendo incorporare il piatto, o nel forno, ma lento, o sotto al fornello, perchè si ci facci il *brulè*.

Pasta bugnè confettata.

Farai la pasta bugnè come diffusamente ho detto nel capitolo delle ordure, però volendola confettata dev' essere un poco più duretta, e maneggiandola più delle altre con gli ovi, e dopo fatigato, la farai rassettare sopra un coverchio di rame, o entro un piatto di rame; dipoi ne farai tante piccole palle, che friggerai in bollentissimo strutto, gondolando sempre la padella, facendole venire color d'oro. Farai un poco di giulebbe stretto a caramella, e c'invilupperai le palline già cotte rivolgendole bene come le mandorle per le croccande, e ricavandole un pezzo, le porrai nel piatto con tovagliolo al disotto polverizzandole con zucchero, e cannella.

Peripatè di sfoglio.

Fatta che avrai la pasta di sfoglio, come la prima segnata in questo capitolo, e volendo fare de' *Peripatè* farsiti, ovvero piccoli sfoglietti, dopo formato lo sfoglio, che lo distenderai lasciandolo dell' altezza di circa un dito, prenderai il taglia-pasta rotondo, e lo infuocherai nella sugna bollente, da poterti servire come coltello infuocato, e con esso taglierai li *peripatè*, nel mezzo di ciascuno di essi ci adatterai l'altro taglia-pasta più

piccolo in modo da incidere , e toglierne destramente almeno la mettà delli sfogli , e così farai
euocere tanto i grandi , che i piccoli , che ti serviranno per coverchio, frattanto farai un farsito o
di carne minutissima , o di frutti di mare con tartufi , e di ciò ne riempirai li *peripatè* che al momento saranno serviti.

CAPITOLO XXII.

DELLE SALSE

Salsa all' Inglese.

Porrai in una casseruola quattro rossi d' ovi
duri tritulati , e quattro alici salse , once quattro
di capperi anche triti , e mezza caraffa di brodo ,
del sale , e del pepe, due once di butiro , sciogliendoci un'oncia di fior di farina : farai legare la
salsa sul foco , e quindi ci porrai altri due rossi
d' ovi anche triturati , e rivolgendola di nuovo ,
potrai servirtene per qualunque piatto.

Questa salsa l'è buona ancora per maschera-
re degli *antremèe*, che non fanno buona figura.

Salsa all' Alemanda.

Porrai in una casseruola mezza caraffa di sugo
eolato , con altrettanto di brodo chiaro , un mazzettino di petrosemolo imbianchito , quattro fegati
di pollo cotti, due alici salse , once quattro di
capperi , il tutto ben triturato , e due once di
butiro , del sale , e del pepe, farai tutto scuocere,
ed unendoci un pochino di fior di farina , facendo
legare la salsa potrai servirtene per quel che più
ti piacerà.

Salsa alla Sultana.

Porrai in una casseruola una caraffa di brodo chiaro, un bicchiere di vino bianco, due fette di cedro senza corteccia, due garofani, una foglia di lauro, del petrosemolo trito, una cipolla ed una pastinaca trita; farai tutto bollire per lo spazio di un ora e mezzo, in modo che tutto si riduca in una salsa consistente, mettendoci del sale, del pepe, un rosso d'ovo duro triturato, ed un piccolo mazzettino di petrosemolo imbianchito triturato fino; ci farai dare pochi altri bolli, e la passerai per setaccio.

Salsa alla Cittadina.

Porrai in una casseruola mezza caraffa di vino bianco con altrettanto sugo, quattro fette di pane ben pesto, due once di butiro, due grosse cipolle un mazzettino di petrosemolo, del sale, del pepe facendo tutto bollire per mezz'ora a lento foco, e quando sarà ristretto ci porrai alquanto sugo di limone, e la passerai per setaccio.

Salsa verde.

Sembrami inutile far la descrizione di questa salsa poichè chi non conosce, che questa si fa con menta petrosemolo pesto, pane spungato in aceto, zucchero, sale pepe, poca cannella, passato per setaccio, ed allungata con aceto?

Salsa all'italiana, di grascio, e di magro.

Prendi un rotolo di fonghi, che dopo puliti,

ed *ispezionati* li tritulerai , con un mazzetto di petrosemolo , che porrai in una casseruola, con quattro cipollette, due foglie di lauro, uno spicchio d'aglio due garofani un bicchiere di vino bianco, due cucchiaj d'oglio , un coppino di brodo, un altro di sugo colato, del sale, del pepe e farai bollire ; e quindi la passerai per setaccio aggiungnendoci poscia un tantino di fior di farina per farla legare con pochi altri bolli , e te ne potrai servire ancora di magro, togliendone li brodi di carne, sostituendoci quello di pesce.

Salsa alla Spagnuola.

Porrai nella casseruola mezza caraffa di sugo colato con un bicchiere di vino bianco ed altrettanto di buon brodo, un mazzettino di petrosemolo, quattro cipollette uno spicchio d'aglio , pochissimi coriandri due cocchiaj d'oglio , una cipolla in fette , una rapa , ed una pastinaca ; farai tutto bollire a piccol foco , finchè la puoi passare per setaccio , unendoci del sale , del pepe, e pochissimo fior di farina , che farai novellamente legare al foco , e se troppo si addensa ci porrai dell'altro brodo , potendotene servire per ciò che vuoi.

Salsa al Carpio.

Porrai nel fondo di una casseruola delle fettoline di lardo, quattro fette di polpa di vitella , quattro pezzi di carpio (questo è un pesce d'acqua dolce che è difficile ad aversi) oppure tre o quattro fette di merluzzo, una grossa cipolla , una pastinaca , e farai cuocere a lento foco per mezz'ora, e quando si attaccherà alquanto la bagnerai con un bicchiere di vino bianco mischiato con altrettanto di sugo colato, ed altro di brodo; facendo tutto bollire insieme, onde si riduca alla consistenza di salsa; la disgrasserai, e la passerai per setaccio, aggiungendoci del sale, e del pepe.

Salsa alla marinara.

Prendi dieci torli d'ovi duri, che pesterai ben bene con menta, ed una mollica di pane spungata nell'aceto, e premuta, once quattro di zucchero bianco, poco sale, del pepe, e della polvere di cannella, ed once due di cedro candito triturato finissimo, mescolerai il tutto, sciogliendola con aceto bianco, riducendola a quel punto di liquido che ti piace.

È ottima sopra filetti di ragoste palaje ec. ed anche sopra carne, e sopra filetti di petti di polli freddi.

Salsa di riso.

Lesserai un quarto di riso, ed il bianco di una piccola cappuccia trita, che premerai, indi prenderai una casseruola, ci porrai un pezzetto di butiro, o brodo, e ci scioglierai il riso, e la cappuccia, con delle piccole fettoline di presciutto, e tartufo, se piace, ci porrai once quattro di parmegiano, o caciocavallo, de'torli di ovi battuti, e del sugo, e farai tutto incorporare.

Di questa salsa potrai servirtene pei lessi di polli, vaccina, e vitella.

Salsa piccante acetosa di grascio, e di magro.

Prendi quattro buone cipolle, le tritulerai sottilmente , e le farai soffriggere in una casseruola con poco di strutto ; indi le bagnerai con brodo e così le farai consumare ; dipoi ci porrai un trito di quattro peponi in aceto , di citrioli , e cappe- rini , delle alici salse anche spinate , e triturate , e del presciutto ancora triturato, del sale, del pe- pe , e della spezie , e farai tutto cuocere insieme, mettendoci da tanto in tanto del sugo ; quando sa- rà ben cotta , e ristretta ci porrai un poco d'aceto bianco , e zucchero ed un poco di colletta ovvero fior di farina.

Questa salsa è ottima , sopra piatti d'ovi du- ri ed in acqua , sopra lessi di carne , sia di bec- caria , sia di pollame , sopra lessi di pesci ec.

Volendola poi di magro in vece del brodo di carne può sostitursi quello di pesce ed anche ac- qua semplice , ed in vece del presciutto, tarantello.

Se poi ti bisognasse fredda (solo di magro però) allora in vece dello strutto ci porrai oglio finissimo , ed in vece dell' aceto succo di limone.

La medesima l' è buona tal quale l' ho descrit- ta , ed anche passata per setaccio , ed in quest' ultimo caso tutti i descritti generi debbonsi scuocere.

Altra salsa piccante diversa.

Pesterai bene della lattuga , della scarola bian- ca, del petrosemolo, uno spicchio d' aglio , e due cipollette , ed indi scioglierai il tutto con alquan- to di senape , o olio , aceto sale , e pepe.

Altra salsa piccante.

Porrai in una casseruola , due grosse cipolle in fette , poi una pastinaca , una carota , un mazzettino di petrosemolo, maggiorana, e basilico, due garofani, ed uno spicchio d'aglio, e l'unirai con le fette di cipolla, e più ci porrai due piccolissime cipolle sane, e due foglie di lauro che farai soffriggere, con once quattro di butiro, e farai che tutto sia ben colorito; dipoi ci porrai un tantino di fior di farina, che bagnerai con brodo, ed un cucchiajo di aceto bianco, farai bollire a lento foco, e quindi la disgrasserai, la passerai per setaccio, e poi la condirai con sale, e pepe.

Potrai servirti di questa salsa per tutto ciò, che ha bisogno di essere rilevato.

Salsa alla provinciale.

Prendi grana due di petrosemolo, cinque, o sei cipollette, uno spicchio d'aglio, mezzo rotolo di fonghi, tutto ben triturato, lo porrai in una casseruola, con mezzo misurello d'oglio, e farai soffriggere. Bagnerai la salsa, consumandoci un quartino di vino bianco, ed alquanto di brodo, del sale, e del pepe, la farai ridurre in salsa, quindi la disgrasserai, potendoti servire per piatti di pesci, oppure adornarne una tavola laddove dovessero figurare diverse salse nelle salsiere ec.

Salsa della Regina.

Prendi una carota, una pastinaca, una cipolla, mezzo spicchio d'aglio, un rotolo di fonghi, tutto ben pulito, e lavato, che porrai in una casseruola, con quattr'once di butiro unendoci un tantino di fior di farina che scioglierai con un coppino di buon brodo, ed altrettanto di vino bianco; farai tutto bollire per un ora, dipoi sgrasserai la salsa, e la passerai per setaccio; indi farai bollire separatamente un quarto di caraffa di latte, con poco pane pesto, ovvero grattuggiato, e quando si sarà bene insuppato nel latte, lo passerai separatamente pel setaccio, ed allora unirai li due estratti mettendoci del sale, e pepe, farai che tutto s'incorpori, e sarà un ottima salsa.

Salsa rossa ai capperi, ed alle alice salse.

Porrai in una casseruola, once quattro di butiro, che scioglierai con due once di fior di farina, quattro alici salse, spinate, e trite, mezzo rotolo di capperi, ma di quelli piccolissimi, interi, due cipollette intere, sale, e pepe, e la porrai sulla fornella a cuocere, bagnando con ottimo sugo, che gli possa dare un bel colore rosso, e se ti sembra essere molto consistente, ci porrai alquanto di brodo. Quando te ne vorrai servire, ne toglierai le cipollette.

Salsa gialla alla crema.

Prendi dieci rossi d'ovi, mezza caraffa di latte, tre once di zucchero, ed un tantino di fior di farina, porrai tutto in una casseruola, ed a lento foco girando sempre con la mescola, farai che si ristringa quando la mescola rimarrà inverniciata, ci porrai altri dieci torli d'ovi duri ben pesti, che scioglierai nella salsa medesima, ci porrai del succo di limone, saggiandola se abbia buon gusto, e se sia troppo consistente, ci porrai un pochino d'acqua, facendola di nuovo incorporare.
Questa salsa l'è ottima per polli piccoli disossati, per filetti di petti di polli, per filetti di

ragoste, per ovi duri in quartini, per ovi bianchi lessati, per filetti di palaje e per ogni specie
di pesci lessati.

Salsa al purè di piselli.

Lesserai rotoli due di piselli verdi (bada che
siano quei bianchi) con una cipolletta, quando si
saran disfatti li passerai pel setaccio, ci unirai
dieci torli d'ovi duri pesti, once quattro di butiro, del sale, del pepe, ed un poco di fior di
farina; bagnerai questa salsa con brodo, e quando si sarà incorporata te ne servirai.

Salsa di pomidoro al butiro.

Toglierai dalle pomidoro tutto il seme, ed il
viscido, ne lesserai rotoli due, e le passerai per
setaccio facendoci bollire un mazzetto di petrosemolo, e basilico, che leverai pria di passare le
pomidoro; riporrai questo estratto in una casseruola, sciogliendoci once quattro di butiro; ci porrai del sale, e del pepe, e te ne servirai.

Salsa alla Majonese.

Batterai dodici rossi d'ovi per più di un ora,
in modo quasi che divenissero bianchi, quando si
sarà bene elevata la salsa, che sarà divenuta spu-
mosa, ci verserai a stille a stille poco meno di
un misurello d'oglio il più perfetto, continuando
a battere, di poi ci unirai del succo di limone,
e questo in quella quantità, che ci darà buon senso.
Questa l'è una salsa quasi generale. Ti raccomando però, che gli ovi sieno freschi altrimenti

molto danno recherà ai tuoi visceri la salsa, ed in ottobre dello scorso anno 1838 una Signora di molto riguardo fu sorpresa il giorno da torbidi di visceri avendo gustata la mattina di questa salsa e non potea persuadersi qual ne fusse stata la causa, e discutendo la cosa, con una sua confidente volle venire all'analisi del pranzo fatto avea la mattina e conobbe, essere stata cagione del suo incomodo la detta salsa, che per rallenire i torbidi pensò prender letto, ed essendo buon ora ancora, fe trattenere la sua confidente che gli tenesse compagnia, vollero entrambe divertirsi un poco colla lettura del mio libro cucina *Teorico-Pratica* prima edizione per vedere se in esso vi era la detta salsa, e quali erano i suoi componenti, e viddero essere dei più semplici, che poi essendosi incolfate nella cucina casareccia in dialetto Napolitano, che diede moltissimo luogo a distrarsi nel ridere, che servì di un grazioso Farmaco alla degna Signora per i suoi visceri, ed essendone stato richiesto dall'amica confidente qual ne avesse potuto essere la causa; gli risposi, che gli ovi non erano freschi; percui ti raccomando badare moltissimo all'acquisto de' generi.

Salsa di erbe.

Prendi sei lattughe; due scarole, un poco d'acetosa, e cerfoglio; e sei cipollette, laverai, e tritulerai tutto benissimo; porrai questo trito in una casseruola, con un pane di butiro, che passerai pel foco, finchè non siavi più umido d'acqua; indi ci uuirai un oncia di fior di farina bagnando con brodo chiaro, e del *colì*, del sale, e del pepe, farai tutto ben cuocere, e te ne servirai, o sotto a pezzi di polli cotti alla genovese, o sotto ad un pezzo di carne simile, o per fette di filetto, o così dette *costatelle*, o ancora vitella; la medesima è buona per guarnizione di pesci, ed in tal caso la bagnerai con brodo di pesce, ed invece del butiro ci porrai oglio.

CAPITOLO XXIII.

DELLE INSALATE, E CAPONATE.

Caponata semplice.

Prendi numero dieci biscotti di mezzo grano l'uno, che sieno buoni biscottati, li ridurrai in pezzi e li spungherai con aceto bianco, con ottimo oglio, e molto, del sale, del pepe, e volendola dolce, ci porrai tanto zucchero macinato, per quanto ti darà buon gusto; di poi prenderai il piatto in cui vorrai apparecchiarla, e prenderai quelli pezzetti di biscotti, che mescolerai più volte, e li sgocciolerai, e li riporrai nel piatto formandone una piramide. Prendi cinque, o sei lattughe, e due o tre scarole, ma bianche ben pulite, e lavate, ne toglierai i loro attaccagli, e le taglierai finissime, come la pasta de'tagliolini; premerai questo trito d'erbe, onde ne sgoccioli tutta l'acqua e l'accomoderai ugualmente come li biscotti, e quando si saranno bene incorporate l'erbe nella salsa, le premerai alquanto, e le riporrai sopra li biscotti già situati nel piatto, e così sarà maggiormente alzata la piramide, che nella punta ci adatterai una cimetta del bianco, o di una lattuga, o di una scarola, e se questa fusse *grifa* farebbe più grazioso. Con le mani accosterai l'erbe alli biscotti in modo che tutto si attacchi.

Prendi le alici salse ben lavate in aceto, e sgocciolate, divise per mettà, e spinate, col coltello ne toglierai tutto il disuguale, e con esse ti servirai di delineare la caponata, cioè, prenderai le mezze alici e le situerai, principiando dal disotto ov'è situata la cimetta, portando sino al basso del piatto e precisamente ove principia la caponata, e con queste ne farai otto uguali divisioni, e per farmi meglio intendere ognuna di esse divisioni sembrerà come uno *spichetto di ombrellino per le Signore*. In ogni parte di questa ci farai una diversa guarnizione, *come per esempio*, in una ci porrai delle mezze olive nere, ma poste con simetria, in un'altra de' piccoli capperini, in un'altra dei capperoni divisi per mettà o a quartini, in un'altra delli sottilissimi filetti di peponi in aceto, in un'altra, o de'filetti o delle fettoline di cetrioli, in un altra delle patelle lessate, e scorzate, in un'altra delle piccole milinsane in aceto divise in quartini, e nell'ultima de' quartini d'ovi duri; all'orlo poi del piatto, ci farai una guarnizione di piccolissime cimette di cavolifiore, e broccoli romani, cioè, intersecando l'uno con l'altro, ma che vadi la ghirlanda sempre seguita, ed in fine, ci porrai delle mezze fette di portogallo, e limone.

Caponata di pesce miniata.

I componenti di questa caponata sono li medesimi della precedente, però con la seguente differenza.

Terrai pronto in due diversi recipienti, li biscotti accomodati, come sopra, e l'erbe ridotte, ed accomodate similmente; quindi prenderai del pesce lessato, cioè cefalo, merluzzo, e ragoste, che bene netterai, delle pellicole, delle spine, e de' gusci, che ridurrai in tanti diversi pezzettini, e questi separatamente accomoderai in altri diversi recipienti, con sale pepe moltissimo oglio, e poco succo di limone ed in vece di zucchero un poco di giulebbe per mitigare l'aspro del limone.

Apparecchiato tutto ciò principierai a formare la caponata. Nel piatto grande così detto alla *reale* farai un pavimento di biscotti, sopra di essi per uguagliarli ci porrai del trito delle condite erbe (ma sgocciolate, altrimenti ti si farebbe un brodo nel piatto) sopra di queste ci porrai una porzione di pesce, e sempre del trito delle erbe sopra, perchè vadi sempre uguale, e così farai finchè ti rimarrà pesce, formando questa caponata anche a forma di Piramide, se ti piace, oppure la potresti formare di una figura piana al disopra, come se fusse un gattò, un timpano ec.

Formato che avrai la caponata di quella forma, che più ti piace, la vestirai tutta dell'altro trito delle anzidette erbe, che bene farai attaccare alla forma medesima. Circa poi la miniatura farai nel seguente modo; prendi le alici salse, s'intende già sempre ben pulite, e lavate con aceto divise per mettà, e spinate, e formate a lunghi filetti, e con questi farai de' diversi contorni all'esteriore della caponata, nei dicui fondi ci farai dei diversi coloriti, come; prendi le olive nere le tritulerai benissimo, e con queste riempirai un vuoto di quei filetti di alici salse, ed in questo modo farai di tutte le altre cose, come dei peponi in aceto che li ridurrai minutissimamente come se fusse una salsa, così farai delle chiara d'ovi duri, per avere il bianco, ec. ed acquistandoci maggior pratica, potrai fare nel dintorno della capo-

nata una ghirlanda, dei fiorellini, cioè, formando
una fraschetta con li filetti delle alici salse, ed in
quei vuoti, e meati, ec. metterci dei diversi colori; all'orlo poi del piatto ci farai la solita guarnizione delle insalatine di cavolifiori, e broccoli,
se ne è la stagione, o di quelle altre che si troveranno.

Caponata di pesce con salse.

Questa caponata, v'a apparecchiata diversamente ma con le medesime cose, aggiungendovi
le salse. Farai li biscotti, ed il pesce come sopra;
di poi farai delle diverse salse per l'oggetto, cioè
una la farai di capperi; prendi once otto di capperini li pesterai, e li farai bollire, con acqua,
un misurello d'oglio, del sale, del pepe, e del
succo di limone, farai ben scuocere, e la passerai
per setaccio, e quindi l'estratto lo farai novellamente restringere, aggiungendoci un poco di zucchero per darci un gusto maggiore, e portata ad
una giusta ristrezione la farai raffreddare; per un
altra salsa, farai quella alla marinara. V. il capitolo delle salse; farai quella verde V. il capitolo suddetto; fatte queste salse verrai alla formazione della caponata. Porrai nel piatto un pavimento di biscotti, sopra di essi ci porrai una porzione di pesce, e sopra di esso ci porrai una salsa
e così farai per tutto finchè terrai pesce e salse,
fatto così il grezzo della caponata, ci farai una
covertura delle erbe già dette per le altre, e condite nel medesimo modo, e piacendoti potrai farci sopra un intonaco della nobile salsa alla Majonese. V. il capitolo delle salse, ed allora non
si ci fa alcun'altra guarnizione meno delle mezze
fettoline di portogallo, e limone nel bordo del
piatto.

Caponata di pesce farsito.

Per questa caponata farai l'apparecchio de' soliti biscotti, e trito d'erbe; circa poi il pesce, è quello che dee farsi, cioè, pesterai separatamente le diverse specie di pesce facendone una farsa come per polpette, ne farai de' diversi lavori, e li friggerai con oglio ottimo, ed in vece di adoperare il pesce lessato, e condito come sopra ti servirai di questo composto, e farsito come ti ho detto, intersecandoci sempre il trito delle erbe, ed all'esteriore della caponata ci farai una guarnizione a capriccio, che l'esercizio maggiormente te ne somministrerà l'idea, e per conseguenza la pratica.

Caponata di carne.

Sempre apparecchierai li biscotti, ed il trito delle erbe condite come sopra; dipoi prenderai dei petti di polli lessati in brodo aromatico come per le galantine, ne farai di questi tanti filetti, che sostituirai in vece del pesce, come ancora farai delle piccole braciolettine di vitella che friggerai, de' fegatini di pollo, e con queste cose formerai, o la piramide, o la forma della caponata come più ti piace, ed al suo esteriore non ci stanno bene le alici salse, ma bensì in vece di esse, de' filetti di cedro candito, e quindi le olive, li capperi, li peponi, li capperoni, le carote, le patelle, gli ovi duri, il melo granato acinato, ec.

Insalata Svizzera.

Prendi il bianco della cappuccia, ne toglierai tutti il suo verde, e la tritulerai finissimo, la laverai ugualmente, e la farai sgocciolare, o in un crivello proprio, e quando si sarà vuotata di tutta l'acqua, la porrai in un vase di terra a marinare con aceto, oglio, sale, e poco pepe, rivoltandola bene; quando vedi che è divenuta flessibile, la toglierai da quel vase sgocciolandola ancora, e la mescolerai con un'altra salsa che farai al momento, di molti torli d'ovi duri liquefatti con aceto bianco, ed oglio, del sale, e del pepe. In vece de' biscotti spungati come sopra farai de' crostini di pane fritti in oglio, che sieno biscottati ma di bel colore, di questi formerai la piramide della Caponata, ricoprendola della cappuccia, e la sua guarnizione sarà di radice, ed erbe cotte, come per esempio delle carote, delle radici di cardoncelli, delle piccole cimette di lattughe, e scarole, de' piccoli cocozzoli, e faggioletti verdi ec.

PARTE SECONDA

DEL RIPOSTO.

CAPITOLO I.

COME DEVE ESSERE FORMATO, E FORNITO IL RIPOSTO.

Il locale pel riposto dovrebb'essere vicino alla cucina.

Ci debbono essere quattro fornelle almeno, alla romana, gradatamente, ed un'altra più grande per uso di caldaja, con un letto di fabbrica vicino, col canaletto in mezzo, per le coccome e caffettiere; diverse scansie alle pareti; un pancone proporzionato nel mezzo del riposto, una vasca per acqua, e col posto al disotto di marmo, come un lavamano col suo buco, onde possa uscirne l'acqua, da servire per pulire, l'erbe, radici ec.

Lista della rame, stagno, ed altri oggetti di riposto.

Due caldaje di diverso calibro; però il loro fondo non dev'essere concavo, ma un poco piatto e propriamente dette *bastarde*.

Una caffettiera di latta con machinetta corrispondente per far caffè.

Quattro polsonetti per siroppare il zucchero

uno appresso dell'altro , e circa la grandezza , e proporzione da otto caraffe in sotto.

Due mescole di rame bucate per ishiumare il zucchero.

Quattro coccome di rame di diversa grandezza per fare il caffè.

Quattro caffettiere di rame con manico di legno , due di esse col buco sul coverchio , col corrispondente frollatojo per fare la cioccolata.

Un piccolo lambicco di rame di una decina di caraffe.

Due passa brodi anche di rame , e tutto bene stagnato.

Due tortiere di rame con li corrispondenti fornelli , quattro fogli di rame pure due di essi con manico di rame.

Una conca grande di rame.

Un trombone di rame a vento.

Un mortajo mezzano di bronzo col suo corrispondente pestello.

Due sorbettiere di stagno co'loro adattati tinelli una di esse centenaria , e l'altra per mettà.

Otto sorbettiere, per mantecare e conservare il sorbetto , di circa caraffe otto, con li loro tinelli , e cucchiaroni d'ottone proporzionati per ciascuna sorbettiera.

Forme piccole per gelati del numero maggiore che si potrà.

Quattro sorbettiere però a forma di spumoni.

Quattro stufe di rame stagnate, due più grandi delle altre con li loro corrispondenti tinacci per conservarci li gelati già sformati.

Un trombone di stagno a mano col suo coverchio , e tinello con manico per gelare acqua.

Due , o più passa-limoni , sieno di rame, sieno di ottone , sieno di latta.

Due coppini con manico lungo per prendere acqua , e per acque granite.

Quattro conocchielle di busso per togliere il succo dagli agrumi.

Moltissime mescole di legno.

Battitori , e fascetti di vetiche diversi per montare le chiara d' ovi.

Quattro setacci diversi , e più.

Due setaccini , uno bucato di pelle per passar zucchero, e l'altro per passare cannella.

Due stenderelli, ovvero laganatoj di legno.

Due mortaj di pietra con li corrispondenti pestelli di legno.

Quattro tinelli almeno come quelli per la vendemia per gelare le forme de' piccoli gelati.

Due piccole grattugge con manichetta , per raschiare agrumi , e noce mascada.

Una fornacetta di ferro col bruscatojo simile per bruscare il caffè.

Un molinello per macinare caffè.

Due palette di ferro.

Due molle per prendere carboni.

Le misure della caraffa e mezza caraffa di latta.

Una gratticola a maglia o di ferro filato o di ottone filato , con la manica di legno per asciugarvi sopra de'frutti in composta in giulebbe, delle castagne ec. con la sua corrispondente leccarda al disotto per farci sgocciolare il giulebbe.

Due trincianti.

Due piccoli coltellini.

Due cavafrutti.

Una dozzina di fusi di busso. Per lavorare il zucchero torto.

Varj tromboncini di vetro , però che abbiano la bocca grande da potersici granire semate, limonee ec. — con li loro corrispondenti sogheri.

Molte scudelle di creta, per farci le dose de' sorbetti.

Diversi bottoni di cristallo per conservarci sensi, ogli, spiriti ec.

Un cucchiajo da tavola d'argento per formare le diverse mirenche.

Un altro piccolo per caffè.

Dodici antesini di tela bianca.

Due dozzine di mappine.

Quattro mensaletti di canape fino a peparello.

Sei tovaglioli simili.

Quattro asciugamano simili.

CAPITOLO II.

Delle diverse cotture di zucchero e suo uso.

Varie sono le cotture del zucchero, e ciascuna ha il suo uso. La loro gradazione succede, continuando a bollire come segue.

Per ogni terzo di zucchero prendi mezza caraffa d'acqua, che porrai in un polsonetto, o casseruola, ci frollerai due chiara d'ovi col frollatotojo della ciccolata, e quando si sarà elevata la schiuma sull'acqua, ci mescolerai il zucchero, e così lo porrai sulla fornella col foco, che non sia molto forte (in caso diverso sortirebbe bollendo tutto); quando vedi, che la schiuma si riunisce fermentando, e si stacca dalla casseruola, allora con la mescola bucata la toglierai, e la verserai in un passa brodo, con un vase al disotto, onde non perderc quel zucchero che sgocciolerà dalla schiuma, e che unirai ancora nella casseruola, polsonetto, o caldaja che fusse, secondo il quantitativo che te ne bisognerà.

Fatta questa prima, operazione, verrai alla esecuzione delle diverse cotture del giulebbe che ìo ne stabilisco dieci, cioè,

La prima cottura chiamasi il piccolo *lissè* che conoscerai, mettendoci entro un dito destramente, e quindi toccandolo coll' altro, e poscia aprendolo forma un sottil filo, che si spezza. (*Questo è buono per lavorare qualunque crema.*)

La seconda cottura la chiamo il grande *lissè* e questa ha un bollo di più della precedente, conoscendone la sua precisione, con eseguirne lo stesso mezzo di sopra, però che il filo non si rompe così facilmente (*Questo l' è buono per li rosolj meno cremati*).

La terza passando alla gradazione di un bollo di più, la chiamo il piccolo *perlèe* perchè bollendo forma delle grosse perle (*Questo giulebbe è proprio per il sorbetto di limone ed altri*).

La quarta continuando a bollire ne succede il grande *perlèe* e lo conoscerai, che bollendo il zucchero forma delle piccole perle rotonde, ed elevate (*Questo è proprio per fare il sorbetto di amarene perchè essendo questo molto aspro il bollimento maggiore del zucchero dà più dolcezza, ed è buono ancora per li rosolj i quali vengono molto cremati*).

La quinta l'ho denominata la piccola e grande *queue de cochon* che la riconoscerai ¡bollendo di più il zucchero, e prendendolo colla mescola, e quindi lasciandolo cadere, nella casseruola, o polsonetto si forma attaccando alla mescola come una coda. (*Questo l' è ottimo per farci confettare de' marroni, ovvero castagne sciroppate col prosieguo, che vedrai nell'articolo proprio*).

La sesta è il *soufflè* la quale succede continuando a bollire , e la conoscerai essere giunta a questo punto , quando immergendo la schiumarola nel giulebbe , e soffiando a traverso de' buchi , ne vedrai uscire delle scintille di zucchero. (*Questo giulebbe è ottimo per conservarlo in vasi di fajenza, o bottiglie di cristallo per servirsene al momento, e portarlo a consistenza maggiore , ove il bisogno lo richiedesse*).

La settima , che l' ho chiamata la grande *plume* la riconoscerai , come la precedente , colla diversità , che le scintille debbano essere più forti , ed immergendo la schiumarola nel zucchero , e battendola con la mano , n' escano delle lunghe scintille , si uniscano insieme , e soffiandole si formano in aria come un piumazzo. (*Di questa cottura potrai servirtene per la pignolata , come vedrai appresso al suo luogo*).

L' ottava poi l' ho dato il nome del piccolo e grande *boulet* e la conoscerai (sempre facendo bollire un poco dippiù) secondo la teoria sarebbe di bagnare due dita nell' acqua fresca , che terrai sempre pronta , velocemente le immergerai nel zucchero , nel giulebbe , e subito le ritirerai immergendole istantaneamente nell' acqua fresca ; ed allora rimenerai colle dita il zucchero , che v' è rimasto attaccato il quale raffreddatosi rimarrà come una pasta molle ; questo come ti ho detto è l' osservazione da farsi secondo la teorica , a tutte le pratiche ; ma dovendosi eseguire da un dilettante , è necessario , che dia un altro mezzo come conoscere ugualmente questo punto di cottura , assicurandoti ; che oh quanto mi spiacerebbe , se le tue dita si scottassero , tanto per questa operazione , come per qualunque altra esperienza , che potesse accagionarti del male , e la ragione l' è chiarissima perchè non avvertendoti bene, mi bestemieresti sicurissimamente ; sicchè veniamo a noi , onde non brugiarti le dita farai cadere in un piattino *asciugato* delle stille del giulebbe anzidetto , e dopo che si sarà raffreddato lo maneggerai con le dita e vedrai che si ridurrà come una pasta molle , e laddove non vi fusse giunto ancora ci farai dare pochi altri bolli (*di questo te ne potrai servire per le mirenghe di riposto , come al suo capitolo vedrai*).

La nona cottura l' ho chiamata il *cassè* e la conoscerai nella medesima maniera della precedente facendone il saggio diversamente perchè bollendo un poco di più acquista maggior consistenza , sicchè velocissimamente immergerai la schiumarola nel giulebbe , e con ugual precocità la tufferai nell' acqua fresca da dóve la ritirerai , e tastando le dita su di essa toccando il zucchero vedrai , che quella patina già fatta e raffreddata si france facilmente toccandosi come se caminasse sopra di un ghiaccio. (*Questo punto di cottura è ottimo per ravvolgerci le mandorle , e formarne delli diversi lavori di croccande ec.*

La decima finalmente , ed ultima cottura è il *caramel* poco diversa dalla precedente , prevenendoti , che volendo il *caramel* oscuro , allora bisogna far bollire soltanto il zucchero con l' acqua a gran foco , e baderai , che il bollo non sorta fuori dal vase , altrimenti tutto si perderà , e ciò , sintantochè sia giunto a quel grado di calore , che desideri. Per il *caramel* chiaro , che farai come gli altri , lo conoscerai , facendone cadere un poco in un piattino fresco , e raffreddato, vedrai se si è formato come una *caramella* (questo punto di cottura, che è il più forte, potrai servirtene per fare il zucchero tirato con colori in tante fittuccine storcigliate) però dandoci un altro punto di cottura a piccolo foco , senza mai rimenarlo sul foco medesimo , altrimenti diverrà il zucchero nel suo stato primiero.

Volendo dunque eseguire il zucchero torto , per farne libbre tre di diversi colori ci bisogna un rotolo e mezzo di zucchero , che farai in giulebbe come sopra ; e quando l' avrai tirato all' ultimo descritto punto di cottura , potrai lavorare il zucchero filato nel modo seguente. Farai sulla tavola di marmo un unto o di oglio di mandorle dolci , o di nocelle (purchè queste non abbiano cattivo odore , come spesse volte avviene) e su di esso verserai il detto zucchero , quindi raffreddato che si sarà , ma non molto , da potersi per un dilettante maneggiare fra le mani onde non si scotti , ci porrai quel senso che ti piacerà , ed il colore , e lo mescolerai , tal quale , come se più volte avrai veduto lavorare li così detti *franfellicchi*, maneggiando dunque questa pasta con il senso , ed il colore e quando sarà giunto precisamente al colore argentino l' è giusto il punto da poterne lavorare le fittuccine , avvolgendo la pasta anzidetta in uno dei fusi di busso che farai tenere ad un altra persona altrimenti facendolo da te solo ti mancherà il tempo , ed il zucchero s'indurirà , e nulla potrai farne dippiù ; le fittuccine le farai di quella lunghezza che ti piace , oppure potrai formarne delle nocchette , delle lettere, ec.

AVVERTIMENTO.

Se per caso qualche volta avrai mancato ai gradi di cottura , che vorrai fare , perchè ti sarai alienato , dirigendo il pensiero altrove , o discorrendo con qualche Signorina , che il cor più

del giulebbe t'impegnava, basta che te ne av-
vedi, ci rimetterai alquanto d'acqua fresca, e
facendo ribollire il tuo giulebbe, lo ridurrai come vuoi (purchè non siasi attaccato sul fondo del
polsonetto, e che avesse preso già qualche cattivo gusto), allora mio caro pagherai il fio della tua
alienazione, con far punto, e da capo; e laddove ti sgomentasse che il bollimento del zucchero
sia molto forte, e che uscisse dall'orlo del vase,
o per causa di molto foco, o che non avrai adattata la proporzione del vase medesimo, ti suggerisco il mezzo, come al momento rimediare, senza togliere il polzonetto, o caldaja dal foco medesimo ci tufferai due stille di latte, oppure quanto
una testa di spillone di cera.

CAPITOLO III.

DE' SIROPPI.

Siroppo di violette.

Prendi once tre di violette ben pulite, le
porrai in un vase di terra, ovvero *fajenza*, versandoci sopra un quartino di caraffa d'acqua bollente, ed adatterai su di esse un piccolo peso,
onde le violette restino sempre immerse nell'acqua;
otturerai benissimo il vase, mettendolo sopra la
cenere calda facendolo star così per due ore; quindi passerai le violette per un panno-lino, che premerai ben forte per farne uscire tutto il succo, dovendone ricavare quasi una libbra d'acqua, o succo. Dipoi porrai in un polsonetto o casseruola due
libbre e mezzo di zucchero, con un quartino d'acqua, e farai bollire questo sciroppo portandolo

alla prima cottura chiamato il piccolo *lissè* cioè immergendo le dita nel giulebbe, e riaprendole forma un filo, e poi si rompe ; allora ci verserai la libbra d'acqua di violette, facendolo stare vicino al foco, in modo che abbia tutto il calorico, ma che non bolla, e quando si sarà tutto bene incorporato, porrai lo sciroppo in un vase di *fajenza*, coprendolo bene e facendolo stare per tre giorni sopra la cenere calda, procurando, che vi sia sempre un uguale calore, e ciò l'è facilissimo perchè ci adatterai sempre la cenere calda all'intorno, badando anzi che non sia troppo calda. La perfezione di questo sciroppo la conoscerai quando dopo il terzo giorno immergendovi entro le dita, e quindi staccandole uno dall'altro si forma quel filo, e poi si rompe, allora sarà la sua precisione, e lo conserverai.

Siroppo di ciriegie.

Prendi libbre due di mature, e sane ciriegie ne toglierai i gambi, ed i nocciuoli, quindi le porrai in una casseruola con mezza caraffa d'acqua, e ci farai dare otto in dieci bolli rivolgendole spesso, e le passerai per setaccio ; intanto porrai in un'altra casseruola libbre due di zucchero, ed un quartino di caraffa d'acqua, facendo bollire questo giulebbe schiumandolo bene finchè immergendovi la schiumarola, e soffiando a traverso de'buchi n'escano delle scintille di zucchero, allora ci verserai subito il sugo delle ciriegie, e lo farai bollire finchè il sciroppo abbia pure la sua consistenza, è precisamente alla grande *Plume* che è la settima cottura, e lo conserverai.

Siroppo di pomi, ovvero mele.

Prendi once sei di *mele*, e sieno le dette *a-lappie* ed anco le così dette *genovesi* che sieno ben pronte, le scorzerai, le taglierai in piccole fettoline, le porrai in una casseruola con un quartino d'acqua, e le farai bollire; e quando saranno ridotte in marmellata le passerai per setaccio estraendone tutto il succo in mezza caraffa, lo riporrai in un vase di terra facendolo riposare, e chiarire. Prendi due libbre di zucchero, che sciropperai, con un quartino di caraffa d'acqua portandolo alla prima cottura del zucchero, e giunto a questo punto ci mescolerai il succo de' pomi, e lo tirerai a quella medesima consistenza, come quello delle ciriegie, e lo conserverai.

Siroppo di Capelvenere.

Prendi once due di foglie di capelvenere, le porrai in una caraffa d'acqua bollente, restandole in fusione per dodeci ore, trattenendo il vase sopra la cenere calda, e dipoi le passerai per coppo. Prendi due libbre di zucchero, e lo sciropperai con un quartino d'acqua, schiumandolo bene e quando sarà giunto alla prima cottura, ci unirai l'acqua di capelvenere senza farlo bollire, e quando si sarà bene mescolato, porrai lo sciroppo in un vase di terra, ben coperto, e lo terrai per tre giorni sopra la cenere calda a calore quasi uguale, e non forte, ed in questo modo questa specie di sciroppo sarà fatto, allorchè così sarà tirato in consistenza.

Siroppo di percoche.

Farai il giulebbe di due libbre di zucchero con un quartino d'acqua, e giunto che sarà alla prima cottura, ci porrai una libbra di percoche ben mature ma pronte, scorzate, e ridotte in pezzetti, come ancora le mandorle de'loro nocciuoli, farai tutto cuocere a foco discreto finchè prendendo dello siroppo con due dita, e distaccandoli l'uno dall'altro si formi un filo, che non facilmente si rompa, allora lo leverai dal foco, e lo passerai per un setaccio piuttosto stretto.

Potrai ancor diversamente fare questo sciroppo, cioè; dopo d'aver tagliate le percoche, e le loro amendole le farai separatamente bollire con un bicchiere d'acqua finchè si riducono in marmellata, che passerai per setaccio premendola forte, la farai riposare, e quindi la colerai per salvietta, e dipoi porrai questo succo nel giulebbe, che farai bollire portandolo alla consistenza di un denso siroppo, e così lo conserverai.

Siroppo di more.

Prendi duecento more ben nere (intender voglio le *celse*, non le *femmine more*) le porrai in un polsonetto, con mezza caraffa d'acqua e le farai bollire in cinque o sei bolli finchè abbiano estratto tutto il loro sugo, che passerai per setaccio, e quindi in un altro più stretto. Farai il giulebbe di libbre due di zucchero con un quartino d'acqua, facendo il solito esperimento per conoscerne la cottura; allora ci unirai il succo delle *celse more*, facendolo bene incorporare col giulebbe, badando, che non bolla; lo porrai in un vase di creta ben coverto sopra la cenere calda , che farai restare per tre giorni , con calorico sempre uguale , e così lo porterai a quella solita consistenza che di sopra ti ho detto per gli altri simili siroppi facendone l'esperimento , cioè , che immergendo nello siroppo due dita e poi aprendole formi quella parte di sciroppo un filo , che non si rompa così facilmente ; lo porrai ne' vasi , senza però otturarlo finchè sia del tutto freddo.

Siroppo di cotogni.

Prendi una dozzina di cotogni maturissimi , ne toglierai la corteccia , ed il di dentro ; il frutto lo pesterai benissimo , lo porrai in una stamigua forte o un pauno-lino ugualmente forte , e così premerai storcendo , onde quelli cotogni pesti estraggano tutto il loro succo , che lascerai riposare in un vase , onde si chiarisca ; per ogni quartino di caraffa di succo sciropperai una libbra di zucchero , e portato questo giulebbe alla prima cottura , ci mescolerai il succo de' cotogni , che farai bollire portandolo alla consistenza di sciroppo.

Siroppo di cedro.

Questo siroppo si fa allorchè se ne ha bisogno, perchè non così facilmente si mantiene.

Farai il giulebbe di una libra di zucchero al solito punto della prima cottura , cioè , al piccolo *lissè* , allora ci porrai il succo di due piccoli cedri , ci farai dare degli altri bolli , e così te ne servirai.

Siroppo d'orzata.

Prendi una libbra di mandorle dolci, ed un oncia di mandorle amare, le scorzerai con l'acqua bollente, ed a misura, che ne togli la corteccia le porrai in acqua fresca, dipoi le asciugherai e quindi le pesterai finissimo, con once quattro di semi di mellone di pane, e perchè non si convertano in oglio da tanto in tanto che le pesterai, ci porrai un mezzo cucchiajo d'acqua; scioglierai questa pasta con mezza caraffa d'acqua tepida, lasciandola in fusione per tre ore sopra la cenere calda in un vase di creta, dipoi la passerai per panno, premendo bene, onde sorta tutto il succo dalle mandorle; e semi; questo succo lo mescolerai nel giulebbe fatto come sopra, però per ogni quartino di caraffa di succo, sciropperai una libra di zucchero. Questo siroppo sarà fatto sopra la cenere calda per tre giorni, e così portato alla sua consistenza come li siroppi fatti in tal modo.

Siroppo di papavero selvatico.

Questa specie di papavero viene nelle biade ec. e questo l'è uno siroppo ottimo pel raffreddore.

Prendi mezza libbra di questi papaveri, che porrai in un vase di creta, ci verserai una caraffa d'acqua bollente, e li farai così rimanere in fusione per ore ventiquattro, tenendo il vase sopra la cenere calda; dipoi verserai li papaveri, e l'acqua in un polsonetto facendoci dare pochi bolli, e quindi li passerai per stamigna premendoli ben forte. Poscia farai il giulebbe con una libbra di zucchero ed un bicchiere d'acqua, lo schiumerai, e quando l'avrai ben schiarito ci unirai il succo, ed acqua de' papaveri, che farai cuocere insieme col zucchero portandolo alla consistenza de' sciroppi come ho detto di sopra.

Volendo fare lo sciroppo de' fiori di persici, farai nella medesima maniera.

CAPITOLO IV.

DE' ROSOLJ.

Rosolio di maraschino.

Prendi una libbra di spirito di vino il più ottimo, lo porrai in una bottiglia di cristallo con once quattro d'amarene fresche, o secche, ed un quarto di bacchetta di vainiglia, che terrai in fusione per due giorni, quindi farai lo sciroppo con mezzo rotolo di zucchero, e mezza caraffa d'acqua, lo schiumerai bene, e lo riporterai alla terza cottura del zucchero, cioè, al piccolo *perlèe*, perchè così riuscirà migliore il rosolio; e fatto che sarà tiepido, lo mescolerai con lo spirito di vino dal quale ne toglierai l'amarene, e la vainiglia; lo passerai come meglio ti riuscirà; o col mezzo della bombace, cioè prenderai un pochino di fioretto di bombace, non filata, e la porrai nell'imbuto di vetro otturando il buco della parte della coppa, e quindi ci porrai dell'acqua fresca perchè la bombace s'impregni, e si avvezzi alla distillazione, e quando l'acqua sarà interamente passata porrai nell'imbuto il rosolio facendolo gocciolare in una bottiglia, e starai attento a vedere se gocciola, perchè se la bombace l'avrai situata troppo stretta allora il rosolio non passerà, come pure potrà ciò accadere se la cottura del giulebbe sia stata troppo stretta, ovvero molto consistente e ne anche passerà; ed allora bisognerà adoperare nell'imbuto invece della bombace un coppo di carta floscia per tal uso, che pria di versarci il rosolio bagnerai ancora d'acqua , e poi ci porrai il rosolio facendolo gocciolare perchè riesca chiarissimo , essendo questa una parte esenzialissima per ogni qualità di rosolio.

Volendo poi un rosolio del tutto cremato, invece di mezzo di rotolo di zucchero, ne scioropperai un rotolo con meno una caraffa d'acqua, lo porterai al medesimo punto di cottura , e ciò ti servirà di norma per qualunque rosolio , laddove lo vorresti cremato.

Rosolio di mandorle amare.

Prendi once due di mandorle amare , le scorzerai con l'acqua bollente , le asciugherai benissimo le taglierai per mettà , e le terrai infusione per ore ventiquattro in una libbra di eccellente spirito di vino ; sciropperai mezzo rotolo di zucchero come sopra , e farai lo stesso ; sembrandoti molto amaro ci porrai dell'altro zucchero.

Rosolio di caffè colorito.

Prendi once due di caffè , fresco brustolito e macinato, ne farai una piccola ristretta decozione, la farai riposare facendola chiarire, e quindi la raddolcirai con zucchero , e fresco lo mescolerai con una libbra di spirito di vino (questa decozione non sarà più di due tazze semplici). Sciropperai al solito mezzo rotolo di zucchero , e raffreddato l'unirai con lo spirito di vino , e caffè , e farai il dippiù come sopra.

Rosolio di caffè bianco.

Prendi once tre di caffè il più perfetto, lo bruscherai color carmelitano, e così bollente lo tufferai in una libbra di spirito di vino, lo terrai in fusione per ore ventiquattro, farai il solito giulebbe, ed il resto come sopra.

Rosolio di cioccolata.

Prendi un oncia di *Cacao* brustolito, e caldo l'immergerai in una libbra di spirito di vino, una quarta d'oncia di cannella alquanto contusa, e lo terrai in fusione per giorni due; farai il giulebbe, ed il dippiù come sopra.

Rosolio di verdino.

Prendi delle diverse erbe, cioè, menta, aruta, arcimesa, assenzio, melissa, salvia, rosmarino, foglie di alloro, foglie di arancio con qualche corteccia sottilissima anche di limone, o cedro, ma tutte queste erbe in pochissima quantità, le porrai in una libbra di spirito di vino, che farai restare in fusione per due giorni; e fatto il giulebbe, farai il dippiù come sopra.

Rosolio del perfetto-amore.

Prendi un poco di cocciniglia sottilmente triturata, e la terrai in fusione per ore ventiquattro, in una libbra di spirito di vino con un poco di succo di limone, e dopo passerai leggermente lo spirito di vino, mescolandolo col giulebbe, e farai il dippiù come sopra.

Rosolio di color d'oro.

Di un portogallo fresco ne rasperai la corteccia, ed unito ad un grano di zafferano, ed un oncia d'acqua di cannella, oppure delle stecchette di essa porrai in fusione per due giorni in una libbra di spirito di vino, passerai lo spirito per un setaccino, l'unirai al giulebbe, e farai come sopra.

Rosolio di fragole.

Prendi un terzo di fragole le più pronte, ne toglierai i gambi, e le porrai infusione per quindici giorni in una libbra di spirito di vino; dipoi siropperai il solito mezzo rotolo di zucchero, e quando si sarà raffreddato, lo mescolerai con lo spirito colato dalle fragole, e così lo passerai.

Rosolio di limone, e cedro.

Raschierai la corteccia superficialmente di cinque o sei freschi, ed ottimi limoni, oppure di piccoli verdi cedratini, che porrai in una libbra di spirito di vino per ore ventiquattro; farai il solito giulebbe, facendolo sgocciolore come sopra.

Rattafia di ciriegie.

Prendi un rotolo di belle ciriegie, e mature, ne toglierai i gambi, ed ai nocciuoli ci darai appena una schiacciata, e le porrai in fusione per cinque giorni in due libbre di spirito di vino, con qualche stecchetta di ottima cannella; batterai il vase due o tre volte al giorno, perchè prenda un bel colore ed ottimo gusto, pestandoci ancora due once de' medesimi nocciuoli, cioè, che siano appena contusi : dopo l'elasso de' cinque giorni passerai lo spirito di vino, dando una piccola premuta alle ciriegie, e lo mescolerai col giulebbe ; però di un rotolo di zucchero, perchè dissi due libbre di spirito vino, e farai il dippiù come per gli altri rosolj.

Rosolio di fiori di cedro.

Prendi una libbra di fiori di cedro, ben puliti, una libbra di spirito di vino, un'altra d'acqua, ed una libbra e mezza di zucchero polverizzato, e mescolando tutto insieme lo terrai in fusione per un mese, badando che il vase sia benissimo otturato, e poi lo distillerai come gli altri.

Rosolio di Gelsomino.

Prendi libbre due di spirito di vino, ma sempre il più eccellente, ed ogni giorno per un mese continuo ci porrai un'oncia, e più di freschi gelsomini cambiandoci quelli del giorno precedente ; dopo l'elasso del mese farai il giulebbe di un rotolo di zucchero, e quando si sarà perfettamente raffreddato lo mescolerai con lo spirito, e farai il dippiù come gli altri.

Rosolio d' ananassa.

Prendi la più bella ananassa, ne togliarai la corteccia, la ridurrai in diversi quartini togliendone i semi, e la porrai in fusione in tre libbre di spirito di vino, che la terrai sempre così per quindici giorni purchè il vase sia bene otturato, dandoci una battuta al giorno perchè tramandi maggiormente il suo sapore ; dipoi prendi rotoli due di zucchero , che lo siropperai , e quando si sarà raffreddato , porrai il giulebbe nello spirito di vino dell' ananassa , e ciò lo farai con prudenza , in osservare se il giulebbe ci necessita tutto , e mescolando bene farai il dippiù come di sopra.

CAPITOLO V.

DELLE CONSERVE.

Conserva di violette.

Prendi un foglio di carta bianca , in doppio lo piegherai all' intorno per farci un bordo dell'altezza di un pollice , e ne formerai una cassa; dipoi prenderai una libbra di zucchero , che porrai in un polsonetto , con un bicchiere d'acqua facendo bollire ed ischiumare , e lo continuerai a far cuocere , finchè immergendovi la schiumarola , e scuotendola d'un rovescio di mano , s'alzino in aria delle piccole scintille lunghe , che sieno tutte unite (come sarebbe alla piccola , e grande *plume* settima cottura da me chiamata di zucchero) allora lo leverai dal foco , e divenuto che sarà mezzo freddo , ci porrai once due di violette ben peste in un piccolo mortajo , sciogliendole col zucchero , e rimenandole subito con cochiajo di legno , o con una spatola , senza rimetterle al foco; e subito le verserai nella cassa di carta , quando si saran rese consistenti come una pasta , ci passerai il coltello sopra , segnando in quadro , ed in lungo in diverse maniere , ed in piccoli quadrati ; ed allorchè sarà del tutto fredda , potrai romperla per servirtene.

Conserva di uva rossa.

Prendi una libbra d' uva rossa, ne toglierai i grappoli, ed i sterpi, e la porrai in un polsonetto con un bicchiere d'acqua, e la farai bollire finchè abbia reso il sugo : la passerai per un panno-lino premendola forte, ed il suo estratto lo riporrai nel polsonetto a bollire, sin tanto, che si riduca in marmellata densa. Farai intanto lo sciroppo di una libbra di zucchero con un bicchiere d' acqua, e sarà giunto al suo punto ; quando immergendoci due dita, pria bagnate nell' acqua fresca, il zucchero che resta nelle dita si rompa netto, allora lo toglierai dal foco, ci unirai la marmellata, ed insieme lo rivolgerai bene, finchè vedi che sopra si formi un piccolo ghiaccio : verserai tutto in una forma di carta, e farai come ti ho detto per le violette.

Conserva di more.

Farai il giulebbe con una libbra di zucchero come sopra, dipoi schiaccerai, e passerai per panno, o stamigna una libbra di celse more con due once d'uva rossa, tutto ben pulito. Tutto questo estratto lo porrai in una casseruola, o polsonetto, e lo farai restringere al foco, onde vada via tutto l'umido, e resti in una certa consistenza, e poi lo mescerai col giulebbe, facendo il dippiù come la conserva delle violette.

Conserva di ciriegie.

Prendi una libbra di ciriegie, ne toglierai i gambi, ed i nocciuoli, le porrai in un polsonetto sul foco perchè estraggano tutto il succo , dipoi le passerai per setaccio forte, premendole bene, e quindi le riporrai sul foco, per toglierne tutto il superfluo umido, facendole restringere, e dopo le mescolerai col già fatto giulebbe di una libbra di zucchero, e farai tutto il dippiù come per la conserva di violette.

Conserva di fiori di cedro.

Prendi una libbra di zucchero in un polsonetto con un gran bicchiere d'acqua , lo farai bollire , e schiumar bene, portandolo alla sesta cottura, che ho chiamata il *soufflè* ; indi lo leverai dal foco, e l'unirai con i preparati fiori nel modo seguente.

Prendi once due di fiori di cedro ben bianchi , li tritulerai alquanto con coltello, li bagnerai con succo di mezzo cedro, e li mescolerai benissimo nel giulebbe senza foco, e rivolgerai tanto, finchè il zucchero divenghi bianco attorno al polsonetto ; allora verserai la conserva nella forma di carta, come ti ho detto sopra.

Conserva di persici, e percoche.

Sciropperai una libbra di zucchero come per le violette, in dove ci porrai once quattro di marmellata di percoche fatta in questa maniera.

Prendi sedici percoche secondo la loro grandezza, che non siano affatto mature, le scorzerai, e le suddividerai in pezzi togliendone i nocciuoli; le porrai in una casseruola o polsonetto con alquanto d'acqua finchè sieno ridotte in marmellata ben secca , e consistente ; l'unirai nel zucchero , e proseguirai come le precedenti.

Lo stesso farai per la conserva di persici.

Conserva d' uva moscatella.

Prendi una libbra , e mezza d'uva moscatella , ne toglierai li sterpi , ovvero l'acinerai e la porrai in un polsonetto sul foco per farla crepare , la passerai per setaccio a tutta forza ; e quindi riporrai l'estratto novellamente nel polsonetto sul foco , perchè si restringa , e si riduca in consistente marmellata. Farai il solito giulebbe di una libbra di zucchero nella maniera istessa come per l'uva rossa , e cotto che sarà l'unirai alla marmellata d'uva moscatella , terminando la conserva come le altre.

Conserva di portogalli.

Farai bollire in un polsonetto una libbra di zucchero con mezzo bicchiere d'acqua, senza schiumarlo , portandolo nella settima cottura , che è la piccola , e grande *plume* : allora lo leverai dal foco , e divenuto mezzo fresco ci porrai la corteccia di un portogallo ben fina raspata , che rivolgerai , finchè principia a divenir consistente ; ed allora verserai la conserva nella forma di carta come ti ho detto per le altre.

Conserva di cedro , di melarancio , e di limone.

Queste si fanno nel modo medesimo , come quella di portogalli.

Conserva di caffè , e di cioccolata.

Farai il giulebbe di una libbra di zucchero con un bicchier d'acqua , che schiumerai bene portandolo alla sesta cottura del zucchero , che ho denominato *soufflè*, e giunto a questa precisione lo toglierai dal foco facendolo alquanto raffreddare , e quindi ci porrai un' oncia di caffè macinato fresco, rivolgendolo bene insieme, e quando il caffè si sarà bene incorporato , verserai la conserva nelle forme di carta come le precedenti.

Per quella di cioccolata farai lo stesso , con la differenza però , che per ogni libbra di zucchero in giulebbe , ci porrai mezz'oncia di cioccolata finissima raspata.

CAPITOLO VI.

DELLE DIVERSE COMPOSTE.

Composta di pomi alla Portoghese.

Prendi quella quantità di pomi (ovvero mele) che ti necessitano, ne toglierai i semi col cavafrutto , e quel piccolo sterpo ; l' aggiusterai in una tortiera ravvolti di zucchero , ed anche del zucchero nel buco ove hai tolto i semi; li farai cuocere al forno, o sotto al fornello, e li servirai caldi, con zucchero , e cannella polverizzata per sopra.

Composta di pomi bianchi.

Taglierai per mettà i pomi , togliendone il seme , li situerai con la corteccia al disotto in una casseruola piatta, ci porrai del zucchero , ed ac-

qua bastante per farli cuocere ; quando si saran
cotti da una parte li rivolgerai per l' altra , e quindi l' accomoderai in compostiera , potendoli servir
caldi , e freddi secondo più piaceranno , versandoci il restante di quello medesimo siroppo che farai restringere ancora.

Composta delle prime pera dette moscarelle.

Queste pere sono le più piccole, di esse prenderai le più grandi , e pronte , ne toglierai col
coltellino quella piccola parte ove sbucciò il fiore , raspando le code , ovvero li sterpi , le porrai in un vase di creta con un piccolo pezzo di
stagno per renderle rosse ; ci porrai per ogni rotolo di pere tre quarti di zucchero , ed acqua quanto li copre , e ci unirai ancora una stecchetta di
cannella ; facendole cuocere avanti al foco ; quando son cotte , le toglierai , come ancora ne leverai il pezzo di stagno , e se il zucchero non è divenuto consistente lo farai ancor restringere e lo
verserai nella compostiera ove accomoderai le pere , servendole calde , o fredde come più piaceranno , e se fredde ci sta graziosissimo la miscela di
un piccolo bicchiere di ottimo rum , però questo
ultimo lo porrai nella compostiera.

Composta di pere grandi.

Per questa composta potrai servirti delle pere dette *carmosine*, di quelle dette *moscarellone*, di
quelle datte *bergamotte*, di quelle dette *mastr' an-
tonio* , le lesserai a mezza cottura , indi le taglierai e le scorzerai riponendole in acqua fresca ; dipoi farai lo sciroppo leggiero , cioè , alla prima

cottura, che ho detto *lissè*, in dove farai terminar
di cuocere le scorzate pere, e ci aggiungerai una
fetta di cedro verde, perchè così le pere si con-
serveranno bianche. Quando saran cotte le porrai
nella compostiera, versandoci quel zucchero che
farai restringere.

Composta di pere arrostite.

Prendi le grosse pere quelle che comunemente si fanno secche, le porrai sul foco ardente per
arrostirle, ma non per cuocerle, badando che non
si brucino, ne toglierai subito, ma con diligenza,
la corteccia, e le laverai con acqua fresca; quindi le dividerai per mettà, ne toglierai il seme, e
le laverai di nuovo, le porrai in un polsonetto,
con acqua, e molto zucchero, le coprirai, e le
farai cuocere, quando saran ben cotte, l'aggiusterai nella compostiera, e facendo restringere ancora
ra il zucchero, lo verserai sopra delle pere, potendole servir calde, e fredde.

Composta di Fragole.

Farai lo sciroppo al punto della quarta cottura che è il grande *perlèe*, perchè sia ben consistente; prenderai delle prontissime fragole, ne toglierai lo sterpo, e le laverai, o con vin di Malaga, o con vino bianco, e facendole bene sgocciolare, le porrai nello sciroppo (badando che non
ci vadino strette e questa sarà la norma del quantitativo) e ci farai dare uno, o due bolli e subito le leverai, riponendole nella compostiera, versandoci sopra il giulebbe, già ristretto, e raffreddato. A queste ci starebbe benissimo unirci delle

prese di rosolio, che sia di cannella, vainiglia o cedrato.

Composta di Ciriegie.

Toglierai alle ciriegie la mettà dello sterpo, quindi le farai cuocere nel giulebbe di terza cottura, cioè, al piccolo *perlèe*, e cotti che saranno l'accomoderai nella compostiera e facendo ancor restringere lo sciroppo, dopo raffreddato ce lo verserai.

Composta d' Albicocche, e mandorle verdi.

Porrai le albicocche, e le piccole mandorline verdi tenere nell'acqua, con cenere affiorata, e così le farai bollire a mezza cottura, le leverai e diligentemente stropiccerai le mandorle, onde levarne quella piccola lanuggine, riponendole in acqua fresca; dipoi ci farai dare pochi altri bolli in acqua semplice (ma che non giungano a punto di cottura perfetta) e li ritirerai in acqua fresca, e quando si saran raffreddate, le farai terminar di cuocere dolcemente nello sciroppo fatto alla quarta cottura, cioè, al gran *perlèe*. Così rimarranno ben verdi, e le servirai in compostiera, versandoci il giulebbe, che farai restringere.

Composta di prugne.

Farai dell'acqua bollente, in essa ci porrai delle prugne, facendole rimanere finchè s'ammolliscano, e naturalmente si spellino, che toglierai quella piccola pelle, e dipoi le passerai in acqua fresca; raffreddate che saranno, le porrai in un polsonetto con giulebbe, portato alla settima cottura, cioè la grande *plume*, facendole cuocere a piccol foco affinchè venghino verdi, le porrai in compostiera col giulebbe ristretto, e le servirai.

Composta di persici alla vainiglia.

Prendi otto persici quasi maturi, li taglierai per mettà, ne toglierai destramente i nocciuoli, li porrai per poco in acqua bollente, onde spellarli, farai bollire once tre di zucchero con un bicchiere d'acqua, lo schiumerai bene, ed in questo farai cuocere li persici con un poco di vainiglia; cotti li persici, li porrai nella compostiera, e facendo restringere il giulebbe ce lo verserai, servendoli freddi.

Composta di persici abbrustoliti.

Prendi otto o dieci persici quasi maturi ed interi, li farai arrostire per toglierne soltanto la pelle, ed a misura che li spellerai li tufferai nell'acqua fresca, lavandoli diligentemente più volte; dipoi bene sgocciolati li farai cuocere con once quattro di zucchero ed un bicchiere d'acqua, finchè cedono sotto le dita, ed allora l'aggiusterai nel compostiere, versandoci sopra lo sciroppo.

Composta d'uva moscatella.

Farai un consistente sciroppo di tre once di zucchero con mezzo bicchiere d'acqua, in cui porrai una libbra d'uva moscatella acinata, facendone uscire con molta attenzione li semi, ci farai dare pochi bolli, l'aggiusterai nel compostiere, versandoci il ristretto giulebbe.

Se vi facesse della schiuma sopra il compostiere, la leverai con carta bianca.

Composta di Portogalli , Citroni , e Bergamotti.

Tutti questi agrumi bisogna ridurli in piccoli pezzi , e bene farli cuocere in acqua , osservandoli se sono morbidi sotto le dita ; dipoi li sgocciolerai , e li porrai in acqua fresca , farai lo sciroppo alla terza cottura , cioè al piccolo *perlèe* in dove farai incorporare gli agrumi anzidetti facendoli ancora cuocere lentamente per una mezza ora , e li servirai freddi.

Composta di Cotogni.

Prendi tre grossi Cotogni , li porrai in acqua bollente per farli cuocere , e quando son morbidi sotto le dita li toglierai , ponendoli in acqua fresca ; li taglierai in quarti , e ne toglierai la pelle, ed il duro di mezzo ; farai lo sciroppo come sopra , e tutto il dippiù ; servendoli caldi.

Composta di marroni , ovvero castagne.

Farai cuocere le castagne tal quale come se vorresti servirle in una salvietta arrostite , dipoi le scorzerai , e le porrai in una casseruola con molto zucchero , e poco acqua , facendole bollire a foco lento per un mezzo quarto d'ora ; pria di levarle ci premerai mezzo limone , le aggiusterai nel compostiere umide, polverizzandole con zucchero fino.

CAPITOLO VII.

DELLE MARMELLATE.

Marmellata di amarene.

Dalle amarene le più pronte ne toglierai i sterpi, ed i nocciuoli, le porrai in una caldaja rimettendoci per ogni rotolo di amarene mezzo rotolo di zucchero grasso (bada che non sia arenoso) le farai cuocere rivoltandole spesso con mescola di legno ; il punto della loro precisa cottura l'è quando si sono ben ristrette , e si è assorbito tutto l'umido, allora le riporrai in vasi di creta stagnati.

Questa marmellata potrai farla ancora diversamente , cioè , facendo prima lo sciroppo, portandolo alla quarta cottura ovvero al grande *perlèe*, ed allora ci unirai le amarene , portandole al punto di cottura che ti ho detto di sopra.

Marmellata di percoche.

Prendi le percoche non maturissime, le scorzerai e le farai in piccolissime fettoline , le porrai in una caldaja , o polsonetto , e per ogni rotolo di percoche ci unirai un terzo di zucchero , le farai cuocere rivolgendole spesso con mescola di legno , badando , che non si attacchi al fondo , e quando la marmellata sarà ben ristretta la conserverai in vasi di creta come sopra.

Marmellata di pere.

Per questa farai lo stesso come sopra.

Marmellata di prugne.

Questa marmellata la potrai fare in due maniere, la prima di spellare le prugne col mezzo dell' acqua bollente, toglierne i nocciuoli, dividerle, e suddividerle, e per ogni rotolo di esse ci porrai un terzo di zucchero, e farai la marmellata come quelle delle percoche; diversamente poi, taglierai le prugne ne toglierai i nocciuoli, e le farai bollire fecendole ridurre in marmellata, passandole per setaccio; dipoi rimetterai l'estratto a bollire con tanti terzi di zucchero, per quanti rotoli sono di prugne, aggiungendovi qualche caraffa d'acqua, e quando sarà ben ristretta la porrai nei vasi per conservarla, o anche nei così detti *barattoli*, e quando si sarà raffreddata; ci polverizzerai per sopra del zucchero bianco.

Marmellata di fragole.

Prendi mezza libbra di pronte fragole, le netterai, le laverai, e le farai bene sgocciolare, e quindi le passerai per setaccio; frattanto farai il giulebbe di una libbra di zucchero, portandolo alla sesta cottura, che ho chiamato il *soufflè*, e quando avrai portato il giulebbe a questo punto, ci unirai la marmellata di fragole, ovvero l'estratto passato, e rivolgendo bene tutto, porrai il polsonetto, o altro vase che fusse sopra un foco mediocre, onde non bolla, e si restringa, e quindi la conserverai nei vasi.

Marmellata di more.

Prendi libbre due di ben mature celse more, le passerai per setaccio, e l'estratto lo porrai in un polsonetto a disseccare sul foco, finchè la marmellata si attacchi al polsonetto medesimo; intanto terrai pronto il giulebbe di una libbra di zucchero, che farai ugualmente come quello delle fragole, cioè, alla sesta cottura chiamato da me il *soufflè*, l'unirai con la marmellata, e rivolgendola benissimo la farai bollire alquanto, e così la conserverai nei vasi.

Marmellata di ciriegie.

Farai come sopra il giulebbe di due libbre di zucchero, in dove porrai libbre quattro di ciriegie dopo averne tolto i gambi, ed i nocciuoli; le rivolgerai benissimo facendole bollire dolcemente, e giunte alla solita regolare consistenza delle marmellate, ovvero conserve comunemente dette, le leverai dal foco, e le conserverai.

Marmellata di cotogni.

Prendi quella quantità di cotogni, che vorrai, li farai cuocere nell'acqua finchè sieno morbidi, e li farai raffreddare nell'acqua fresca, di poi li dividerai in quarti, togliendone la pelle ed il duro di mezzo con i semi, li pesterai, e li passerai per setaccio; l'estratto lo porrai in una casseruola, o polsonetto sul foco, rivolgendolo sempre, perchè la marmellata divenghi consistente. Per quanto la marmellata ti darà di peso, altrettanto zucchero prenderai, e lo siropperai al *soufflè*, e così

ci mescolerai la marmellata sciogliendola molto bene , perchè li cotogni son più clutinosi degli altri
frutti, lo giulebbe che vi devi adoperare deve avere
una maggior consistenza, e l'è perciò, che vi bisogna
maggiore attenzione nel medesimare le due materie ; dopo dunque di averle bene mescolate le farai restringere , e portato al punto leverai la marmellata e la porrai nei vasi.

Confettura d'uva moscatella.

Prendi l'uva moscatella , l'acinerai e la porrai in un polsonetto, o casseruola facendola imbianchire al foco, facendoci dare pochi bolli e poi
la porrai a sgocciolare in un setaccio, e misurerai il sugo che ne ricaverai ; altrettanto zucchero
chiarificato prenderai, che lo farai bollire sino alla nona cottura di esso che ho denominato cassè;
giunto che sarà il giulebbe a tal punto, lo mescolerai col sugo d'uva , e ci farai dare pochi altri
bolli , schiumando bene , e poi la porrai ne'vasi.

Confettura di gelatina di pomi.

La farai nel medesimo modo di quella d'uva
moscatella con la diversità, che bisogna estrarne
il succo dai pomi ovvero mele facendoli bollire in
alquanto d'acqua, poscia li passerai per setaccio,
premendoli un poco, e questo succo lo porrai nel
zucchero ; la cottura del zucchero è la stessa di
quella per la confettura d'uva moscatella ; mescolerai bene la confettura, badando avvertire alla sua
cottura, che la conoscerai quando immergendoci la
schiumarola, e ritirata, tenendola alquanto incli-
nata, vi cade la gelatina da essa in forma di per-

le, questo l'è il segno di esser cotta, allora la porrai subito ne' vasi.

Confettura di prugne sane.

Prendi quelle, che ti saranno più in grado, ma sempre le più grandi, e le ottime, e proprie per l'oggetto, sono quelle dette *pappacode*.

Ne prenderai un centinajo, e le farai imbianchire nell' acqua bollente, e quando saranno morbidi sotto le dita, le toglierai ritirandole in acqua fresca, togliendone poi la piccola pellicola, che da se medesima si spellerà. Farai il giulebbe di rotoli due di zucchero, che schiumerai benissimo portandolo alla settima cottura da me denominata la piccola, e grande *plume*, e giunto che sarà a tal punto accomoderai le prugne ad una ad una in un polsonetto, perchè non si guastino, ed intiepidito che si sarà lo giulebbe glielo verserai di sopra, facendoci dare pochissimi altri bolli. Fatto ciò, con moltissima diligenza le riporrai in un vase di terra assieme col giulebbe : il giorno seguente osserverai, che le prugne han tramandato molto umido e vedrai che sul vase, sembri come se si ci fusse versato qualche bicchiere d'acqua, allora, ti ripeto sempre, usare moltissima attenzione (perchè diversamente facendo, schiaccceresti tutte le prugne, e qual sarà poi il frutto del tuo incomodo?) le toglierai dal giulebbe, e le farai sgocciolare in un setaccio, non facendo mai perdere quello siroppo che ne colerà, che rimetterai con l'altro ; dipoi farai novellamente bollire il giulebbe, seguitandolo a schiumare, e lo porterai alla medesima cottura, e quando si sarà per metà raffreddato, accomoderai le prugne nel vase di terra, e ci verserai di sopra il giulebbe ; questa operazione la ripeterai per quattro, cinque, o sei giorni, sin tanto che vedrai, che le prugne non han più tramandato umore, e son rimaste tal quale le rimetteste il giorno precedente, però, quando avrai ciò osservato è necessario, per conservare per maggior tempo le prugne in composta col giulebbe, ci darai un'altra piccola consistenza, portando il giulebbe alla ottava cottura, che ho detto il piccolo, e grande *boulet*, ed in tal modo potrai conservar le prugne per un anno intero.

Confetture di albicocche, percoche, e pere intere, e per mettà.

Per tutti questi frutti praticherai tutto ciò che ti ho descritto di sopra per le prugne.

Confettura di castagne.

Prendi numero cento castagne le più grandi, e pronte, ne toglierai la corteccia esteriore con un coltellino, e le farai bollire in acqua, però, che non si frantumino, e quanto le potrai maneggiare ne toglierai l'altra pellicola, ed a misura che le pelerai in questa seconda volta, le porrai in acqua fresca; dipoi farai il giulebbe come le prugne, e quanto per quelle ti ho prescritto.

Volendole poi ingranite farai nel seguente modo. Dopo che le castagne saranno state, cinque in sei giorni (dopo le precedenti operazioni) in zucchero a confettarsi, e che così saranno impregnate di giulebbe, allora ne prenderai tante, quanto te ne bisognano; prenderai o un poco di quello stesso giulebbe, o ne farai dell'altro a tuo piacere, dovendo badare, che l'altre castagne, che ti rimarranno restino ben coverte di giulebbe; restringerai dunque, o quello già fatto o il nuovo giulebbe, al punto della nona cottura, chiamato da me il *Cassè*, e questo ti servirà per nasprare li marroni ovvero castagne: ridotto in tal modo il giulebbe facendolo raffreddare per metà ci porrai le castagne, e con una mescola di legno, che non sia la paletta molto ampia, ma stretta perchè diversamente non ti faciliterà l'operazione, la terrai in mano destra strofinando il giulebbe nel lato del polsonetto, che con l'altra mano terrai ben forte, e stropiccerai tanto, facendo così bianchire il zucchero, ed in quella piccola bianca spuma che farai, ci farai ravvolgere nel polsonetto medesimo una castagna, e quando l'avrai così bene inviluppata, con una forchetta la leverai, e la situerai sopra della gratticola di ferro filato con la leccarda sotto, in dove raffreddandosi il zucchero s'ingranirà, e così farai per le altre.

Questo medesimo metodo praticherai, per tutti gli altri frutti siroppati sani, che ti bisogneranno asciutti.

Confettura di mandorle verdi, piccole, e piccoli cetrioli, e ravanelli.

Prendi le mandorle, le prime però, e cercherai farne l'acquisto di quelle più tenere, dovendoti servir sane con tutte le cortecce, le porrai in acqua con cenere pulita, ed affiorata, e così le farai bollire, dandoci la cottura per metà; le leverai, e diligentemente le stropiccerai pian piano, finchè ne togli quella lanuggine che hanno, rimettendole in acqua fresca, dipoi farai l'acqua bollente , ed in essa ci farai dare un altro quarto di cottura riservando l'ultimo , che ce lo darai nel giulebbe , che farai come le prugne , e pel dippiù simile a quelle.

Lo stesso farai per li piccoli cetrioli , e ravanelli, togliendo a questi ultimi le code, e le foglie, lasciandoci appena una piccola cimetta, e tanto gli uni, che gli altri li lesserai senza l'uso della cenere , bisognando questa per le mandorle onde toglierli l'amaro , e l'aspro della loro prima corteccia , facendo il dippiù come ho detto per le prugne.

Confettura di melloni di pane in pezzetti, ed in conserva.

Cercherai far l'acquisto dei melloni di pane, quelli bianchi, ma che sieno zuccherini; per li quali potrai gustarli pria, e che non sieno perfettamente maturi , li farai in fette, ne toglierai il seme radente il frutto, e la corteccia non con tanta delicatezza.

Se li vuoi in pezzetti ne farai tanti di essi, regolandoti pel numero, e pel giulebbe come per le prugne , con la diversità però, che questi pezzetti non li devi lessare in acqua, ma bensì pria lersarli in uno sciroppo leggiero , come sarebbe alla seconda cottura, che ho denominato il grande lissè, e fatta questa prima operazione restringerai il solo giulebbe come per le prugne, e come quelle farai il rimanente.

Se poi ti piacesse fare la conserva di mellone allora ridurrai questo frutto in piccolissimi pezzettini, come le percoche, e per ogni rotolo di mellone ci porrai un terzo di zucchero di quello detto *grasso*, praticando l'operazione medesima come quella per le percoche.

Confettura di ponsini e cortecce di portogallo.

Prendi dei freschi, ed uguali ponsini, ci rimarrai lo sterpo non molto lungo, e se ci fosse qualche foglia vicino ci farebbe una grazia, perchè quelle son piccolissime, li pulirai se vi è della terra, e col cavafrutti diligentemente ne toglierai dalla parte opposta tutto il succo, ovvero il frutto, il quale è asprissimo, facendo rimanere soltanto la corteccia sana, ed a misura che li farai, li tufferai nell'acqua fresca, in dove ci porrai un pochino di sale e succo di limone, e li laverai benissimo così, dipoi ci cambierai questo bagno misterioso, e li laverai in acqua fresca, e quindi li lesserai tal quale come le mandorle con la cenere, facendo tutto il dippiù come le prugne sane. Per le cortecce di portogallo potrai servirti del metodo istesso.

CAPITOLO VIII.

DOLCI DIVERSI.

Pane di spagna.

Prendi numero dieci chiara d'ovi freschi, o le batterai, col battitojo, o col fascetto di vetiche, formando la fiocca, terminerai di battare, allorquando immergendo il battitojo nella fiocca con le punte al disotto, e precisamente all'impiedi, reggesi, allora la schiuma è perfezionata; intanto prenderai li dieci torli, che avrai conservato, aggiungendovene altri quattro di soli rossi, li batte-

rai , e li mescolerai con la schiuma, finchè prende
un solo colore , dipoi prendi una libbra di zucchero doppio raffinato passato per setaccio, e ce lo
mescolerai ancora , come pure ci unirai una libbra
di amido , ovvero fioretto bene affiorato (debbo
prevenirti, che se gli ovi sono più grandi , allora
la libbra d'amido, ovvero fioretto ce lo metterai tutto , se poi gli ovi fussero di quelli un poco più
piccoli , userai un tantino di economia , per la
ragione della maggiore , o minor grandezza degli
ovi , darà più o meno fluido, ed è perciò aversi
questa attenzione), farai delli cassettoni di carta,
in dove ci verserai la dose, però non li dovrai
empir tutti , ma per mettà , onde dare il luogo ,
che gonfia.

Questi cassettoni , o forme le farai cuocere o
al forno , o sotto al fornello , però sotto ci darai
minor calorico, badando moltissimo a quest'azione, altrimenti il pane di spagna si brucerà, e non
si gonfierà.

Biscottini ordinarj.

Prendi otto chiara d'ovi , che batterai alla
fiocca e quindi batterai i rossi, che li unirai alla
fiocca, ci mescolerai ancora due libbre di zucchero finissimo affiorato ; ci porrai della corteccia di
cedro finissima ; quindi leggermente ci porrai una
libbra di fioretto ovvero amido , che ancor benissimo rivolgerai.

Fatta questa composizione , la porrai nelle
formette , o di latta , o di carta bene unta di butiro, e sopra ci farai una polverizzata di zucchero,
per queste formette ti regolerai come il pane di
spagna , col non empirle tutte ; li farai cuocere

per una mezza ora al forno, e quando saranno coloriti, e quasi raffreddati li sformerai.

Biscottini di confetture.

Pesterai in un mortajo once quattro di cedro sciroppato con pochi fiori di melarancio; ci unirai due cucchiaj di marmellata di percoche, tre once di zucchero fino, e quattro torli d'ovi freschi; mescolerai tutto, e lo passerai per la stamigna, che fortemente premerai con un cucchiajo di legno; dipoi ci unirai quattro chiara d'ovi battuti alla fiocca, distenderai in una tortiera un foglio di carta bianca, su della quale, ci adatterai tanti cucchiaj di quella composizione; per ghiacciarli li cuoprirai con zucchero fino, e li farai cuocere lentamente al forno.

Biscottini di mandorle dolci.

Prendi once quattro di mandorle, le scorzerai con acqua bollente, le pesterai bene nel mortajo con un pochino di zucchero, perchè non diano oglio, dopo di averle bene affinate, ridotte in pasta, ci unirai once quattro di zucchero raffinato, un oncia di fior di farina, e tre torli d'ovi freschi, e batterai tutto insieme per un quarto d'ora, dipoi batterai alla fiocca quattro chiara d'ovi, e giunta a perfezione la fiocca, togliendone tutto l'umido, la mescolerai con la composizione precedente; farai delle formette di carta, o quelle di latta, che vernicerai di butiro, ed in esse ci porrai la dose, che farai cuocere lentamente al forno, coprendole di zucchero polverizzato; e quando saranno ben coloriti, ancora caldi, li toglierai dalla carta, o altra forma.

Biscottini la Saint-Cloud.

Prendi due once di farina di riso, passata per setaccio, la porrai in una terrina con mezza libbra di zucchero fino, quattro rossi d'ovi, ed un poco di corteccia di cedro verde triturato ben fino, batterai tutto bene per un quarto d'ora, e poi ci aggiungerai otto chiara d'ovi battuti alla fiocca: aggiusterai la pasta in tante piccole forme di carta unte di butiro, e così farai cuocere li biscottini lentamente nel forno; quando saran ben coloriti, li leverai dal forno, e dalle forme ancora.

Biscottini di pistacchi.

Prendi once tre di pistacchi, che netterai con acqua calda, li farai sgocciolare asciugandoli con panno-lino, dipoi li pesterai benissimo assieme con un oncia e mezzo di cedro sciroppato, ed un poco di cedro verde grattugiato; questa pasta la bagnerai più volte, con un chiaro d'ovi battuto, di poi, verserai la composizione in un vase con once tre e mezzo di zucchero fino, e due rossi d'ovi, battendo tutto insieme con una mescola sintanto sia tutto incorporato; dipoi batterai alla fiocca sei chiara d'ovi; ci unirai un cucchiarino di fior di farina, e mescolerai tutto insieme con la precedente composizione; farai delle formette di carta, in dove ci porrai la composizione, oppure la distenderai su de'fogli di carta bianca, in tanti punti formandone diversi biscottini, li polverizzerai con zucchero, e ad un forno lento li farai cuocere.

Biscotti alla provenzale.

Prendi due cucchiaj di marmellata d'arancio, un pochino di corteccia di cedro verde grattugiata, mezza libbra di zucchero doppio raffinato passato per setaccio, quattro torli d'ovi freschi, e batterai bene il tutto con una mescola per mezz'ora; di poi batterai alla fiocca otto chiara d'ovi, che unirai alla composizione, con tre once di fior di farina, che ce la introdurrai facendola cadere per un setaccio affinchè vi cada uguale, e non si aggruppisca; farai de' modelli di carta, o formette, in dove porrai la detta composizione, facendo cuocere li biscotti in un forno a calor lento, e quando li avrai levati dal forno, farai un piccolo ghiaccio di zucchero, con fiocca di chiara d'ovi, e raspatura di cedro, e con questo vernicerai li biscottini, che rimetterai nel forno, onde si secchi soltanto questo naspro; appena sono perfezionati li biscottini li toglierai dalla carta ancor caldi.

Biscotti per li liguori.

Prendi cinque rossi d'ovi, che batterai in un vase di terra, con cui ci mescolerai once quindici di zucchero polverizzato, con della corteccia di cedro verde raspata, batterai il tutto insieme finchè il zucchero sia bene unito, dipoi ci unirai once quindici di ottimo fior di farina, battendo tutto; quindi batterai alla fiocca le cinque chiara d'ovi, e quando saranno bene in ischiuma le mescolerai con la dose; farai de' canaletti di carta, unti di butiro caldo, ed in ciascun di essi ci porrai due cucchiaj di dose, che polverizzerai con zucchero, e li farai cuocere a lento forno; quando saran co-

loriti , li toglierai dal forno , e dalla carta , li a-
datterai sopra di un tovagliolo per farli disecca-
re , e così saranno ottimi immergendoli nei liquori.

Ginetti.

Prendi once quattro di zucchero fino , una libbra di fior di farina , due once di butiro liquefatto , ed impasterai tutto con tanti rossi d'ovi, per
quanto siano bastanti a far una pasta soda , che
la farai fermentare per un pajo d'ore. Ne formerai i ginetti come tanti tarallini , l'aggiusterai in
tortiera , e quindi li farai cuocere lentamente nel
forno : dopo cotti farai del giulebbe al *Boulet* che
è l'ottava cottura del zucchero , in dove ci rivolgerai li ginetti con senso di cedro , o limone , e
mescolandoli bene , onde s'inverniciano del zucchero , l'accomoderai in tortiera , che porrai nel forno aperto ove precedentemente l'hai cotti, per farli
asciugare , e così saran fatti.

Spumette di cioccolata.

Prendi sei torli d'ovi freschi , che batterai
bene , quindi ci unirai un'oncia e mezza di ottima cioccolata benissimo polverizzata , con once
sei di zucchero fino anche polverizzato , e batterai
tutto insieme per un terzo d'ora ; dipoi batterai
alla fiocca le sei chiara d'ovi , che unirai alla precedente composizione ; e quando sarà tutto bene
incorporato , ci mescolerai a poco a poco , e sempre mescolando , once sei di fioretto passato per
setaccio (ovvero amido) dipoi prenderai un foglio
di carta su del quale con un cucchiajo prenderai
la dose riponendola in tanti punti della carta , op-

pure farai tante formette di carta unte pria di butiro, in dove porrai la composizione anzidetta, non riempiendole interamente e tanto l'une che le altre, le polverizzerai con zucchero facendole cuocere lentamente al forno, o sotto al fornello.

Raffioletti.

Prendi sei chiara d'ovi, che batterai alla fiocca, ci mescolerai once sei di zucchero affiorato, ed once due di fioretto o amido, ci unirai ancora sei torli d'ovi freschi, e mescolerai benissimo tutto; dipoi distenderai la dose su della carta quanto ne può prendere un cucchiajo d'argento, formandone tanti piccoli raffioletti, e li farai cuocere al forno. Cotti che saranno ci farai al disopra, e sotto un naspro che farai del giulebbe cotto al Cassè che è la nona cottura, facendolo alquanto raffreddare, battendolo bene, onde s'imbianchisca; dopo che li avrai nasprati li farai asciugare nel forno aperto, e dipoi te ne potrai servire così semplici, o anche ripieni, se ti piace con qualche marmellata, raddoppiandoli, ed allora li nasprerai per interi, facendoli sempre asciugare nel forno aperto.

Mostaccioletti.

Prendi una libbra di fior di farina, ed un'altra di zucchero grasso, una quarta d'oncia di ottima cannella polverizzata, un pochino di polvere di garofalo, due once di mandorle brustolite, ed un tantino di pepe; impasterai tutto bene con acqua fresca, riponendo questa pasta in un panno-lino, in dove la farai riposare per ore ventiquattro; di poi ne formerai tanti mostaccioletti, che farai cuocere al forno, facendoci dopo cotti il naspro, o di cannella, o cioccolata, e quindi li farai asciugare.

Pasta Reale.

Prendi libre tre di mandorle dolci, le scorzerai, e le pesterai bene; ed affinchè non diano oglio, ci unirai un tantino d'acqua di cannella, quando saran divenute come una pasta, le farai cuocere nel giulebbe, rivolgendola bene, e sempre. Cotta che sarà, ma non bruciata, la toglierai dal foco, e dopo raffreddata, formerai sul pancone un pavimento d'ostia bianca, su di essa verserai la pasta di mandorle accomodandola in tante diverse forme, cioè, di piccoli mostaccioletti, de' piccoli cori, ed altro, la spessezza della pasta la farai un dito, e forse di meno, cioè di altezza, con coltello taglierai il contorno dell'ostia, e ricaverai tutte quelle forme, che avrai designato, le porrai in una tortiera, e le farai assodare nel forno, dipoi ci farai il naspro bianco, quindi le porrai di nuovo nel forno aperto per asciugare il naspro, e così saranno ottimi.

Marzapani di Cannella.

Prendi una libbra di mandorle dolci, che le scorzerai con acqua bollente, le pesterai ben fine, bagnandole da tanto in tanto con un cucchiajo d'acqua di fior d'aranci, onde non diano oglio. Farai il giulebbe con mezza libbra di zucchero *a la grande plume*, ossia alla settima cottura, ed in esso porrai la pasta di mandorle con mezzo ottavo d'oncia di cannella in polvere.; farai restringere quella pasta sopra piccolo foco, finchè non si attacchi più alle dita toccandola ; porrai questa pasta sopra fogli di carta, polverizzandola sotto, e sopra con zucchero mescolato, col terzo di fior di farina : appianerai la pasta della spessezza di uno scudo, la taglierai come più ti piace in tante piccole e diverse forme, che chiamansi *marzapani*, e li farai cuocere nel forno a calor lento, agghiacciandoli con naspro bianco.

Pignolata.

Prendi una libbra di zucchero, che lo farai in giulebbe stretto, e propriamente al *cassè* che è la nona cottura da me immaginato, e quando avrai portato il zucchero a tal punto, ci mescolerai mezza libbra di tanti bianchi e pronti pignoli, con un pochino d'acqua di cannella e succo di limone ; li rivolgerai bene, e quando saranno bene uniti li farai assodare sull'ostia bianca, o sulla carta, formandone le pignolate di una regolare grossezza.

Mirenghe.

Prendi un rotolo di zucchero doppio raffinato inglese, lo ridurrai in giulebbe, portandolo all'ottava cottura, cioè al grande *boulet*, perfezionato così il giulebbe, prenderai sedici chiara d'ovi, che monterai alla fiocca, e fatto tiepidissimo il zucchero, a poco a poco ci mescolerai la fiocca rivoltandola sempre con forza, finchè sarà ben cresciuta la pasta ; e nel caso ti sembrasse la pasta molto dura, non ci porrai tutta la fiocca, ovvero la schiuma ; ci rasperai un tantino di corteccia di limone, o di cedro (ma che sieno freschi); oppure ci porrai delle stille di oglio di cannella, di rose, di vainiglia ec.

Dopo che avrai dato il senso alla pasta , rivolgendola bene, ma sempre da un lato , preparerai de' fogli di carta su de'quali farai cadere tanti cucchiaj di quella dose, oppure tanti cucchiarini da caffè secondo più , o meno che ti bisogneranno le mirenghe ; le farai assodare o nel forno lento , o sotto al fornello , che forse verranno migliori. Quando saran cotte , rivolgerai con molta diligenza la carta su di un altra , per far distaccare le mirenghe , e quindi riunendole in coppia ne formerai un ovo.

Di questa pasta potrai servirtene per verniciare pasticcetti , gattò ec.

Marzapani amorosi.

Prendi once sei di mandorle dolci , le scorzerai con acqua bollente , e poscia li terrai per ore ventiquattro in acqua fresca ; dopo tal tempo le sgocciolerai , le asciugherai , e le pesterai in un mortajo , bagnandole con acqua di fior d'arancio ; di poi farai il giulebbe con mezza libbra di zucchero *a la grande plume* , che è la settima cottura del zucchero , in dove porrai la già fatta pasta di mandorle , che sopra un lento foco farai disseccare , sintantochè la pasta si riduca maneggiabile ; poscia prenderai un foglio di carta bianca , lo spolverizzerai di finissimo zuccaro , e su di esso ci distenderai la pasta , levigandola con lo stenderello , ovvero laganatojo , riducendola alla spessezza di uno scudo ; con un coltello ne toglierai tutto l'ineguale , e quindi ne taglierai tanti filetti , formando di questi tanti anelli , che di ogni due incrocicchiati, farai un marzapane così (il che formerà il tenero laccio d'amore). Fatti questi marzapani, li ravvolgerai nel naspro bianco, è quindi li polverizzerai tutti con finissimo zucchero, li adatterai sopra fogli di carta, e questi nelle tortiere o sopra fogli di rame, ed a lento forno li farai cuocere.

CAPITOLO IX.

DE' SORBETTI

Sorbetto di Cioccolata.

Volendo fare dieci bicchieri di cioccolata, prendi mezzo rotolo di zucchero, che farai in giulebbe schiumandolo bene, riducendolo alla terza cottura, cioè *al piccolo perlèe*. Farai la liquefazione di libbre due e mezzo di cioccolata, con acqua la passerai per setaccio, e la porrai di nuovo al foco, riducendola similmente come quella che servir dovesse in bevanda in tazze, dandoci una giusta consistenza; dopo fatta questa operazione la mescolerai col giulebbe, riponendola in una sorbettiera, che coverta col suo coverchio la porrai in un tinello con acqua fresca, onde si riposi, e si raffreddi per molto tempo; dipoi prenderai rotoli sette in circa di neve, ed un rotolo e mezzo di sale, con la mettà di esso ne salerai la mettà della neve, che adatterai al dintorno di una sorbettiera col suo corrispondente tinello di venti bicchieri, preparando contemporaneamente un'altra sorbettiera più piccola ancor con neve, nella quale dovrai conservare sino al bisogno il sorbetto di cioccolata. Tosto che saran preparate le due sorbettiere, verserai nella maggiore la quarta parte della dose, chiuderai col suo coverchio la sorbettiera, e principierai a nevarla girando a destra, ed a sinistra la sorbettiera nel suo tinello dalla parte del coverchio, che terrai nella mano, e dopo una decina di minuti sturerai la sorbettiera, e con la coppa del cucchiarone proprio, che quasi terrai vicino alla mano, scrosterai quella partita che già si sarà gelata, e riunendola tutta nella coppa istessa, la passerai nella piccola sorbettiera di già preparata in neve, e così continuerai finchè avrai terminata la dose; ti avverto, che da tanto in tanto riporrai il sorbetto nella piccola sorbettiera ci farai nell'assieme una maneggiata col cucchiarone onde maggiormente divenghi morbido il sorbetto, che per ottenere ciò non si deve tenere molto chiusa la prima sorbettiera in dove debbonsi congelare li sorbetti, perchè prolungandosi questo punto ne succede massimamente la loro durezza che l'è un grandissimo difetto.

Questa è la maniera da congelare qualunque sorbetto.

Se ti piacesse fare delle piccole forme di gelati, allora prenderai il già mantecato, lo riporrai nelle forme, queste in un tinello con neve, in dove ci rimarranno per un'ora circa, onde il sorbetto acquisti maggior consistenza, ed imprenda quella forma, che si desidera. Dopo tal tempo, prenderai una forma di quelle, la bagnerai con acqua fresca onde si climini il sale, e l'aprirai perchè sicuramente si sarà perfezionata, toglierai il gelato, e lo ravvolgerai in carta, e quindi porrai tutti questi gelati, o in una stufa se sono molti, o invece in una sorbettiera adattata che figuri da stufa ben condizionata di neve salata per conservare li gelati per molto tempo, e nel caso, che l'ora da servire li gelati non fusse ancor giunta e la neve terminasse (parmi cosa inutile il ricor-

darne il mezzo, ma scrivendo per divertire dilettanti miei amici non s'ingrescano questi delle mie
ripetizioni, seccature, e ricordo, amando io moltissimo che essi si divertano, e non abbiano di
nulla a lagnarsi di me, perchè mi rendo alle volte
pur troppo nojoso, nel sòmministrargli le idee, e
de'mezzi come farli errar meno) al momento salerai dell'altra neve nella primiera proporzione, e
così li gelati si manterranno per quanto si voglia.

Per le ricottelle di cioccolata ne parlerò quì
appresso, giacchè l'operazione l'è tutta diversa.

Laddove far vorresti dei spumoni, o delle
altre forme grandi di gelati da servire per pranzo
o cena, il mantecato è tutto lo stesso meno la
nevatura, perchè queste forme grandi han di bisogno cambiarsi almeno tre volte la neve, altrimenti
l'azione frigida non così facilmente vi penetra,
stante la grandezza della forma, sicchè dovendo
fare una forma simile, la riempirai di quel sorbetto, che più ti gradirà, e quindi porrai la forma nel suo tinello proprio circoscritto della neve
salata; quando questa si sarà consumata, e ridotta in acqua sturerai il tinello, onde l'acqua
sorta fuori, e riporrai da capo l'altra neve, e
questo lo ripeterai almeno per tre volte, perchè
così verranno buone queste forme. Tante volte si
desidera uno schiumone di variati colori ed in tal
modo farai i sorbetti, come per esempio, uno
schiumone con la corteccia di pistacchio, e cannella, con i pignoli al di dentro; allora farai meno sorbetto di pistacchio, e di questa ne vernicerai diligentemente lo schiumone, e quindi nel
mezzo c'incasserai quella di cannella con li pignoli,
e così ec.

Per le ricottelle di cioccolata, farai la decozione strettissima unendoci un poco di zucchero, e quando sarà quasi raffreddata, la verserai a trabocco nella forma delle ricottelle, ci porrai il pezzo di mezzo, percui ci viene quel vuoto, e tal quale le porrai sotto la neve, come tutte le altre piccole forme di gelati, ed a suo tempo le sformerai come le altre.

AVVERTIMENTO.

Questa è la norma, e maniera di gelare qualunque sorta di sorbetto, percui per gli altri, non farò che descriverne le composizioni, e la proporzione, almeno per quanto debolmente posso per divertir me stesso nelle circostanze, e far divertire i miei amici, oggetto principale di questa mia occupazione.

Sorbetto di latte.

Per dieci bicchieri di questo sorbetto, ci bisognano due caraffe e mezzo di latte; questo dev'essere cotto, che molti s'imbarazzano al punto di questa cottura, ma eccone il mezzo; pria di tutto ti raccomando per la qualità di questo latte, sia di capra, sia di vaccina, purchè questi animali non sieno pregni, e che sia munto in tua presenza, giacchè sù questo particolare quanti imbrogli e frode si fanno, dunque ne curerai la massima avvedutezza.

Prendi adunque caraffe due, e mezzo di latte, lo porrai in un caldarotto, o casseruola, e quindi lo adatterai su di una fornella con giusto foco facendoci dare appena uno, o due bolli, lo toglierai dal foco, e lo verserai in una sorbettiera, che terrai come sopra a rinfrescare in acqua fresca; dipoi farai il giulebbe di tre quarti di zucchero *al piccolo perlèe* che è la terza cottura, e così farai il giulebbe per tutti i sorbetti, che è una giusta cottura, lo schiumerai benissimo, e ci darai qualche senso che più ti piace, lo farai raffreddare, e poi l'unirai col latte, lo passerai per setaccio, e farai il sorbetto come sopra.

Sorbetto di candito, ovvero così detto Imperiale.

Per dieci bicchieri d'imperiale, prenderai due caraffe di latte, che farai cuocere come sopra, dipoi farai il giulebbe come sopra con trè quarti di zucchero, ed un tantino di più, quando l'avrai portato al punto *del piccolo perlèe*, lo farai alquanto raffreddare, e ci unirai sette torli d'ovi freschi battuti, e ci mescolerai ancora il latte già rinfrescato, riporrai il tutto sul foco, ma lento, affinchè gli ovi entrano anche essi in cottura, che lo conoscerai, girando la mescola questa resti verniciata allora toglierai tutto dal foco, e ci darai qualche senso, che quello di limone piccolo ci sta benissimo; lo farai raffreddare, e lo passerai per setaccio, dipoi porrai questa dose in una sorbettiera, che farai riposare, e rinfrescare in un tinello con acqua fresca, e quindi lo porrai in neve come sopra.

Sorbetto di Persici.

Per dieci bicchieri di questo sorbetto, prendi rotoli tre di persici li scorzerai (i ripostieri non li scorzano, ma io credo prescriverlo, perchè quella corteccia ritiene sempre dell'aspro), ne toglierai li nocciuoli, e li passerai per setaccio col succo di un pajo di limoni freschissimi; farai il giulebbe come sopra però di un rotolo di zucchero, ponendoci il senso di vainiglia, e portato alla cottura del *piccolo perlèe*, lo mescolerai coll'estratto di persici, e se la dose fusse molto spessa, ovvero troppo densa l'allungherai con un tantino d'acqua, la porrai in una sorbettiera, e questa come sopra la porrai a riposare, e rinfrescare in un tinello con acqua fresca, e quindi porrai in neve come sopra.

Ti avverto, che per questo sorbetto ci bisogna maggoior quantità di neve, e per conseguenza anche di sale.

Sorbetto di percoche.

Volendo fare dieci bicchieri di questo sorbetto, farai tal qual come pel precedente, però le percoche bisogna farle scuocere, o nel giulebbe medesimo, o in acqua per poterne estrarre il succo, perchè diversamente non sarebbe facile passarle pel setaccio.

Sorbetto di limone.

Per dieci bicchieri di questo sorbetto, prenderai sette, in otto limoni freschi, ne toglierai la corteccia, come ad un frutto, li dividerai per mettà, e con la *conocchiella* n'estrarrai il succo, che farai cadere in una scudella di creta nella quale ci porrai cinque bicchieri d'acqua; farai il solito giulebbe, però di un rotolo di zucchero, ci porrai una raspatura di cedro, e di limone medesimo mescolerai insieme, e lo passerai per setaccio, lo farai riposare in sorbettiera nell'acqua fresca, e quindi lo neverai come sopra.

Sorbetto di portogallo.

Questo lo farai tal quale come il precedente.

Sorbetto di fragole.

Per dieci bicchieri di questo sorbetto, prendi un rotolo, e mezzo di pronte fragole, ne toglierai i sterpi, e qualche cattiva, perchè non dia cattivo gusto; le passerai per setaccio, col succo di un limone o portogallo, dal quale toglierai pria la corteccia, ed i semi; farai il giulebbe di tre quarti di zucchero come sopra, e quando sarà raffreddato l'unirai con l'estratto di fragole, aggiungendovi dell'acqua, ma poco, se vi necessita, potendo essere le fragole più, o meno fluide (e ciò perchè i signori venditori trattengono i cesti con le fragole nelle vasche d'acqua un giorno, onde s'impregnano, e diano maggior peso, ed ecco spiegata una frode di costoro) novellamente ripasserai questa dose pel setaccio assieme col giulebbe, la farai riposare in sorbettiera nell'acqua fresca, e così farai il rimanente come sopra.

Sorbetto di cannella.

Per dieci bicchieri di questo sorbetto farai il giulebbe di un rotolo di zucchero alla terza cottura, cioè, *al piccolo perlèe*, dipoi ci unirai tanto quantitativo d'acqua, per quanto ti necessita per li dieci bicchieri, ci porrai delle stille d'oglio di cannella, e ce ne porrai tante per quanto ci avran dato buon senso, passerai per setaccio questa dose, facendo il dippiù come di sopra.

Sorbetto di cannella rossa, con pignoli, e senza.

Per dieci bicchieri di questo sorbetto ; prendi un oncia di ottima cannella, la ridurrai contusa, e poi porrai una caraffa d'acqua in una cafettiera, ci unirai la cannella, e ben chiusa ne farai la decozione riducendola alla mettà badando, che non svaporizzi per nulla ; farai il giulebbe come sopra di un rotolo di zucchero *al piccolo perlèe*, in dove farai dare pochi bolli ad una mezz'oncia di pronti pignoli, che toglierai, e conserverai ; perfezionato il giulebbe l'unirai con la decozione di cannella, e bisognadovi ancora dell'altr'acqua, ce la porrai, per giungere alla quantità de' dieci bicchieri, passerai la dose pel setaccio, ci unirai li pignoli, e la farai riposare, e rinfrescare come le precedenti, similmente la gelerai.

Sorbetto di amarene.

Per dieci bicchieri di questo sorbetto mantecato, prenderai un rotolo, e mezzo d'amarene fresche, se sono secche un rotolo ; ne toglierai li sterpi, e le pesterai finissime con tutti i nocciuoli, perchè questi ci danno un senso di mandorla amara, che ci fa grazioso, le farai bollire in acqua in proporzione per poterle passare per setaccio ; per questo sorbetto perchè le amarene contengono dell'aspro, sieno fresche, sieno secche farai il giulebbe di un rotolo, e mezzo di zucchero, e lo ridurrai alla quarta cottura, cioè, *al grande perlèc* unirai al giulebbe l'estratto dell'amarene e ripasserai per setaccio, riponendo la dose in sorbettiera, e questa nel tinello con acqua fresca per farla riposare, e rinfrescare, e farai il dippiù come sopra.

Sorbetto di mellone d'acqua.

Per dieci bicchieri di questo sorbetto aprirai un maturo mellone, che sia ben rosso, lo saggerai se ha un buon sapore, ne prenderai tutto il frutto, e lo passerai per setaccio, come le fragole, farai il giulebbe di tre quarti di zucchero alla terza cottura, cioè *al piccolo perlée*, lo farai raffreddare, e quindi lo mescolerai con l'estratto del mellone aggiungendoci qualche stilla d'oglio di cannella facendo il rimanente come le altre.

Sorbetto d'uva moscatella.

Per dieci bicchieri di questo sorbetto, prenderai rotoli due d'uva moscatella, ma che sia perfetta matura, ne toglierai tutti li sterpi, ovvero l'acinerai, togliendone ancora qualcuno cattivo e la passerai per setaccio, farai il giulebbe come sopra con tutto il dippiù.

Sorbetto di pistacchio.

Per dieci bicchieri di questo sorbetto, prendi un rotolo di pistacchi, con acqua bollente li pelerai, e quindi li pesterai benissimo, dipoi li farai bollire con acqua, e li passerai per setaccio, l'estratto l'unirai col giulebbe, che farai come sopra.

Sorbetto di frutti.

Questo sorbetto non è altro, che quello di limone, a questo si ci uniscono de' pezzettini di percoche sciroppate, de' pezzettini di pera sciroppate, de' quartini di noci fresche, ancor date a questi pochi bolli in giulebbe, taluni ripostieri gli piace unirci ancora delle cimette de'fiori di finocchi, ovvero le così dette caroselle, ma queste non a tutti piacciono, uniti dunque tutti questi pezzettini nel sorbetto di limone sarà il sorbetto di frutti.

Sorbetto d' ananassa.

Prendi una ananassa, la pelerai come una mela, quella corteccia la pesterai in un mortajo con zucchero crudo, e quando vedi, che nel mortajo principia un certo umido, ovvero, che il frutto cacci fuori dell' acqua, allora la toglierai dal mortajo, riponendola in una sorbettiera coverta; dipoi farai il giulebbe come sopra di rotoli due di zucchero, che porrai nella sorbettiera medesima ove hai posto la pesta corteccia dell' ananassa, e ci riporrai ancora tutto il frutto dell' ananassa che dividerai in fette, quindi prenderai due portogalli ed un limone, che sieno questi agrumi freschi, li dividerai per mettà, li premerai, e tanto il succo, che le cortecce tufferai nella sorbettiera medesima ove hai posto la corteccia dell'ananassa pesta ed il giulebbe, ed il frutto dell'ananassa in fette. Tutta questa dose restar deve insieme a confettarsi per ore ventiquattro, dopo di tal tempo potrai lavorare il tuo sorbetto così: volendo fare dieci bicchieri d' ananassa prenderai cinque bicchieri della descritta dose, ci unirai quattro bicchieri d'acqua che mescolerai tutto insieme, e passerai per setaccio, e per farne escire maggior senso, e portarlo al numero di dieci, tufferai il decimo bicchiere d'acqua nel setaccio e di bel nuovo con la mano premerai tutto e così farai il sorbetto come tutti gli altri, ritenendo conservato il rimanente della dose nella sorbettiera per quanto vorrai ; ben vero le fette del frutto dell'ananassa, volendoci mischiare detto frutto nel sorbetto mantecato della stessa, o volendone formare piccole forme di gelati, o qualche forma grande, ne prenderai una, o più fette secondo la proporzione, la ridurrai in piccoli pezzettini, e ce li mescolerai, come ti ho detto pel sorbetto di frutti.

Nel caso che vorresti fare maggior numero di pezzi di gelati, e ti sembra non bastare la dose rimasta nella sorbettiera non ti sgomentare, perchè ho badato anche a questa economia, farai lo giulebbe di un altro rotolo di zucchero come sopra, e ce lo mescolerai facendolo rimanere infusione per altre ore ventiquattro.

CAPITOLO X.

DEI DIVERSI PONCI.

Poncio spungato di maraschino.

Per dieci bicchieri, prendi un rotolo, e mezd'amarene fresche, ne toglierai i gambi, ed i nocciuoli, i quali li pesterai finissimo, il frutto lo bollirai con una caraffa d'acqua assieme con li pesti nocciuoli, appena che sorte il bollo, le toglierai, e le riporrai in una scudella di creta a raffreddare: e quando saranno alquanto raffreddate le maneggierai con le mani, onde premerle, e schiacciarle ; dipoi prenderai due setacci di crini stretti pei quali passerai la dose anzidetta una volta da uno, ed un'altra da un altro, affinchè il succo sorta limpido, e chiaro, e precisamente del suo color corallino. Farai il giulebbe di tre quarti di zucchero, che porrai a raffreddare mescolandoci cinque bicchieri del succo d'amarene, e se il colore ti sembrasse molto smajato ci potrai unire ancora un cucchiarino d'alacca; questa dose la porrai tutta insieme in una sorbettiera di una quarantina di bicchieri, e la neverai come tutti gli altri sorbetti, e giunta che sarà alla mettà del suo proprio mantecato, ci mescolerai la pasta mirenghe, che farai con quattro chiara d'ovi montate alla fiocca benissimo, diunito al giulebbe di once cinque di zucchero, che farai tal quale come le mirenghe segnate nel riposto, questa pasta la mescolerai nel sorbetto a poco a poco, ed a forza di polso col cocchiarone la maneggerai nella sorbettiera, e quindi ci darai il senso di maraschino, cioè, di due in tre prese di rosolio di mandorla amara; la gusterai, e laddove ti sembrasse meno di senso ce ne porrai dippiù; dopo di ciò ci unirai ancora una mezza bottiglia di ottimo Rum, e mescolerai benissimo ed ecco il poncio alla maraschina spungato.

Poncio spungato alla rosa.

Farai il sorbetto di cedrato, o limone, ci porrai la pasta di mirenghe come sopra, e ci porrai due stille d'oglio di rose, ed una buona mezza bottiglia di Rum, con due o tre prese di stomatico, ma del perfetto.

Poncio spungato di diversi vini stranieri.

Farai sempre il sorbetto di cedrato, o limone ci porrai il suddetto quantitativo della pasta mirenghe come sopra, una mezza bottiglia di quel vino, che ti piacerà, o tre o quattro prese di Rum, o più, secondo il desiderato gusto.

Ponci graniti semplici.

La dose per questi, sarà sempre di arancio con poco succo di limone, non dovendo avere molto aspro, farai il giulebbe, sempre come tutti gli altri sorbetti, con una terza parte dimeno di dolcezza in proporzione de' sorbetti mantecati, farai questa dose, e tutta insieme la porrai in neve, e per ogni rotoli sei di neve ci porrai un rotolo di sale, coprirai la sorbettiera, e la neverai girandola or di qua, ed or di là, e dopo un quarto d'ora la sturerai, e con la coppa del cucchiarone cercherai dalla parte di sotto, ed al suo dintorno staccare il già gelato, e così continuerai a fare sintanto che vedrai essersi tutta la dose granita, e ridotta semolacea; allora ci porrai quella quantità di Rum, che più ti gusterà.

CAPITOLO XI.

DELLE DIVERSE BEVANDE, CIOÈ,

Cioccolata — Caffè—Latte, e caffè — Tè — Poncio Caldo ec.

Le disopra accennate bevande sono le più necessarie per descriversi in un Riposto, percui mi credo nel dovere di segnarle.

Cioccolata.

Per fare una buona tazza di cioccolata, porrai in una cioccolatiera una tazza, e mezzo d'acqua, che misurerai con la tazza istessa, che dovrà servirsi, ci porrai un oncia, e mezzo di ottima cioccolata , e la farai bollire , facendo consumare un poco dippiù della mezza tazza soverchia d'acqua che ci avrai posto ; quando la cioccolata si sarà liquefatta , porrai nella cioccolatiera il molinello di legno , e principierai a frollare , onde spumi , e per poter conoscere quando la cioccolata sia ben cotta , ne farai cadere delle stille in un piattino , e facendole strisciare , vedrai se ha acquistato un bel colore oscuro , e denso, allora sarà nella perfezione; in contrario la farai continuare a bollire facendo salire il bollo sino all'orlo della cioccolatiera , quindi adatterai la tazza sulla cenere calda frollerai dinuovo , e ce ne verserai un poco , e così farai fin che terminerà , riempiendo la tazza sino al trabocco , che la spuma la manterrà. Taluni la desiderano con la spuma , e quest'ultima si ottiene nel seguente modo, riempiuta la tazza come ho detto di sopra con spuma, infuocherai la paletta , e questa la terrai sospesa vicino alla spuma , che col calorico della paletta si addenserà , e formerà la patina.

Caffè

Per fare la bella bevanda del caffè è necessario conoscere l'ottimo caffè di levante che è il migliore , vi è quello della Martinicca , vi è quello detto di Moka ec. Il caffè dev'essere di piccola grana , e certe volte vi sono delle partite , che li granelli del caffè son chiusi , ed allora è ottimo , il suo colore dev'essere verdastro , e di buono odore , che per conoscerne poi questo difetto , mi è riuscito sempre, con prenderne un pugno stretto, darci un forte soffio , e quindi aprire il pugno , ed odorare il caffè , che per effetto del soffio se ha cattivo senso là por là si fa sentire , e così ne conoscerai maggiormente la qualità ; fatta questa prima operazione con panno-lino lo netterai dalla sua polvere che sicuramente ne ha , e lo bruscherai nel tamburretto proprio di bel colore castagno , ovvero comunemente detto *carmelitano* , dipoi lo macinerai , facendone la bevanda nel seguente modo.

Porrai in una cafettiera dodici tazze d'acqua, quando bolle ci tufferai once quattro del macinato caffè , e con mescola adattata lo rivolgerai nell'acqua facendolo cadere giù nel fondo della cafettiera, e con diligenza somma la terrai sul foco , onde il bollimento risalga sull'orlo della cafettiera , ed allora sarà fatto il caffè quando vedrai che il bollo si presenta in piccole perle ; lo toglierai dal foco, riponendoci mezza tazza d'acqua fresca , e porrai la cafettiera , o coccoma nell'acqua fresca, per farlo rassettare, quindi lo passerai da una cafettiera in un'altra , lo riscalderai di nuovo, ma bada che non ribolla , perchè perderebbe il suo gusto rattrovandosi senza della *massa*.

Potrai ancor fare questa bevanda diversamente , cioè, con la machinetta senza farlo bollire, ma in vece porrai nella machinetta la polvere di caffè, su di essa ci verserai l'acqua bollente , e questa distillerà nella sottoposta cafettiera , quando l'acqua sarà tutta passata , che avrà estratto tutto il caffè la riscalderai , e te ne servirai; debbo dirti però , che in tal modo potrai eseguirlo dovendone fare poche tazze , ma per trenta in quaranta tazze e più si ci deve occupare moltissimo tempo , per cui dovendone far molte tazze ti regolerai come credi.

Latte — Latte, e Caffè.

Taluni amano questa mischiata bevanda, e l'attenzione che devi avere l'è nel passare il latte per un setaccino proprio, riscaldarlo, e non farlo bollire, e quindi servirlo semplice, e con il caffè, fatto in decozione come sopra.

Del Te.

Questa l'è una gradita bevanda, e specialmente nella stagione frigida per la quale bisogna avere una sola attenzione, cioè, nell'acquisto del Te che dev'essere di bel colore verde, e le foglie piccole, allora è del perfetto, ed il prezzo è maggiore, quando il colore è smajato e le foglie sono più grandi, è di poca forza, ed il prezzo è minore; per gustare la bevanda, farai l'acqua bollente, e porrai sopra di una tazza (però quelle addette al Te, che chiamansi *Tetiere* perchè sono a forma di una brodiera, ma più piccola) il così detto *passalimone*, che per l'oggetto dev'essere d'argento, in esso porrai mezzo cucchiajo di Te, e su questo verserai l'acqua bollente la quale immantinenti estrarrà tutta la forza dal Te, ci porrai del zucchero in pane, e sarà una graziosa bevanda.

Del Poncio caldo.

Questa l'è pure un'ottima bevanda per l'inverno, e per conservare il sudore ond'evitare un costipo momentaneamente.

Porrai in un bicchiere da vino per tavola del zucchero in pane una corteccia sottile di limone, ed il succo della metà di esso, ci porrai due, o tre prese di ottimo Rum, e quindi ci verserai dell'acqua bollente riempiendo il solo bicchiere, mescolerai bene col cocchiarino, ne toglierai la corteccia, e sarà un'ottima pozione.

CAPITOLO XII.

MEZZO COME CONSERVARE LE FRAGOLE ED I POMIDORO NELLE BOTTIGLIE.

Prendi le fragole le più pronte, ed asciutte, e propriamente quelle maturate dopo il plenilunio; ne toglierai i sterpi, e le porrai nelle bottiglie, restandoci il collo vuoto, le otturerai benissimo con i sogheri di Francia; adatterai le bottiglie in una caldaja con della paglia perchè non urtino fra loro; nella caldaja ci porrai dell'acqua facendola giungere sino ai colli delle bottiglie, la porrai sulla fornella facendoci dare una decina di bolli; toglierai dal foco la caldaja facendoci raffreddare le bottiglie sino al giorno seguente, dipoi porrai su de' sogheri quella solita mistura, che si adatta pei vini esteri, o in vece della mistura adoprerai della carta pecora bagnata, sopra i sogheri anzidetti che legherai fortemente con spago; e così le conserverai, servendotene per quando la stagione non puol provvedere di tal frutto.

Similmente farai per li pomidoro, che acquisterai sempre dopo il plenilunio di luglio, cercherai aver quelli tondi, e maturi; ma non già passati; ne toglierai diligentemente la pellicola, li dividerai in quartini, e ne toglierai il seme, ed il viscido, tutte le polpe le porrai su delle tavole al sole polverizzandole con poco sale, il giorno seguente le porrai nelle bottiglie, praticando lo stesso come per le fragole.

Userai la massima diligenza, per quanto più possibile, giacchè di queste bottiglie sì delle prime, che delle altre, molte se ne spezzeranno nell'acqua bollente, e si calcola per lo meno il terzo, alcune volte anche nò.

CAPITOLO XIII.

MANIERA DI FARE IL MOSTO COTTO, E LA MOSTARDA.

Per fare eccellente vin cotto rosso, bisogna prendere dopo il plenilunio di settembre l'uva nera la più perfetta, e propriamente quella detta *Aglianica* ne toglierai i grappoli, ovvero li sterpi, e tutto il frutto lo pesterai come il vino nella vendemia, raccoglierai tutto il succo, badando che non vi resti qualche corteccia dell'uva istessa, perchè questa lo farebbe subito fermentare, ed allora il mosto cotto sentirebbe di vino; porrai il succo in una gran caldaja, e con foco non molto violento farai bollire il mosto, e siccome si eleva la schiuma ne la toglierai, e quando sarà terminato di spumare, ci porrai de' pomi detti alappj, ma perfettamente maturi, li scorzerai, e ne toglierai tutto il cattivo, e questi si disfarranno nel mosto cotto, e ci daranno un buon gusto; baderai ancora che a misura si restringe, minorerai il foco perchè facilmente attaccherebbe nel fondo della caldaja; quando si ridurrà al terzo sarà il punto della sua cottura, lo toglierai dal foco, e lo riporrai, o nei vasi di terra stagnati, o nei piretti, e così lo conserverai.

Mosto cotto bianco.

Potrai farlo ancora bianco, e sarà più particolare, farai lo stesso come ti ho detto per l'uva
nera, ma invece prenderai l'uva bianca come quella
detta *Fallanchina* e per farlo di maggiore eccellen-
za potendo avere l'uva moscatella, oh quanto ver-
rebbe migliore, e sempre dopo la luna piena di
settembre, perchè così non è affatto soggetto a
marcimento, giusta l'esperienze in tutte le cose ve-
getabili.

Della Mostarda.

Sempre dopo la luna piena di settembre, o
anche quella di ottobre, purchè ti riuscirà di ma-
nutenere pronta l'uva su i tralci.

Prendi dunque l'uva nera quella detta *Aglianica*, ne toglierai li sterpi, ed il frutto lo porrai
in una gran caldaja alla quale adatterai il foco,
e farai bollire non con violenza; quando si sarà
consumato il quarto, ci porrai a bollire de'pomi
ben maturi, scorzati già, e toltone tutto il cattivo, ci farai bollire ancora delle corteccie di freschi portogalli, regolandoti, cioè, per ogni dieci
rotoli d'uva, ci porrai la corteccia di sette in otto
portogalli, e similmente il numero de'pomi, un
oncia di garofani pesti, e mezz'oncia di cannella polverizzata, e quando si sarà consumato l'altro quarto, passerai tutto per setaccio, dipoi riporrai a bollire l'estratto per farlo restringere come una salsa,
unendoci per ogni trenta rotoli d'uva, rotoli due
di zucchero doppio raffinato, e ridotta la mostar-
da in consistenza, la riporrai nei vasetti di terra,
e quando si sarà raffreddata li coprirai e li conserverai, e ti assicuro, che riuscirà eccellente.

CAPITOLO XIV.

DELLE COMPOSTE IN ACETO.

Peparoli — Cetrioli — Cocozzoli — Cocozzelle — Piccole milinsane — Pomidoro verdastri — Piccoli faggiolini verdi ec.

Uu buon dilettante di Gastronomia, per volersi ben divertire è necessario, che abbia ancora la conoscenza del Riposto, perchè, volendo dare qualche grazioso Pranzo, e Cena, questi non figureranno, se non v'è accoppiata la parte del Riposto, ed è perciò, che nella presente mia operetta in seconda Edizione, ce l'ho inclusa ancora, come del pari le seguenti composte in aceto essenzialissime per l'ogetto; e dirigendomi sempre agli amatori della Gastronomia, ond'evitar che essi non sieno sogetti di acquistare taluni generi necessarj nelle occasioni, erogando del denaro, mentre a tempo proprio, e con molta economia se ne potranno provvedere, non essendovi paragone alcuno circa la spesa, perchè nella stagione d'inverno, tanto quasi si spende per formare pochi piattini, quanto l'istesso v'ha per farsene un competente provvedimento per tutto l'anno.

Peparoli in aceto.

Volendo che i peparoli in aceto riescono buoni è necessario farne l'acquisto, sempre dopo la luna piena, altrimenti si marciscono.

Prendi dunque i peparoli, che non sieno gobbi, li farai appassire per due giorni al sole, diversamente, la forza dell'aceto li dividerebbe; li porrai in un vase di creta, o di legno, ricoprendoli di aceto forte mischiato con un terzo d'acqua di mare, e per ogni centinajo di peparoli ci porrai ancora un terzo di sale, e così chiusi con un coverchio li conserverai in un sito fresco, da tanto intanto ci rimetterai dell'altro aceto, ma assoluto, poichè avendoli pria appassiti, ne succede l'assorbimento; e quando saran ben maturi potrai servirtene.

Sono molto graziosi quelli gialli, e rossi, che chiamansi di *Spagna* pei quali adoprerai l'istesso metodo.

Sono ancora buoni quelli piccoli tondi forti che smerciano li pizzicagnoli secchi, per fare il così detto *soffritto*; questi peparoli sono pur ottimi farli in aceto perchè si faranno dolcissimi, per l'azione dell'aceto medesimo, de' quali potrai servirtene ancora per variare li piattini.

Per tutte le altre composte in aceto, come, le piccole milinsane, de' piccoli citrioli, de' pomidoro verdastri, delle piccole cocozzelle lunghe, de' cocozzoli, de' faggiolini verdi ec. praticherai il metodo anzidetto con farne precedere il loro appassimento, e quindi riporli nell'aceto, col terzo dell'acqua marina, senza il sale.

Potrai ancor porre in aceto qualunque sorta di frutti, usando la regola istessa.

Olive.

È necessario praticare tutta l'attenzione nell'acquisto delle olive, e bianche, e nere, perchè poi possano venir perfette, e qui sembrami un dovere avvertire forsi per chi nol sà, che tutte le olive si fanno nere, essendo quest'ultimo colore il punto della loro maturità, ma volendo le bianche ancora, queste si debbono raccogliere sulla pianta, pria di passare al punto della maturazione, e per queste vi sono talune piante, che le producono più grandi di quelle nere; sicchè tanto l'une, che le altre (acquistandole sempre dopo la luna piena) le porrai a curare con acqua fresca o in un piretto, o in un vaso di creta, togliendone l'acqua ogni due giorni, e rimettendoci l'altra, e ciò fin tanto si saranno raddolcite: allora bisogna fare la *salamoja* per conservarle. Porrai in una caldaja tant'acqua per quanto è stata sufficiente da raddolcire le olive con un terzo dippiù, dovendosi questo più disseccare, ei porrai dei semi di finocchi, delle foglie di lauro, ed a chi piacesse, qualche spicchio d'aglio (questo senso lo porrai separatamente in qualche vaso, che potesse servire per solo proprio uso, perchè servir dovendo qualche tavola, non a tutti piace) ci porrai tanta quantità di sale per quanto l'acqua acquisti del salso; la farai bollire, riducendola ad un terzo di meno; la farai raffreddare in un vaso di creta, ed il giorno seguente la passerai per setaccio, immischiandoci le olive, e bianche, e nere, separatamente però; e ti assicuro, che saranno di buon gusto.

CAPITOLO XV.

§. I.

De' piattini, che possono occorrere per un pranzo, o cena ed altro.

Se questa mia operetta servir dovesse per qualche credenziere, mi asterrei di far tante, e diverse descrizioni, perchè questi guidati dalla sola pratica, non gli riuscirebbe forse difficile, badare all'occorrente per un pranzo, o cena; ma siccome il mio scopo è stato, ed è di presentare un divertimento a miei amici, amatori della Gastronomia non si dispiaceranno, che io gli dia, de'suggerimenti onde essergli utili nelle occorrenze, specialmente per quelli ancora *inalfabeti* nella scienza della ripetuta Gastronomia.

L'è dunque mio caro lettore [un dovere avvertirti, che dar volendo un Pranzo o Cena hai bisogno del *pane*, del *vino* di pasto, e de'*vini esteri*, onde renderlo non solo più brillante, ma perchè nell'epoca in cui ci troviamo, lo rende più elegante, del buon'*oglio* ec. de'*piattini* come qui appresso ti segnerò.

Siccome in tutte le cose per renderle più gaje, unir si ci deve una qualche guarnizione, similmente succede per li pranzi, e cene; che faranno maggior figura, quando guarniti vengono da una infinità di diversi *piattini*, e pria di tutto vi necessitano delle fellate di salami, tutti diversi, e qui praticherai molt'attenzione nel tagliarli. Netterai pria benissimo il salame della sua corteccia e forse toglierne dovrai i suoi laterali, se avessero cattivo odore; dipoi ne farai sottilissime fette tutte uguali, che accomoderai ne'piattini proprj con de'piccoli salvietti nel fondo del piattino.

Similmente farai pel presciutto, ma che ci sia ancora del grascio, e questo per proprietà esser dovrebbe di un terzo in proporzione del magro, e con ciò dir voglio, che se il grascio fusse dippiù ne lo toglierai, perchè diversamente farebbe una non buona veduta.

Se n'è la stagione, farai de'piattini di fichi accomodando delle foglie d'uva nel piattino, ma queste pria rotondate ; quindi ci adatterai i fichi con li sterpi dalla parte superiore, formandone una piramide , restando sempre libero il bordo del piattino.

Sono ottimi li piattini di butiro , adattandoci de' salviettini atti per l'oggetto nei piattini anzidetti , e su di essi il butiro che sarà nelle pezzette in diverse forme , oppure de' pani di butiro passati per siringa , che formi pur una piramide ; questi piattini vanno accoppiati con quelli di crostini bruscati , e similmente con de' salviettini al disotto.

Farai de' piattini delle fellate di Tarantello , che pria dissalserai più volte con acqua fresca , e quindi lo farai curare per qualche ora nell'oglio per morbidirlo , e raddolcirlo , lo taglierai come il presciutto , e lo condirai con oglio.

Farai de' piattini di alici salse , ben lavate in aceto , spinate , e monde di tutto , che divise per mettà accomoderai con qualche disegno , ed anche condite di oglio.

Farai de' piattini di butarico ovvero così detto *ovo di tonno* , al quale diligentemente ne toglierai la pelle , badando che non si sgrani che l'è facilissimo ; lo taglierai in sottilissime fette , e le accomoderai similmente con oglio.

Farai de' piattini di capperini ben nettati de' loro sterpi , e lavati con aceto , e questi si condiscono ancor con oglio.

Farai de' piattini di peparoli , di cetrioli , di milinsane e di tutte le altre composte in aceto , che ti ho descritto , togliendo ai peparoli tutti li semi e tutte le loro estremità , sempre lavando bene con acqua fresca , onde raddolcirle alquanto, situandole con simetria nel piattino, e condirle con oglio.

Farai de' piattini d'olive, e queste vanno situate, o nelle piccole insalatiere espressamente, o nelle spolette di terraglia, o finalmente anche nei piatti da zuppa in mancanza, ricoperte d'acqua fresca onde non perdere il lor colore.

Potrai fare de' piattini di ravanelli, e bianchi, e rossi, come ancora de' piattini di diverse insalate cotte, cioè, de' piccoli faggiolini verdi, de'cocozzoli, delle radici di cardoncelli ben pelate, delle carote, de' sparagi ec.

Farai de' piattini di frutti di mare mollicati nei piccoli cartoccini, ed ancora dei frutti di mare freschi.

Farai de' piattini delle cortecce di piccoli aranci verdi, che dividerai per mettà, e destramente ne toglierai il frutto, facendo restar vuota la corteccia, che farai raddolcire in acqua fresca, ed in quelle conchiglie, ci porrai delle diverse creme con dei pezzettini di candito.

Potrai far pure dei piattini d'ovi alla marinara, però, divisi in quartini, con quella medesima salsa giusta il Capitolo XII. de' piatti d'ovi.

Potrai fare ancora de' piattini formando piccole caponate, con biscotti semplici, con pezzettini di petti di polli lessati con *Ghenett* di vitella, fegatini ec., e di altre con pezzettini di ragoste, altri pesci ec. guarnite con diverse erbe trite in insalata, e di diverse composte in aceto, giusta parlando delle caponate, ed insalate nel Capitolo XXIII.

Farai de' piattini di pasta frolla, taluni di piccole pastine biscottate con mandorle, e senza, taluni altri di piccolissimi pasticcetti della medesima pasta ripieni, alcuni di carne, altri di pesce e diversi di sciroppate ec.

Potrai far pure de' piccolissimi pasticcetti di pasta frolla ripieni di rosolio, che farai nel seguente modo.

Questi pasticcetti li farai nelle piccolissime forme, nelle quali ci porrai la pasta come tutti gli altri *bocconotti*, e ci porrai ancora la pasta sopra restandoci il vuoto nel mezzo, e sopra ci farai un piccolo buco, per quanto vi possa entrare il becco di un piccolo imbuto, e propriamente quelli, che si fanno per trastullo, de' fanciulli; farai cuocere questi pasticcetti; dipoi li farai raffreddare nelle forme medesime, e quindi li riporrai nel forno, ma lento, e sempre dentro le forme per farli biscottare, poscia li leverai, e raffreddati li toglierai dalle forme, e momenti pria di servire il Pranzo o Cena, col mezzo di quel descritto piccolissimo imbuto li riempirai di quel rosolio, che più ti piacerà, assicurandoti, che saranno graziosi, ed anco saranno di sorpresa.

Farai ancora de' piattini di quelle tanto eccellenti ostriche di Taranto in salsa.

Finalmente potrai farne tanti, e diversi altri, che ne acquisterai la idea, allorquando la teorica si sarà di te impadronita, e per conseguenza poi la pratica te ne suggerirà.

§. II.

Piattini di frutti.

Che dettaglio potrò darti mai circa quesi piattini? Di questi ne farai tanti, per quanto la stagione te ne presenterà.

Sono ottimi, ed indicati i frutti siroppati in composta, i quali li sgocciolerai del giulebbe, li accomoderai nei compostieri, ovvero nei piattini adattati per questi, ed invece del giulebbe ci porrai, o del Rum, o del Rosolio.

Continuando a parlare del Riposto, e tutto ciò che possa occorrere su di questo genere per un Pranzo, o Cena, ricordo ai dilettanti di Gastronomia, di badare all'acqua gelata, ed al pane, ed usare tutta la diligenza, onde nulla manghi, come del pari tener pronto su di una tavola di credenza, la cassettina con le carafine dell'oglio, ed aceto, che vi sia un piattino con limoni divisi per mettà, per chi ne volesse ec.

PARTE TERZA

DELLE VARIE MANIERE DI PREPARARE LA TAVOLA PER DIVERSI PRANZI, E CENE.

Dovendo dunque servire questa mia operetta per divertimento degli amatori della Gastronomia, ho creduto pur necessario descriverci un metodo, ed un sistema, come poter decentemente preparare un Pranzo, o Cena, tanto di così dette di *parata*, che di quelle semplici; l'è anche questo un articolo a mio credere interessante, osservandosi talune volte, ottima la cucina, e mediocre, o pessimo il riposto, ed opparecchio, nè per questo intendo forse dire che io sia capace, ed intendente di ciò; ma se non altro la lunga pratica, e materiali esperienze, me ne hanno dato qualche conoscenza.

CAPITOLO I.

§. I.

Modo di preparare la tavola pe' pranzi di parata.

Tavola servita sul gusto Francese.

Primieramente baderai alla proporzione della stanza, perchè diversamente la tavola non figurerà per nulla, e non solo la stanza dovrà essere capace per la sola tavola pel pranzo, ma da poterci situare due altre piccole tavole, che servir debbono per *credenza*.

. Nel centro della stanza pianterai la tavola, e sù di essa adatterai il mensale, dopo di che ne scandaglierai con precisione la larghezza, e lunghezza, per rinvenire il vero centro, punto che situerai un bel vase di fiori oppure de pezzi, che componessero un grazioso *Perterre*. All'intorno ci farai una guarnizione de' piattini di frutti. Dipoi passerai a situare nell'orlo della tavola i tondi per li coperti, con li corrispondenti tovaglioli, che con qualche grazia piegherai, entro de' quali porrai il pane; alla destra di ciascun tondo situerai il coltello, che poggi sul mensale, e su di esso adatterai la forchetta, ed il cucchiajo. Ti raccomando serbare la stabilita distanza tra un coperto e l'altro, che non puol esser meno di palmi due, onde i commensali non stiano stretti.

Per ogni due *coperti* situerai due bottiglie una col vino di pasto, e l'altra con acqua gelata con li corrispondenti bicchieri, uno per ciascuno, ed attaccati a questi tutti gli altri bicchieri per li diversi vini stranieri, che servir vorrai.

Dopo situati tutti questi bicchieri, i quali formeranno una linea al difuori del tondo, con le bottiglie, che come più grandi le adatterai in quel piccolo spazio di un tondo all'altro, e così verranno ancor esse allineate con li bicchieri, formerai un cordone di tutti i piattini di fellate diverse, di fichi, di pastine, di butiro e di composte in aceto, di frutti di mare freschi, e cotti ec., e questi sempre in coppia, e dovendo formare due cordoni da ambe le lunghezze della tavola, ed essendo molti potranno essere attaccati uno appresso dell'altro, a mezzo palmo di distanza della linea de' bicchieri, e delle bottiglie.

Tra questo cordone di piattini, ed il cerchio di quelli di frutti, situerai i piatti di cucina, regolandone la distanza secondo il numero di essi, ad eccezione delle due zuppiere, le quali vanno sempre piazzate rimpetto a colui che scalcherà, cioè, nelle due lunghezze della tavola, ed in diversi punti della medesima situerai le saliere, corrispondenti.

Potrai situare ancora diversamente i piattini formando una cruciera, cioè, dai quattro punti ancolari della tavola, e portarli al cerchio de' piattini di frutti, che all'intorno del vase avrai formato, ed allora rimarranno quattro vuoti a forma di pettiglia ne' quali situerai i piatti di cucina, eccettuandone sempre le due zuppiere le quali come ho detto dovranno piazzarsi sempre ai due capi della tavola.

Non dimenticherai di situare coi piattini, o quattro compostiere, o due, coi frutti in giulebbe conditi, con rosolio, o con rum, e queste saranno due, se situerai i piattini in cordone, saranno quattro, se in crociera, ed allora le piazzerai l'ultimo che attacchi con li piattini di frutti in cerchio.

Essendo questo un Pranzo di parata è necessario, che ricordi due cose, la prima, che le due zuppiere debbono essere ripiene di due diverse zuppe, cioè, una brodosa, e l'altra incaciata, che queste sieno rilevate da due così detti piatti di *rilievo* che si piazzeranno tosto che sarann già state servite le zuppe. Questi piatti di *rilievo* dovrebbero essere di un arrosto, e l'altro di un grosso pesce lessato, o di due diverse spighe.

L'altro ricordo poi l'è, che il Pranzo per rendersi più elegante dovrebbe essere servito di poncio freddo granito in piccoli bicchieri, intersecando in tutti i piatti.

Dopo che si saranno serviti i frutti, verrà servito il gelato, il quale sarà presentato in una magnifica forma con salvietta al disotto, piazzandosi in quel punto ove erano le zuppiere, e percui colui che avrà favorito da scalco, lo dividerà, e suddividerà in tanti pezzetti, e precocemente ne formerà de' tondi, e per la mano lo farà servire. Terminato il gelato è terminato il pranzo, e dovrebbesi passare in un'altra stanza, ove di già si troverà preparato il *Bouffet* pel caffè, rosolio, e dolci.

Sarà questo una tavola guarnita di mensale, all'intorno vi saranno delle tazze coi corrispondenti cocchiarini; nel mezzo, vi sarà o una machina con le chiavette per somministrare il caffè, o delle cafettiere, con le corrispondenti zuccheriere col zucchero in pane, e delle molle d'argento per prenderlo, e quindi porlo nelle tazze; vi saranno delle bottiglie, e finalmente dei così detti *piatti montati* con diversi dolci.

Questo pranzo come ho detto può essere servito in tavola da uno o due commensali medesimi, oppure da uno scalco domestico proprio, ed atto per l'oggetto, il quale prenderà un piatto per volta, lo adatterà su di un tavolino separato espressamente apparecchiato, e così farà servire rimettendo il piatto al suo posto, onde non perdersi la simetria.

Del dippiù ne parlerò al capitolo dello scalcare.

§. II.

Tavola servita sul gusto Inglese.

Per questa tavola diverso è l'epigrafe, diverso n'è l'aparecchio, perchè non vi saranno piatti di cucina in tavola, ma questi usciranno uno per volta , e saranno divisi da uno scalco domestico su di un separato tavolino nella stanza medesima.

Praticherai l'istessa diligenza circa la proporzione della stanza , per la tavola , che dovrai situare , e dopo di averla coperta del mensale , ne rinvenirai il preciso centro, e vi adatterai un vase di fiori , e se fusse più grande ce ne porrai tre: all'orlo della tavola piazzerai i coperti, le bottiglie ed i bicchieri , col metodo della precedente , meno i piatti di cucina. Il vuoto della tavola l'occuperai di tanti diversi piattini di frutti , di fellate , di composte ec.. , e tutti graziosamente disposti.

Nella stanza medesima vi sarà un tavolivo con mensale, sul quale si porteranno uno per volta i piatti di cucina , e lo scalco domestico capace per tale oggetto scalcherà , cioè , la zuppa sarà divisa in tanti piatti da zuppa per quanto sono i commensali , per gli altri poi, ne farà due tondi , che saranno serviti da altri domestici, i quali si presenteranno alle spalle de' commensali dalla parte sinistra di ciascuno , perchè così potranno servirsi comodamente , e così sarà praticato per tutti li piatti , e questi saranno framezzati con i piattini, che sono in tavola , i quali ancor vuoti si riporranno nel loro medesimo punto , onde non perdersi la simetria , come ancora si servirà il poncio granito in piccoli bicchieri , ed i vini forastieri , dipoi saranno serviti i frutti , e finalmente il gelato tal quale ho detto per la tavola precedente. Terminato il pranzo si passerà in un altra stanza a bere il caffè , rosolj , ec., che tutto sarà disposto , come ho parlato di sopra.

§. III.

Tavola servita alla Russa.

L'apperecchio di questa tavola l'è quasi simile a quella Inglese, solo diversifica, che per questa i piatti di cucina si presentano in tavola, due per volta, e serviti che saranno i primi subentreranno gli altri due, e così per quanto ne avrai stabilito di fare, e per conseguenza nell'apparecchiarsi la tavola rimarrai il sito per le due zuppiere, che pianterai ai due capi di essa.

Per li coperti, per le bottiglie, bicchieri, piattini ec. lo seguirai ceme ti ho detto ne' precedenti paragrafi.

La stessa potrà servirsi, o da due scalchi commensali, se volessero divertirsi, oppure dal solito *idoneo* domestico, che lo seguirà su di un separato tavolino nella stanza medesima, e tutto il dippiù come ho detto di sopra.

§. IV.

Tavola servita a portate.

L'apparecchio di questa tavola, per ciò che concerne *coperti*, *bottiglie*, *bicchieri*, *piattini*, *vasellame*, *con fiori*, *o perterre* va tal quale come quello della prima, meno i piattini con frutti, e di quelli altri, che debbono essere diversi, ed i piatti di cucina, giacchè i frutti non si apparecchiano pria in tavola, ed i piatti di cucina vanno serviti a *portate*, cioè, non meno di quattro piatti per volta, e non più di otto, altrimenti succeder ebbe una confusione, sempre però all'infuori delle zuppe.

Volendo dunque dare un Pranzo a questo modo, l'etichetta esige il seguente apparecchio.

Situata la tavola, o con *perterre*, o con vasi di fiori, adatterai li coperti, le bottiglie del vino di pasto, e quelle d'acqua, con li corrispondenti bicchieri, e tutti quelli altri analoghi pei vini forestieri, e situare ancora tutti li piattini, meno quelli di frutti, ed a toglierti qualunque imbarazzo, o equivoco, mi permetterai mio caro lettore, che ti descriva dettagliatamente le *portate*, ovvero li *servizj* che ora così diconsi, onde poterti divertire nel dare un pranzo a questo modo.

Nel primo servizio, i piattini dovrebbero essere di fellate diverse, di butiro lavorato differentemente, ed altri con crostini bruscati, altri di varie composte in aceto, di fichi, se ne è la stagione, e di alici salse. I piatti di cucina poi due diverse zuppe, cioè, una in brodo, e l'altra incaciata, un frecandò di vitella, un ordura, o di pasta brioches farsita di presciutto, e mozzarella o al forno, o alla padella in tante pagnottine, o dei peripatè di sfoglio, farsiti, o d'interiori di pollo, o di frutti di mare. Un grosso pesce lessato con qualche salsa, o un pezzo di grosso pesce. Un entrata d'erbe con qualche salsa. Dopo le zuppe, ed il primo piatto si serviranno li vini forastieri, ed il poncio granito, che non si cesserà mai finchè termini il pranzo.

Nel secondo servizio poi i domestici saranno attenti di togliere quanto ci è in tavola, e con le scopette a forma di falce, atte per le tavole, tenendo un tondo al disotto debbono nettare tutto l'orlo della tavola, togliendone tutte le brecciole, che sicuramente vi staranno, e quindi quasi come un baleno debbono rimetterla per la seconda portata,

con presentare a ciascun commensale il tondo col
tovagliolo, col pane, la posata, rimettere le bottiglie
con altra qualità di vino di pasto, tutti li diversi bicchieri ec. rimettere gli altri piattini, che pel secondo
servizio potrebbero essere di tarantello, di butarico,
di olive, di frutti di mare, ed anche di butiro
con crostini, delle ostrighe di Taranto ec. I piatti
di cucina poi, un pasticcio in cassa di carne, cioè,
o di vitella, o di cacciagione, sia quadrupeda sia
volatile, secondo quella della stagione in cui ti
trovi, e l'addove ti rattrovassi in Provincia, ove
difficilmente si possono avere queste cose al momento, potrai fare un pasticcio in cassa di polli domestici, o anche di un pasticcio alla genovese. Una
galantina fredda sia un presciutto, o verigine lattante con spiga, o una gallotta. Il quarto piatto
sarebbe ottimo se fusse di caccia con qualche salsa.

Nella terza portata finalmente o per dir meglio il terzo servizio sarà, sempre però smontan-
do quanto si è apparecchiato e tutto come sopra;
si daranno a' commensali dei tondi, con altri tovaglioli, e col pane e posate, situeranno i domestici le altre bottiglie di diverso vino di pasto con
quelle d'acqua, ed i corrispondenti bicchieri, come pure quelli degli altri vini forastieri; quindi
passeranno a situare gli altri piattini, che per questo servizio potrebbero essere di diverse pastine,
ripiene, e semplici (come vedrai nel capitolo
ove ho parlato di quanti piattini si possono fare
per servire un Pranzo, o cena) tanto di Carne,
che di pesce, o di conserva di sciroppate; di quelli
di cartoccini con frutti di mare mollicati, con o-
glio, e succo di limone, e cotti sotto al fornello;
di ovi duri farsiti in quartini; altri ne farai di gèli
di variati colori, ovvero delle piccolissime forme

di gelì, e questi poi rovesciate su carte colorate tutte intagliate all'intorno. I piatti di cucina sarebbero. Una entrata di erbe al butiro, o un arrosto di caccia, ovvero beccacce, o finalmente di polleria domestica, e due piatti dolci, uno farinaceo, e l'altro di pasticceria gelata, come per esempio, delle mirenghe secche ripiene, e semplici, o un gattò di pane di spagna con diverse creme, e sciroppate, guarnito di mirenghe, o una zuppa d'ovi faldacchiere con pane di spagna, o una forma di croccanda di mandorle ben guarnita, o un cesto di tarallini alla mosaica di mandorle ripieno di piccole mirenghe, o uno sfoglio ma che sia come una piuma ripieno di sciroppate, o anche una torta di pasta di mandorle con cioccolata ec.; l'altro poi di pasticceria gelata, come una forma di diversi frutti in composta di giulebbe, e poi col brodo gelato con qualche senso, oppure una forma di brodo gelato semplice con qualche senso e spirito, come vedrai al capitolo IV. §. VI. e seguenti, e finalmente ne potrai far molti altri e variati piatti allor quando ti sarai fatto amico di Gastronomia, così ne avrai appresa la teorica, e finalmente la pratica te ne faciliterà l'esecuzione.

Terminato di servirsi le portate, i domestici presenteranno a'commensali, li tondi con altri tovaglioli, e le posatine pel Riposto, diverso servizio di bicchieri pel vino, e le bottiglie di diverso vino, che questo dovrebbe essere bianco, ma ottimo; quindi situeranno sulla tavola tutti li diversi piattini di frutti ben disposti, pei quali precedentemente te ne formerai il disegno, e tal quale farai eseguire: ci debbono essere ancora delle compostiere coi frutti sciroppati, i quali saranno sgocciolati dal giulebbe, e conditi di rosolio, o rum.

Dopo servito li frutti sarà presentato il gelato in due forme simili, e queste saranno situate nei due punti ov'erano le zuppiere; queste saranno divise dai due scalchi commensali, se essi han servito il pranzo, se diversamente, saranno servite dallo scalco domestico similmente come si è praticato co'piatti di cucina.

Servito il gelato si passerà in un altra stanza ove si troverà situato il *Bouffet* col caffè, le tazze, zuccheriere, col zucchero in pane, tanti cocchiarini per quanto sono le tazze, e delle molle d'argento per prendere il zucchero, delle bottiglie di diversi rosolj con li bicchieri corrispondenti, e dei piattini di scelti dolci di riposto; questo è quanto la mia limitata idea mi suggerisce, ma son certo, che giungendo questa mia operetta nelle mani di qualunque altro dilettante, ne saprà sicuramente meglio di me concertarne il disegno.

CAPITOLO II.

DELLE DIVERSE MANIERE PER APPARECCHIARSI E SERVIRSI LE CENE.

§. I.

Cena a mano in Etichetta.

Chiamasi cena a mano quella, che essendo molti li convitati, la tavola non potrebbe esser capace di contenerli tutti all'intorno a sedere, percui tutti saran seduti all'intorno della stanza, e precisamente le sedie attaccate alle pareti.

Per questa cena la stanza dev'essere moltissimo proporzionata ; nel suo mezzo pianterai la tavola , badando che siavi comodamente luogo da
girarla , onde tanto i domestici , che parte dei convitati possan servire il *Bouffet* senza incomodar nes-
suno ; dopo di aver piantata la tavola , ci porrai
il mensale , e ne scandaglierai il preciso centro per
situarci uno , o più vasi di fiori , o in vece qualche grazioso *perterre*, che o gli uni o l'altro saranno circondati da lumi (e qui ti prego usare la
massima generosità , riguardente l'illuminazione ,
perchè l' è una parte essenzialissima) alli quattro
angoli del *Bouffet* porrai de' graziosi cornocopj ; ed
altri in diversi punti dello stesso.

Tutti li piattini di frutti li disporrai attorno
alli vasi di fiori , o ne circonderanno il *perterre*.

Dipoi adatterai tutti li piatti di cucina , e caldi
e freddi ; e quindi l'intersecherai con gli altri piattini , che saran composti di fellate di salami , e
salumi , di composte in aceto , di frutti di mare,
di butiro e di crostini , di olive , e di capperi ,
di frutti di mare freschi , e cotti , di pastine in
diverse guise , insomma , quanto più di questi vi
saranno tanto meglio sarà ; non ti dimenticherai
delle compostiere con dei frutti in giulebbe , conditi con liguori (mi si permetta il ricordare , che
in questa cena servita in tal modo non han che farci
le zuppiere con le zuppe). Nell'orlo del *Bouffet*
situerai tutte le posate graziosamente disposte. In
altri punti ci formerai delle piramidi di pezzi di
pane. In diversi altri situerai le bottiglie col vino
di pasto con li bicchieri attorno. In talun'altri porrai delle bottiglie con acqua gelata circondate da
proprj bicchieri.

Dopo guarnito a questo modo il *Bauffet* , ti

occuperai di distribuire nella stanza medesima diversi tavolini sempre vicino alle pareti , e precisaménte in quattro di essi guarniti di mensale , e lumi, ci porrai la quarta parte di numero di tondi, di tovaglioli , di posate , e di pane , per quanto è il numero della società.

In un altro tavolino ci adatterai tutte le bottiglie di diversi vini forastieri con li corrispondenti bicchieri. In un altro ci porrai una miscellanea di cose , come , Tondi — Tovaglioli — Bottiglie con acqua, con vino di pasto — Bicchieri — Piattini con limoni aranci — Cassettine con oglio , ed aceto — Palicchi ec. In un altro finalmente ci dovrà essere tutto l'occorrente per servire il caffè , dolci , e rosolj ; e tutti questi tavolini che sieno bene illuminati.

Giunto il momento da servire il *Bouffet*, tutto sarà pronto ed illuminato , si aprirà la stanza , e sarà il primo colpo d'occhio , che darà a' circostanti.

Dopo di qualche curiosa osservazione , che sicuramente ci sarà , tutti si sederanno , e colui che sarà destinato fra i convitati a scalcare, si occuperà ad esattamente eseguirlo , e sarà ancor questo un altro punto di riflessione, perchè tutti osserveranno la maniera con la quale si esegue , giacchè questa si appartiene fra le scienze Cavalleresche, frattanto de' Cavalieri si occuperanno di prendere da quei tavolini già descritti, de' tovaglioli, de' tondi, delle forchette , e dei pezzi di pane che distribuiranno a tutti ; e particolarmente alle Signore.

Lo Scalco dunque di tutti i piatti di cucina ne formerà due , o più tondi, i quali saranno presentati a' convitati , per mezzo de' Signori medesimi , e da camerieri pratici ; altri domestici poi sta-

ranno attenti a togliere i piatti lordi, con supplir-
vi de' puliti, e così per le forchette ec.; fra un
piatto all'altro si serviranno i piattini, e vini forestieri, però questi debbono servirsi non framischiati,
ma una sorte per volta, e contemporaneamente si
servirà (se vi è) il poncio granito in piccoli bicchieri, nell'istesso modo saran serviti li frutti, e
quindi il gelato. Terminata la cena verrà servito
il caffè, rosolio, e dolci, e così sarà servito il
Bouffet.

§. II.

Cena alla Musaica.

Volendo servire la cena a questo modo, la stanza dev'essere più ampia della precedente, come conoscerai dalla seguente descrizione.

Nel fondo della stanza pianterai il Gran *Bouffet*, cioè questo dev'essere di una tavola ben
lunga per quanto sia il muro, ed alta come u-
na tavola da pranzo, su questa vi debbono essere tanti diversi gradini, e per meglio spiegarmi
come se fosse un altare, però, ogni scalino dev'essere della larghezza, che possa comodamente con-
tenere un piatto grande; formata questa macchina,
sarà tutta vestita di mensali, i quali dovrebbero
essere adattati per tale oggetto, cioè, tante lunghe tovaglie, che poi con delle piccole fittuccine
verrebbero a chiudersi tutte le connessure, e così
non vi sarebbero delle pieghe, che poi queste potrebbero far rovesciare il tutto.

Sul primo scalino superiore ci saran situati diversi vasi con fiori, e tra l'uno e l'altro, dei
grandi cornocopj con lumi.

Nel sottoposto scalino figureranno tutti li frutti

della stagione nelle grandi frutttiere, e queste ancora intersecate da cornocopj con lumi.

Nell'altro scalino ci situerai diversi piatti dolci, come per esempio. Gattò di diverse maniere — Pasticcetti di diverse conserve — Croccande di mandorle in diverse forme — Geli con frutti siroppati, e senza, insomma quanti variati piatti dolci *farinacci e gelati* far vorrai, e tutti intersecati con lumi.

In un altro scalino disporrai tutti i piatti come, delle spighe di pesce, e di polli, di caccia ec. dei pesci in salsa, di presciutti rifreddi, delle gallotte, e teste di vitella in Galantina, de'pasticci in cassa, tutto a tuo piacere.

In un altro ci adatterai delle fritture, dei piatti d'erbe ec.

Il piano poi finalmente del *Bouffet* ci farai figurare de'timpani di diverse maniere, come di carne, di latte ec. delle paste *brioches*, o al forno, o alla padella, de'piatti di petti di polli con salsa, e di pesci anche sfilettati con salse diverse.

Debbo avvertirti, che tutti questi scalini non debbono essere molto alti, anzi che da terra si possono prendere commodamente li piatti.

Questo *Bouffet* o questa machina dovrebbe essere formata in modo da potersi girare ancora per le spalle, dappoichè, volendo servire una cena a questo modo, ci bisogna pure del consumè, e questo dev'essere pronto a rishiesta, percui alle spalle del *Bouffet* ci sarà una fornella di ferro con fiamma animata da spirito di vino, che terrà in caldo una marmitta di rame col brodo detto *consumè*, per chi il volesse, come pure si ci dovrebbero situare delle sorbettiere col poncio granito, acqua gelata, e gelati.

Accosto poi ai due lati del *Bouffet*, dovrebbero figurare due graziose piramidi, contenendo queste, *le loro scanziole*, con tutte le bottiglie de' vini forestieri, con li loro corrispondenti bicchieri, ed ancor queste con bracciole di lumi, o in altro modo.

Nel rimanente poi della stanza ci pianterai tante diverse tavole, cioè da poter cenare seduti, ove quattro, ove sei, ove cinque persone; queste tavole saranno guarnite di mensale, un vase di fiori nel centro, li corrispondenti coperti, le bottiglie di vino di pasto, e quelle d'acqua gelata con li corrispondenti bicchieri, le saliere, e diversi piattini di fellate, composte ec. Sopra di ciascun coperto ci sarà una minuta graziosamente stampata, e laddove non potrebbe ciò eseguirsi, sia intelligibile manoscritta, la quale conterrà tutto ciò che offre il *Bouffet*, perchè così ciascuno ordinerà a camerieri, che per ogni tavola staranno, ciò che vorranno, questi si presenteranno ai Scalchi, che sono vicino al *Bouffet* per eseguire sollecitamente tutte le commissioni. Baderai, che queste tavole debbono essere disposte senza confusione, in modo che si possano percorrere dai camerieri, senza punto incomodare tutti li signori, che staranno seduti.

Dovendosi poi servire il caffè, rosolio, e dolci, o in un'altra stanza sarà tutto ben preparato, come ho detto di sopra per la tavola sul gusto Francese, oppure nella medesima stanza *del Bouffet* presenterai alli commensali in tanti servizj diversi il detto caffè, rosolio e dolci, questo può essere a piacere, dovendo bilanciare ancora la località di stanze, che ciascuno ha.

§. III.

Cena all'improvviso.

L'è questa una cena, che da dovvero recherà sorpresa a coloro che vorrai servirla; poicchè deve aver luogo improvvisamente, nella sala medesima, ove tutti i circostanti si troveranno, o a danzare, o a giuocare, o a discorrere ec.

Dar volendo doppio divertimento ai tuoi amici, anticipatamente preparerai in un'altra stanza un *Bouffet*, nel modo seguente.

Prenderai quattro, o più tavole tutte simili, che unite insieme ne formino una sola, con certa proporzione da essere sufficiente pel numero delle persone che vorrai servire.

Baderai, che ciascuna di dette tavole passi facilmente per le porte delle stanze che dovranno transitare.

Su ciascuna di esse adatterai li corrispondenti mensali, e tutti simili, badando ancora, che le loro cadute sieno uguali, onde riunendole insieme ne formino una sola, e che al momento possano dissunirsi, per riunirle di belnuovo; su di esse dunque riunite in un sol *Bouffet*, situerai con simetria i piatti di cucina, ed i diversi piattini di frutti, fellate, composte, pastine, butirro, bottiglie col vino di pasto, e quelle col vino estero, e loro corrispondenti bicchieri, le saliere, il pane, i tondi, li tovaglioli, le posate, i lumi, insomma quanto vi possa occorrere per una cena; avverti alle connessure delle tavole, onde ben situare i piatti, affinchè separandole, nel trasportarle nulla succede di sconcio.

Quando sarà il momento di servire la cena,

allora due domestici per tavola, con massima diligenza le trasporteranno nella sala della società, e di bel nuovo le riuniranno, com'erano pria situate, onde in un punto sia presentato all'occhio de'circostanti un bello, ed ordinato *Bouffet*.

E ciò non sembra uno scherzo il più grazioso?

Per questa cena sarebbe cosa ottima far uso di piatti, che offrissero tante cose già divise, come per esempio, delle piccole paste *brioches*, de'pasticcetti farsiti di carne, o di pesce, del presciutto rifreddo già diviso in pezzetti situati nel piatto in una regolare figura, delle piccole croccande di mandorle, delle mirenghe secche, semplici, e ripiene, dei filetti di petti di polli in salsa, qualche frittura di pesce, insomma tutto dovrebbe essere diviso, e scalcato, ma però, che non offra un frantume; e ciò perchè tutti al momento possano essere serviti.

§. IV.

Cena a mano in confidenza.

Per questa cena non v'abbisogna apparecchio alcuno, perchè quando sarà il momento che vorrai servirla, farai unire diversi domestici con de'cesti ben proprj, nei quali vi saranno li tovaglioli, e le posate, e girando per la stanza, presentandoli a tutti li circostanti, che staranno, chi a giocare, chi a suonare, chi a discorrere; altri domestici con altri cesti presenteranno de'tondi, e del pane. Quindi riempiranno i cesti medesimi con li piatti di cucina di già scalcati, e nel modo medesimo girando li serviranno; ti avverto però, che questi piatti non debbono essere bro-

280

dosi , ma potranno essere delle paste *brioches* alla
padella , delle galantine, de'pasticci in cassa freddi,
delle caponate diverse , o di carne, o di pesce,
e de' piatti dolci , senza piattini.

Il vino dev' essere solo forastiere , variandolo
una sorte per volta, per quanti saranno li piatti
di cucina ; questo sarà presentato ugualmente da
domestici , che con le guantiere gireranno con li
bicchieri e la bottiglia nell' altra mano , perchè ciascuno farà versare nel bicchiere quel quantitativo
che vorrà.

Nel modo medesimo si serviranno li frutti nelle
diverse fruttiere.

Si potrebbe anche servire il gelato ; ma questo per tal cena non l'è d'assoluta necessità, meno
però se si fosse nella stagione estiva ; ed in tal
caso sia sempre di frutti , e di acque non mai
di sorbetti forti.

In ultimo si servirà il caffè , il rosolio, e
qualche pezzettino di dolce di Riposto.

Molte , e diverse altre descrizioni di pranzi
e di cene avrei potuto farti ; ma mi sarei sicuramente reso nojoso ; queste potrai idearne quanto
ne vorrai, purchè ti piacerà gustare i miei trat-
tati , ed allora signoreggiato che avrai la teorica,
esercitandone la pratica, questa ti sarà di non poco suggerimento. Facilitar volendo l'esecuzione dei
descritti apparecchi , ho creduto pur necessario al-
ligare quattro diversi disegni con li quali senz'imbarazzo alcuno francamente riuscirà a chicchesia l'e-
satto risultato.

AVVERTIMENTO.

Sarà particolar cura del padron di casa avvertire i *Signori* domestici , che nel servire una tavo-

la, stiano attenti in tutto specialmente a non toccar nulla con le mani, ed è necessario che ciascuno abbia un tovagliolo, perchè di esso ne faccia
uso nel prendere i tondi, e presentarli. Nel cam-
biare le forchette, e li cucchiaj debbono presentarli al commensale dentro un piatto dal quale li
faranno leggiermente scivolare alla dritta del commensale medesimo. Lo stesso si praticherà qualora
dovesse supplirsi del pane. Stiano attenti ancora
nel togliere i piatti da tavola di non unirli uno sopra dell'altro, e di non farsi veder mai mastican-
do, essendo questa una massima indecenza.

PARTE QUARTA

CAPITOLO I.

METODO PRATICO PER SCALCARE, E FAR SERVIRE IN TAVOLA.

PER LE ZUPPE.

Volendosi eseguire questa mia operetta in tutta la estenzione da dilettanti, è di bene che c'inserisca ancora talune nozioni di scalcare, e suggerisca un metodo da serbarsi come poter fare alla meglio servire un pranzo o cena, mentre siccome di presente tutto è moda, l'è anche in questo, non vedendosi più de' Signori scalcare in tavola, facendosi ciò praticare da un cameriere, pretendendo, che questi ne sia istruito, mentre non molto lungi da noi era tra i doveri di educazione di un cavaliere.

Ritorniamo dunque mio caro lettore in cadenza.

Il posto dello scalco sarà sempre nel mezzo della tavola, però per la sua lunghezza, e precisamente ove debbono essere piazzate le zuppiere.

Quando tutti si saran seduti, lo Scalco scosterà il suo tondo col tovagliolo, riportandolo verso la sua sinistra, e baderà di non incomodare i suoi vicini; e rimanendo all'impiedi, toglierà il coverchio dalla zuppiera, e lo darà ad un capace domestico, che gli dovrà essere sempre d'appresso; dipoi col coppino principierà a dividere la zuppa, versando in ogni tondo proprio una coppa di brodo, con dei pezzettini che conterrà la zuppa; questi tondi si possono far girare in due modi, il primo, che lo scalco medesimo lo presenterà al suo vicino, e così per la mano saran tutti serviti, l'altro, che lo dia al suo domestico, e questi il presenterà a ciascun commensale per la parte delle spalle, e sempre sulla sinistra; essendo stati tutti serviti, prenderà lo scalco la sua porzione, lascerà il coppino nella zuppiera, e richiederà il coverchio per coprirla, e si sederà.

§. II.

Pe' Lessi, o altro in vece.

Dopo della zuppa, se vi è, si serve il lesso, quantunque sia questo adesso un piatto fuori moda, e dissusato, ma da taluni si costuma ancora, e specialmente in Provincia, ove mancano tanti mezzi, e perciò con il lesso si supplisce ad un piatto, percui potendoci essere, ne accennerò debolmente la maniera di dividerlo.

Sarà sicuramente questo lesso coverto da qualche salsa, allora lo scalco all'impiedi usando la massima diligenza col trinciante, che terrà nella destra, ed il folchettone nella mano sinistra, scosterà la salsa onde osservare il pezzo di carne, per staccarne una parte, che la riporrà nel suo tondo, e pel suo filo la suddividerà in tante giuste fette, ed a misura che le taglierà, le riporrà in due tondi; se il numero de'commensali sia più di dodici ne farà due, se minore ne farà un solo che il domestico pronto presenterà; quindi, o col cucchiarone, e con li cucchiai per l'entrate prenderà la salsa, e ne guarnirà i tondi, ci adatterà un cucchiajo, e l farà servire, o per la mano dai commensali medesimi, uno per un lato, e l'altro per l'opposto, onde sieno tutti più sollecitamente serviti, oppure due domestici li serviranno, sempre dalle spalle dei commensali, e dalla parte sinistra presentandosi a ciascuno; laddove vi fussero mischiati dei polli, questi si faran servire contemporaneamente con quelli di vaccina, ma in tondi separati.

Se dunque vi fosse il lesso di polli, lo *Scalco* con la mano sinistra prenderà il folchettone, e lo infilzerà nel pollo, precisamente nella fine del petto, facendo penetrare le due punte nelle coste, perchè così resterà fermo, che dal piatto grande lo prenderà, e lo riporrà nel proprio tondo, situandolo (perchè bollito, e per conseguenza più facile a scalcarsi) colla testa verso il suo petto e la schiena al disotto, tenendo impiedi il folchettone: con la destra prenderà il trinciante e ne staccherà primieramente le ali con quella parte di petto che vi cade, e le porrà in un altro tondo; poscia staccherà le cosce, le suddividerà, e le riporrà nel tondo anzidetto, in tal modo rimarrà la sola carcassa, dalla quale toglierà il sottopetto, o lo riporrà nel tondo medesimo; e l'ossame, o lo riporrà nel piatto grande, o sarà meglio mandarnelo via in un tondo separato : sopra del già diviso pollo ci porrà della salsa, se vi è, e lo farà servire nei modi come di sopra.

§. III.

Pei fregandò.

In vece del lesso potrebbesi presentare un fregandò, questo piatto si divide similmente come il lesso di vaccina, con una differenza, che siccome vi sono de'lardelli, bisogna, che il trinciante camini per mezzo dei lardelli medesimi, percui lo Scalco con la mano sinistra ove terrà il folchettone, lo infilzerà nel fregandò, ma sempre nel mezzo dei lardelli, e con la destra con la quale terrà il trinciante ne staccherà la mettà, la riporrà nel suo tondo, sempre in filo de'lardelli ne taglierà tante giuste fette, delle quali ne formerà, o uno, o due tondi, ci porrà della salsa, che sicuramente vi dovrà essere, ci adatterà un cucchiajo, e lo girerà come sopra.

§. IV.

Per le ordure.

Eccoci in moda, non essendovi per tal ragione nè il lesso, nè il fregandò, ci sarà senza dubbio qualche ordura.

Questi piatti, ordinariamente sogliono essere, o di *peripatè* di sfoglio farsiti, o di *Pagnottine brusche*, o di crostini alla *Tedesca*, o di Anemole di *polli* alla padella, o di Pagnottine *di riso farsite*, o di braciolette di *tagliolini farsite* ripiene, e semplici, o di *Brioches*, di tutte queste cose lo Scalco, ne formerà dei tondi, secondo il numero maggiore, o minore de'commensali, prenderà dall'originale tutte le descritte cose con la forchetta che terrà nella mano sinistra, la quale non dovrà servire d'altro, che di semplice accompagnamento, e col cucchiarone o cucchiajo d'entrate, che terrà nella destra riempierà giustamente i tondi, ci adatterà una forchetta (non essendovi parte brodosa) e li farà servire.

Intanto è di dovere che siano serviti i piatti

ni delle fellate, e fichi, se ne è la stagione, questi saran presi da' camerieri, che li gireranno, come tutti gli altri; l'è questo ancora un dovere dello Scalco a ciò badare, e lo farà eseguire da un piatto di cucina all'altro framezzandoci tutti li piattini che in tavola son disposti, tutti però secondo il loro ordine, come per esempio, dopo le fellate, e fichi, gireranno quelli di butiro, e crostini bruscati, dopo di questi quelli di salumi, come alici salse, e tarantello, e poscia il butarico, dopo le olive, e le composte in aceto, quindi dei piattini farsiti di salse, poscia quelli con delle diverse pastine, come ancora girar dovrebbero senza interruzione li piattini con delle ostriche crude.

L'è ancor pensiere dello Scalco, far servire i vini forastieri, dopo il secondo piatto, regolandosi però col numero de' bicchieri, che vedrà situati in tavola, onde ne possa disporre la distribuzione, o immediatamente dopo il secondo piatto; o se vedrà, che i bicchieri preparati son pochi, ne tratterà il momento.

§. V.

Per le entrate.

Alle ordure succedono l'entrate; questa esser potrebbe di un grosso pesce, lessato, o con salsa al disopra, oppure che vi sieno delle salsiere con salse.

Lo Scalco sempre all'impiedi, osserverà, se sopra al pesce vi è salsa, la scosterà come ho detto per il lesso, dipoi col cocchiarone, accompagnato con la forchetta ci farà una incisione lungo il pesce, ne toglierà la cute alla meglio, dipoi staccherà la polpa dalla spina, la riporrà nel tondo proprio, ne farà tanti diversi pezzetti, e ne formerà una o due tondi, ci verserà la salsa, ci adatterà un cucchiajo, e lo farà servire; se poi il pesce fusse nudo, ed in tavola vi fussero delle salsiere, allora farà girare prima il tondo col pesce, ed immediatamente la salsiera, perchè ognuno possa servirsene.

Se in vece del pesce intero fusse un pezzo di grosso pesce farà ancor lo stesso.

Se fussero de' pesci non molto grandi, userà il cucchiajo di tavola, sempre per lungo, si servirà di tutta la polpa e mai delle teste, ne delle code, badando di non toccar nulla colle mani.

Se poi l'entrate fussero di polli, mallarde, anitre, capoverde ec. si regolerà lo scalco come ho detto per il lesso di polli, perchè questi debbono avere la stessa cottura frolle.

§. VI.

Per le galantine fredde.

Potrà presentarsi innanzi allo Scalco qualche galantina fredda di grosso pollo, qualche testa di vitella, o di nero, un presciutto rifreddo, una verigine lattante, o finalmente delle pollanche ec.

Sia in primo una gallotta in galantina, lo Scalco prenderà con la sinistra il folchettone, e con la destra il trinciante, cercherà pria togliere al pollo se vi fussero le ali, ed il collo, perchè taluni cochi ce le rimangono, talun'altri nò, e quindi infilzerà il folchettone nel mezzo del pollo, e poi lo taglierà perfettamente a traverso, e quindi lo dividerà per lungo, però sempre prima il petto, e di poi suddividerà ogni quarta parte a giuste fette, che porrà in uno o due tondi, adattandoci una forchet-ta, e così farà servire.

Per le teste di vitella, o di nero in galantina, si regolerà lo Scalco nel modo medesimo, cioè, la dividerà per mettà a traverso, e poi la mettà la suddividerà per lungo, e di ogni quarta parte di essa, con molta diligenza ne farà tante giuste fette, senza però, che in quest'ultima operazione infilzi il folchettone, dovendosene soltanto servirsi per un accompagnamento al trinciante, altrimenti tutte le fettoline si frantumerebbero; le adatterà nei tondi con una forchetta, e così le farà servire.

Se poi vi fussero dei cucchiai per l'entrate sarebbero migliori, ed allora farà uso di questi in vece di altri, o delle forchette.

Similmente farà pel presciutto rifreddo, e per la verrigine, che questi due piatti spesse volte son guarniti con la spiga, lo Scalco dopo di aver formato li tondi ci porrà ancora de' pezzettini di spiga, ovvero di quel brodo gelato, che col cuc-chiajo prenderà, e li farà girare.

§. VII.

Per le fritture.

Dovendosi servire delle palaje, queste si possono dividere in due maniere, una semplicissima, e confidenziale, l'altra molto difficile, ed elegan-te, la prima è, di togliere alla palaja la testa, e la coda e dividerla in pezzetti con tutta la spina maestra; l'altra poi è di prendere col coltello e la forchetta una palaja dal piatto grande, e riporla nel tondo proprio, portando la testa verso la mano sinistra, che terrà fermo il pesce con una forchetta sulla schiena, e con la destra terrà un coltello di tavola col quale lo Scalco farà una incisione da sotto la testa per lungo la spina sino alla coda; dipoi col coltello medesimo ne scarnirà la quarta parte già, e diligentemente la porrà nel suo tondo, e la suddividerà in giusti pezzetti, così farà per l'altro filetto; dipoi con la punta del coltello accompagnato dalla forchetta dalla parte della coda, cercherà di alzare la spina, che essendo ben cotta la palaja, sarà facilissimo di scrastarla dal rimanente dell'altra mettà, e tolta la spina e la testa che porrà in un tondo, e la farà levare, dividerà per lungo l'altra mettà della palaja, e quei filetti li suddividerà come gli altri precedenti, ne formerà de' tondi adattandoci una forchetta, e la farà servire.

Questo secondo modo l'è più nobile del primo, dev'essere della prudenza dello Scalco il conoscere se il piatto offre tante palaje da poter servire tutti così.

Per le altre fritture di piccoli pesci, o altro ne formerà de' tondi, che farà servire col solito metodo.

§. VIII.

Per l'Entramèe.

Per lo più tutti questi piatti sono di cose composte, e guarniti con diverse salse, come per esempio, di petti di polli, d'interiori di polli, di filetti di pesci, di tartufi farsiti, di fonchi ec. Lo Scalco ne formerà de' tondi, facendo uso del cucchiarone col quale prenderà dall'originale, adattandoci un cucchiajo, e così farà servire.

§. IX.

Per gli arrosti di polleria, e di beccaria.

Per li capponi, pollanche, pollastri ec. lo Scalco impugnerà sempre con la mano sinistra il folchettone, e lo infilzerà sotto al petto, in modo che le punte entrino nelle coste, onde il pollo resti fermo, così lo prenderà dall'originale, e lo porrà nel suo tondo, con la coda verso il suo petto ed abbassando un poca la sinistra, farà, che un ala vada al di sotto, e l'altra al disopra; e situato così il pollo, taglierà col trinciante la giuntura dell'ala sinistra che con la descritta posizione si troverà al disopra, con quella porzione di petto, che l'ala porterà seco. Poscia rivolterà la sinistra, ed allora si troverà il collo verso il suo petto, e col trinciante taglierà la giuntura dell'ala destra in questa seconda posizione, con quella parte di petto che vi cade. Tolte le ali, alzerà impiedi la sinistra, e facilmente ne taglierà le cosce; dipoi staccherà col trinciante li due sotto petti, laddove non fussero andati uniti con le ali, e dipoi toglierà dal folchettone la cassa del pollo, che, o la rimetterà nell'originale, o la manderà via in un'altro tondo; dopo suddividerà il petto dalle ali e suddividerà le cosce, senza nulla triturare, ne formerà dei tondi, ci porrà una forchetta, e così farà servire.

Se poi l'arrosto fusse di beccacce, e di pernici, ci bisogna attenzione maggiore.

Di questa caccia volatile il petto è il migliore, sicchè dee dividersi senza triturarlo, come spesse volte avviene. Prenderà dunque lo Scalco con la sua sinistra il folchettone, e lo infilzerà nell'ucello ove finisce il petto, tal quale ho detto per l'arrosto di polli, però terrà fermo l'ucello nel suo tondo con la schiena al disotto, ed il collo rimpetto al petto dello Scalco, dipoi con un buon coltello taglierà lungo il petto in modo da spezzare l'ossame, essendo facile questa operazione perchè questa specie di volatile non è molto dura, sicchè spezzato che si sarà il petto, terrà sempre fermo inpiedi il folchettone, e col coltello taglierà i due lati, e lasciando il folchettone dalla prima posizione prenderà le due mettà dei petti, e le porrà in un tondo; dipoi darà di piglio alle cosce, che staccherà dal rimanente della cassa, è riponendole ancora nel tondo, ci aggiusterà de' crostini, che nel piatto originale vi saranno; ci porrà una forchetta, e così farà servire questo arrosto.

Se l'arrosto fusse di faggiani, siccome questa caccia volatile è grande, e ciascuno di essi è tal quale come un cappone, lo Scalco lo dividerà siccome ho detto per l'arrosto della polleria domestica.

Dovendosi scalcare dell'arrosto di agnello, pur vi bisogna attenzione, perchè sicuramente questo arrosto dev'essere delle cosce.

Taglierà primieramente lo Scalco tutto il filetto, ch'è attaccato all'osso principale della coscia, e traccerà prima la giuntura della coscia, che pur dovrebbe riuscir facile, giacchè in cucina il coco avrebbe dovuto farci una incisione tanto per far penetrare l'azione del foco, che per marcare un segno allo Scalco. Porrà dunque in un tondo il filetto, e secondo le giunture della schiena lo dividerà in pezzetti; indi dividerà la coscia, troncandone l'osso della gamba, dipoi farà un taglio per lungo l'osso della coscia, e taglierà in giro per li due estremi, onde la polpa resti sana, e con le punte del folchettone scortato dalla punta del trinciante leverà l'osso maestro, e dividerà la polpa; così non si faranno frammenti.

Potrebbe presentarsi in tavola un arrosto di filetto di nero (sano già) e specialmente quello di Sorrento, ch'è particolarissimo e degno da presentarsi in una tavola propria.

Allora prenderà lo Scalco il folchettone, l'infilzerà nel centro del filetto, e precisamente nella polpa, tenendo l'ossame della schiena dalla parte opposta al suo petto, e col trinciante staccherà destramente la polpa dall'osso, riponendola nel suo tondo; la suddividerà in giuste fette, e ne formerà de'tondi adattandoci una forchetta e lo farà servire. Dipoi rivolterà su sopra l'ossame nel piatto grande, ne staccherà quel piccolo filetto, che chiamasi *filetto di dentro* che è attaccato lungo la parte opposta della schiena, lo dividerà ugualmente in pezzetti, e per essere il migliore potrà farne qualche particolar complimento alle Damine, se ve ne fussero.

Potrebbe esservi ancora un grosso gallo d'india, o gallotta in arrosto, e semplice, e ripieno di maccheroni. Questo piatto veramente in una tavola di complimento non si richiede, perchè a mio sciocco credere, quantunque sia ottimo per una tavola di confidenza, pure in pranzo di parata non ci conviene, ma perchè l'è tra i possibili credo espediente farne debolmente il dettaglio, giacchè se anche si trovasse qualcuno in una simile circostanza saprà alla meglio uscirne d'impiccio senza tritulare come più volte è a me accaduto, che ho fatto la parte dello spettatore, ed oh che cosa ho veduto! frammenti in quantità, di pezzettini quasi che invisibili, o grossi pezzi; alla meglio per qualche dissubidienza del trinciante, strappar con le mani, e che altra indecenza l'è mai questa?

Se dunque questo piatto si presentasse, sarà della espertezza dello Scalco esaminare, se il grosso pollo è ripieno, o pur lo è disossato, o lo è semplice in arrosto; se semplice infilzerà il folchettone nella fine del petto tenendolo fermo nel piatto originale medesimo con la schiena al disotto, e la coda che sia dirimpetto al petto dello Scalco, staccandone pria le cosce, tagliando precisamente nella propria giuntura: siccome ne staccherà una toglierà il folchettone, e con esso accompagnato dalla punta del trinciante la prenderà, e la riporrà in un tondo ove ne farà diverse suddivisioni, la prima, di troncare sempre nella giuntura (che qui è il valore) la gamba dalla coscia, la quale per lungo, come l'osso dell'agnello ne farà due, o tre parti, siccome la grandezza più o meno del pollo; dipoi infilzerà di belnuovo il folchettone come prima, e staccherà l'altra coscia della quale farà l'operazione precedente; ritornerà quindi ad infilzare il folchettone nel pollo, bassando la mano sinistra, cioè, di fiancheggiare il pollo nel piatto, e che un'ala sola resti superiormente, e col trinciante costeggerà col suo taglio sulla giuntura dell'ala sinistra, che con la descritta posizione quella dee trovarsi superiore: staccata che avrà la giuntura, col dorso del trinciante forzerà legiermente sul petto del pollo per sfilzare il folchettone, e con esso terminerà di togliere l'ala con la porzione di petto dalla carcassa, la riporrà nel suo tondo, e la suddividerà in giusti pezzetti come le cosce: dipoi rovescerà il pollo nel piatto portando l'ala destra alla parte superiore, ed allora diligentemente infilzerà il folchettone entro la schiena onde tener fermo il pollo , e col trinciante toglierà l' ala con la parte di petto della quale ne farà come la precedente , ne formerà de'tondi , adattandoci una forchetta , e lo farà servire.

Se il grosso pollo fusse ripieno con tutte le ossa ; allora con la punta del triciante accompagnato dal folchettone aprirà lo stomaco del pollo, che è precisamente alla fine della punta del petto, tenendo il pollo con la schiena al disotto , e con un cucchiajo proprio ne caccerà fuori tutta l'imbottitura , come farà ancora del gozzo , che sicuramente dovrebbe essere ripieno, ed allora girerà il piatto portando il collo verso il suo petto, toglierà l'imbottittra , dipoi scalcherà il pollo , come ho detto disopra, e ne formerà de'tondi, come quelli della carne , e ci adatterà una forchetta ; a quelli dell'imbottitura un cucchiajo , ed uno appresso dell'altro sussecutivamente li farà servire , o per la mano dai commensali medesimi , o da domestici , come ho detto disopra.

Se poi il pollo fusse disossato , e ripieno di qualunque maniera , si regolerà lo Scalco nel modo medesimo come ho parlato per le galantine fredde , e quì gli raccomando praticare maggiore attenzione, giacchè per quelle l'è più facile fare le fettoline , perchè il pollo è divenuto già consistente ; per questo essendo caldo , l'è più morbido , anche perchè l'imbottitura per questi ordinariamente si fa o di maccheroni , o di riso , ed è perciò conveniente usare molta diligenza.

Per gli arrosti di pesci, volendoli scalcare con maggior proprietà, prenderà lo Scalco con la mano sinistra la forchetta , e con la destra il coltello , e con la punta di esso accompagnato dalla forchetta diligentemente toglierà tutta la squamosa cute, che porrà in un tondo ; dipoi lascerà il coltello , e prenderà un cucchiajo proprio (dir voglio di un cucchiajo per l'entrate , oppure il cucchiarone) col quale accompagnato dalla forchetta toglierà dalla spina tutta la polpa superiore, che la porrà in un tondo suddividendola ; poscia con li strumenti medesimi toglierà la spina con la testa, che porrà in quel tondo ove ha posto la squamosa cute , e quindi staccherà l'altra polpa dalla cute che trovasi sottoposta nel piatto , ne formerà de' tondi come ho detto , e ci adatterà un cucchiajo facendo servire il pesce girando immediatamente , o la salsiera con la salsa , oppure farà egli istantaneamente in un piatto da zuppa una salsa d'oglio , con del pepe , e poco aceto , ci porrà un cucchiajo , e così farà che tutti sian serviti.

§. X.

Per le ragoste.

Per le ragoste (le quali debbono essere apparecchiate nel piatto divise in due parti per lungo , e col frutto staccato , ma nel suo guscio) , prenderà lo Scalco la forchetta con la destra, ed il coltello con la sinistra , e toglierà il frutto della ragosta dal guscio , dipoi cambiando di mano gli strumenti , ridurrà in pezzetti le ragoste , ne formerà dei tondi , adattandoci una forchetta , che farà girare con appresso la salsiera in dove vi sarà il cucchiajo onde tutti possono servirsi.

§. XI.

Pe' pasticci in cassa.

Di questi ve ne sono di diverse maniere lavorati, di quelli col coverchio amovibili, e di quelli nella cassa forte ; se il coverchio è amovibile, lo Scalco ne lo toglierà col cocchiarone alla destra , e la forchetta alla sinistra , riponendolo in un tondo, quindi prenderà il pasticcio dalla cassa ne formerà de tondi, ci adatterà un cucchiajo e così lo farà servire ; se poi il pasticcio fusse nella cassa forte , allora lo Scalco colla forchetta alla sinistra, ed il coltello alla destra staccherà dalla parte superiore in giro il coverchio, lo toglierà e del rimanente farà come di sopra, dopo che avrà formato i tondi rimetterà di nuovo il coverchio di pasta, che precedentemente ha tolto da sopra il pasticcio, sia amovibile , sia forte.

§. XII.

Pel pasticcio alla Genovese.

Dovendo dividere un pasticcio alla genovese, il quale è della forma di una focaccia , per dividerlo si adopererà il coltello ordinario , se ne faranno tanti diversi pezzetti , che col cucchiarone si prenderanno , e se ne formeranno de' tondi, adattandoci un cucchiajo , e così si serviranno.

§. XIII.

Per una Focaccia , ovvero Torta , dolce o rustica.

Si prenderà il coltello ordinario (dir voglio

non sia il trincante) si farà un rotondo precisamen-
nel centro della torta, perchè ciò non facendo le
porzioni non possono succedere mai uguali, dipoi
col coltello medesimo si divideranno tutti simili i
pezzetti, e con la paletta di argento si prenderanno coll'accompagnamento di un cucchiajo alla sinistra, se ne formeranno i tondi, e così si servirà.

§. XIV.

Croccanda di mandorle.

Questo piatto si presenta in varie forme; ora
fatto in diversi fondi di casseruole, uno sopra del-
l'altro gradatamente, ed allora lo Scalco terrà nella mano sinistra la forchetta, ed il coltello ordinario alla destra, prenderà il primo fondo che deve
essere il più piccolo, che è situato in forma di
piramide, lo porrà nel suo tondo, e con la punta del coltello, senza forza lo suddividerà in tanti
giusti pezzetti, così farà degli altri, ne formerà
de' tondi nei quali ci adatterà una forchetta, e
così li farà servire.

Altre volte si presenta questo piatto a forma
di una piramide, o di un cesto, oppure in diverse piccole forme. Se a piramide o a cesto, ne farà tanti piccoli pezzettini come sopra; se in piccole forme, ne formerà de' tondi senza dividerle,
e le farà servire; succede alle volte, che in
questo piatto di croccande, si ci unisce ancora
qualche altra pasticceria minuta come una guarnizione, e di questa, o se ne formeranno de' tondi separati, oppure nei tondi medesimi si mischia, e
si servirà come di sopra.

§. XV.

Pe' gattò, Geli, ed altri piatti dolci.

Per tutti questi piatti si adopera sempre il cocchiarone coll'ajuto di un' altro cucchiajo, se ne formeranno i tondi adattandoci un cucchiajo, e si faranno girare.

AVVERTIMENTO.

Di tutto ciò che ho detto relativamente alla maniera di scalcare non l'è stato altro, che dare un piccolo accenno per le cose più essenziali, dappoicchè questa sarebbe una descrizione molto lunga, ma quanto ho accennato l'è sufficiente, per poi penetrare in quanto altro può esservi che la circostanza presenterà.

Metodo pratico come istantaneamente eseguirsi un pranzo, o cena, da un dilettante novello di Gastronomia.

Dopo di aver formato il ricettario per la cucina, e pel riposto; e dopo di aver dato poche nozioni di scalcare, e descritte diverse maniere di apparecchio per pranzi, e cene; ho immaginato, che la presente mia operetta giunga nelle mani di qualche novello dilettante di Gastronomia, il quale dandoci rapidamente una lettura, s'invogli divertirsi, con voler dare un pranzo, o cena a' suoi amici; questi sicuramente s'imbarazzerà come eseguirne l'effetto al momento; ma volendo io secondare il suo piacere, un sicuro mezzo gli suggerisco, che gli servirà di scorta, perchè effettivamente possa eseguire i suoi concepiti desiderj.

Pria d' ogn' altro stabilir si dee il numero dei coperti ; dipoi il numero de' piatti che dovran comporre il pranzo ; ed in terzo luogo farsi una minuta dettagliata di tutti i generi, che vi occorrono per la composizione de' piatti anzidetti ; tralascerò di prescrivere una generale proporzione di quantità, dappoichè sembrami moltiplicare degli Enti senza necessità, mentre da prima mi son proposto dire in questa seconda edizione col capitolo II. che avrei formato tutto il ricettario, specialmente per la cucina, di poter servire per dodici coperti, sicchè si compiacerà il mio novello alunno osservare il citato capitolo, e quanto altro vorrà eseguire, che tutto è stabilito per dodici persone, resterà alla sua prudenza l'aumento, o diminuzione ; ed essendo la prima volta dell' esperimento, mio consiglio è, di non invilupparsi nei piatti molto complicati, riserbandoseli per quanto avrà bene appresa la Teorica, perchè così gli sarà facile la pratica, e per consegnenza la riuscita ; percui si atterrà a fare.

Una zuppa con pane fritto, ma a dadi in buon brodo ;

Un Lesso di vaccina con salsa ;

Un piatto di pasticcetti di carne ;

Un Fritto di pesce ;

Un Piatto d'erbe in Entramèe, cioè, di carcioffi o di piselli al butiro, di lattughe farsite, di selleri, o di cocozzoli alla parmegiana ec.

Ed un piatto dolce, che potrà farlo di crema, che sembrami il più facile.

Mio caro Amico se a ciò t'impegni è necessario, che ti occupi ad apparecchiare la tavola, per la quale nè tralascio la descrizione potendoti servir di norma li annessi disegni, da' quali non ti discosterai, mentre quelli ti saranno di guida.

Se in vece del pranzo vorresti dare una cena, non ci dee essere la zuppa, ma in sua vece un piatto di pasta *brioches,* o un timpano; in vece del lesso qualche piatto rifreddo, ed in luogo de'piatti d'erbe una caponata, o un arrosto di polli, di caccia, o di pesce, come osserverai ancora dalli disegni medesimi.

Ho creduto darti mio caro lettore, quest'altro ricordo, che ti sarà di non poco soccorso nelle occasioni, e perciò mi lusingo che non ti sarà sgradevole.

PARTE QUINTA

DINOTANTE

UNA LISTA DI QUATTRO PIATTI AL GIORNO.

PER UN ANNO INTERO;

E precisamente per l'anno 1839.

CAPITOLO I.

Perchè pur troppo conosco l'imbarazzo che avviene in talune famiglie in discutere la mattina di ciò che deesi pranzare, e moltissimo tempo vi si perde in tale discussione, ho creduto opportuno rendere un piccolissimo servigio a miei cari amici di segnarli un calendario, principiando dal primo Gennajo fino al trentuno Dicembre, di quattro piatti al giorno, variandoli per quanto ho potuto, e comprendendovi in essi, tutti quelli descritti nella presente mia operetta in seconda Edizione.

E dal perchè l'opera non è ancora impressa, mi son servito dei giorni precisi che segna il calendario per l'anno 1839.

Questa lista di piatti l'è tutta diversa da quella segnata nella prima Edizione, ed ho voluto farla più elegante, ma già parmi sentir dire, che come tale, l'è più di spesa, e ciò l'è contro l'economia mio signor Autore Gastronomo, è vero, ma seguitando ad osservare si vedrà esservi un'altro calendario, cioè, un altra lista di tre piatti al giorno in dialetto Napoletano, appresso la *vera* cucina

casareccia anche in dialetto Patrio, i quali sono
più triviali, e comunissimi da potersici adattare
l'economia, e frattanto racchiudere in questa mia
debolissima operetta quanto mai può farsi in cucina, cioè, secondo la limitazione delle mie idee,
lusingandomi sempre più, che voglia essere di pieno gradimento, anche in grazia della novità.

GENNAJO.

1. *Martedì.*

Zuppa di pane semplice fritto a dadi con brodo
bianco, e con erbe - Lesso di capponi, e vaccina con salsa - Ordura di pagnottine di pasta *brioches* farsite - Lesso di pesce con salsa gialla-Ar-
rosto di vitella a vapore - Pasticceria gelata ovvero Poncio alla rosa. (1)

2. *Mercoledì.*

Zuppa di pagnottine farsite di pesce, nel brodo
simile - Lesso di pesce con salsa piccante - Anemole (V. piatti d'ovi). Crema di limone.

3. *Giovedì.*

Zuppa di pane composto - Fregandò di vitella con
salsa di spinaci - Fritto di triglie, e palaje - Pasticcetti d'amarene.

4. *Venerdì.*

Broccoli alla Camaldolese (v. le zuppe) - Cefalo in
umido - Ovi duri con salsa - Sfoglietti con siroppata.

---

(1) Eccezione di regola per essere il primo giorno del-
l'anno.

5. *Sabato.*

Maccheroni con parmegiano, e butiro - Granata di
erbe ripiena di pesce al bagno mario - Pagnottine di riso fritte - Schiuma dolce di pomi di terra.

6. *Domenica.*

Zuppa alla Santè - Fregandò di lattaroli di vitella -
Ordura di pagnottine brusche - Creme di ciccolata.

7. *Lunedì.*

Gravioli incasciati - Pollanghe disossate farsite in
umido - Crocchè di petti di polli ed erbe fritte - Crostata ovvero pizza rustica mezza dolce.

8. *Martedì.*

Zuppa alla musaica - Petti di gallotta all' egiziana -
Pasta bugnè alla siringa - Gelo di poncio, ed
arancio.

9. *Mercoledì.*

Riso con latte di mandorle - Calamari farsiti in u-
mido - Crocchè di pomi di terra - Pasticcetti di
ricotta.

10. *Giovedì.*

Gnocchi alla milanese in brodo - Entramèe di petti
di polli alla Turca - Cignale in siviero - Crema ghiacciata.

11. *Venerdì.*

Stivaletti con vongole nel loro medesimo brodo -
Ovi alla trippa - Arrosto di pesce - Schiuma di
ricotta.

12. *Sabato.*

Zuppa di gamberi - Pesce in umido con guarnizione di cipollette - Selleri alla parmegiana - Crema di limone.

13. *Domenica.*

Maccheroni incasciati - Capponi in umido - Fritto di granelli - Sfoglio di sciroppata.

14. *Lunedì.*

Minestra di cicorie - Lesso di vaccina con salsa piccante - Crostini alla Tedesca di grascio - Sanguinaccio.

15. *Martedì.*

Polenta incasciata - Polpettone ripieno - Ordura di canestrine farsite a piacere - Mirenghe secche.

16. *Mercoledì.*

Timpano di maccheroni al latte - Pesce lessato con succo di limone, ed oglio - Ovi alla monachile - Pastine di pasta frolla semplici.

17. *Giovedì.*

Sartù di riso - Entramée di petti di polli alla Matelotta - Cervelle in cartoccio - Calzoncini d'amarene alla padella.

18. *Venerdì.*

Zuppa all'erbaggio - Polpette di pesce in umido - Arrosto di mozzarelle con crostini - Crema fritta.

19. *Sabato.*

Oglia alla Spagnuola di magro - Crocchè di riso al latte - Arrosto di pesce - Schiuma dolce di zucca.

20. *Domenica.*

Gravioli incasciati - Gallotta in umido - Ordura di pasta brioches - Gelo di maraschino.

21. *Lunedì.*

Zuppa alla santé - Lesso di vaccina con salsa di faggioli - Entramée di petti di poli alla sciampagna - Crema di portogallo.

22. *Martedì.*

Zuppa di Gnocchi incasciati con sugo - Brasciolone in umido farsito - Cotalette di vitella con salsa di capperi - Biscottini di mandorle.

23. *Mercoledì.*

Pasta minuta con frutti di mare - Granata di pesce al bagno Mario - Crostini fritti ripieni di mozzarella - Schiuma dolce di pomi di terra.

24. *Giovedì.*

Tagliolini nel brodo chiaro - Lesso di pollo e vaccina con salsa a piacere - Entramée di tartufi farsiti - Croccanda di mandorle.

25. *Venerdì.*

Zuppa al sugo delle lenticchia di magro - Pasticcio di pesce - Ovi alla svizzera - Crema di pistacchio.

26. *Sabato.*

Timpano di vermicelli senza pasta con pesce - Frittura di pesce - Ovi alla fiocca - Calzoncini dolci.

27. *Domenica.*

Zuppa di rotelline all'Inglese - Fregandò di nero con salsa verde al disotto - Arrosto di Beccacce - Gattò di pane di spagna.

28. *Lunedì.*

Minestra verde a piacere - Lesso misto con salsa -

Majale salvatico in agro dolce - Pasta bugnè ad
ove di Lupo polverizzata con zucchero.

29. *Martedì.*

Zuppa di cannoletti farsiti - Piccioni alla mamelucca - Mappatine farsite alla padella - Torta di ricotta.

30. *Mercoledì.*

Riso al latte di mandorle - Lesso di pesce con oglio
e succo di limone - Ovi alla monachile - Biscotti
di Gelsomini.

31. *Giovedì.*

Zuppa di pane di spagna - Lesso di polli e vaccina - Entramée di tartufi semplici di grasso - Sfogli di sciruppato.

FEBBRAJO.

1. *Venerdì*

Zuppa mista di magro - Pesce in umido - Arrosto
di mozzarelle con crostini - Calzoncini di ceci dolci alla padella.

2. *Sabato.*

Riso brusciato con brodo di pesce - Ovi alla marinara - Rape alla parmegiana con butiro - Focaccia
alla savojarda.

3. *Domenica.*

Lasagnette incasciate - Granata d'erbe ripiena di
carne ec. al bagno mario - Fritto di pesce - Zuppa d'ovi faldacchiere.

4. *Lunedì.*

Gravioli incasciati - Polpettone in umido - Arrosto di
filetto - Tortanetti di mandorle.

5. *Martedì.*

Minestra verde - Lesso misto con salsa - Ordura di canestrine di pane con polleria ec. - Crema alla tedesca.

6. *Mercoledì.*

Zuppa di latte - Ovi al cappon di galera - Crocchè di riso - Schiuma di ricotta.

7. *Giovedì.*

Zuppa di gnocchi semplici incasciati - Polli disossati caldi in umido - Entrameé di tartufi all'oglio - Tortiglion (v. pasticcerie).

8. *Venerdì.*

Maccheroni con parmegiano , e butiro - Polpette di pesce in umido - Frittata montata con mozzarelle - Crema di caffè.

9. *Sabato.*

Zuppa di cannoletti di pane farsiti in brodo di pesce - Pesce in umido - Ovi alla marinara - Pastarella alla Reale.

10. *Domenica.*

Zuppa alla mosaica - Entrameé di petti di polli alla Turca - Arrosto alla papigliotta - Latte bianco (v. le creme).

11. *Lunedì.*

Minestra verde - Lesso di polli , vaccina , e salame , con salsa - Entrameé di petti di polli alla crema - Torta rustica.

12. *Martedì ultimo giorno di carnovale 1839.*

Timpano di maccheroni - Gallotta disossata calda

con sugo - Pesce lessato con salsa gialla - Pasticcio in cassa di caccia, e vitella - Fritto di triglie, e calamari - Arrosto di polli, o vitella - Un gattò di pane di spagna con diverse creme, o una pasticceria gelata a piacere.

13. Mercoledì.

Primo giorno della quaresima dell'anno 1839.

Zuppa alla santè con oglio - Pasticcio di pesce - Entramée di fonghi - Pasta bugnè.

14. Giovedì.

Maccheroni con parmegiano, e butiro - Calamari ripieni in umido - Ovi fritti nei pagnottini di pane - Latte di mandorle in crema.

15. Venerdì.

Pasta minuta con vongole, ed erbe - Pesce in umido - Alici in cartoccio mollicate - Calzoncini dolci.

16. Sabato.

Riso con latte di mandorle - Polpette d'ovi in cassuola - Fritto di pesce - Schiuma di cannella.

17. Domenica.

Zuppa all'erbaggio - Ordura di mappatine farsite di pesce - Galantina di pesce - Schiuma dolce di ricotta.

18. Lunedì.

Broccoli alla camaldolese - Pesce lessato con sugo di limone, ed oglio - Arrosto di mozzarelle con crostini.

19. Martedì.

Timpano di vermicelli senza pasta ripieno di pesce - Ordura di pagnottine di pane ripiene di frutti di mare, e fonghi con tartufi - Arrosto di pesce - Sfoglio con ricotta.

20. Mercoledì.

Zuppa mista di magro - Pesce lessato con salsa piccante - Ovi alla fracassè - Schiuma di pomi di terra.

21. Giovedì.

Frittata di vermicelli, con olio e capperi, ed alici salse, ed ingranita con pan gratto - Ovi alla svizzese - Fritto di pesce - Piccole croccande di mandorle.

22. Venerdì q. tempi.

Pasta fina incasciata con sugo di pesce - Pesce in umido - Ovi alla monachile - Pasticcetti d'amarene.

23. Sabato. q. tempi.

Zuppa nel brodo di pesce - Polpettone di pesce - Crostini fritti con provola - Crema alla tedesca.

24. Domenica.

Maccheroni al butiro - Granata di pesce al bagnomario - Ordura di pomi di terra - Crema di menta.

25. Lunedì.

Riso brusciato col colì di pesce - Pasticcio di pesce con sfoglio - Ovi alla fiocca - Calzoncini d'amarene.

26. Martedì.

Timpano di maccheroni con cacio, ed ovi, e mozzarelle senza pasta - Ovi alla milanese - Arrosto di pesce - Crema fritta.

27. *Mercoledì.*

Stivaletti in brodo di pesce - Pesce in umido - Lattughe farsite di magro - Schiuma di zucca.

28. *Giovedì.*

Broccoli con oglio crudo, e succo di limone - Fritto di triglie - Ovi alla spagnuola - Crema alla rosa.

MARZO.

1. *Venerdì.*

Zuppa di gamberi - Pesce solmone con salsa di cappari - Anemole - Sfoglio semplice.

2. *Sabato.*

Pasta fina in brodo di pesce - Fritto di pesce - Cavoli alla. Borghese di magro con sugo - Schiuma di ceci.

3. *Domenica.*

Maccheroni con parmegiano, e butiro - Ovi in sublisì - Arrosto di pesce - Pastarelle alla Reale.

4. *Lunedì.*

Oglia alla spagnuola di magro - Fritto di pesce - Ovi con salsa - Focaccia alla Savojarda.

5. *Martedì.*

Tagliolini in ottimo brodo di pesce - Ovi al cappon di galera - Arrosto di pesce - Paste bugnè.

6. *Mercoledì.*

Zuppa al sugo della Lenticchia - Pesce lessato con oglio, e sugo di limone - Ovi alla trippa - Sfoglio con crema.

7. *Giovedì.*

Maccheroni al butiro incasciati - Polpette di pesce in umido - Mozzarelle arrostite con crostini - Schiuma di pomi di terra.

8. *Venerdì.*

Minestra di cardoncelli con cacio ed ovi - Alici in cartoccio - Ovi farsiti fritti - Pasticcetti d'amarene.

9. *Sabato.*

Pasta fina con frutti di mare - Merluzzo in Salamoja - Entramée di fonghi, e tartufi - Crema di portogallo.

10. *Domenica.*

Vermicelli incasciati con coli di pesce - Calamari, con olive, capperi ec. - Pagnottine brusche alla padella - Crema di ciccolata.

11. *Lunedì.*

Zuppa di cannoletti di pane farsiti di pesce in brodo simile - Pesce in umido - Crostini fritti ripieni di mozzarella - Torroncini di pasta frolla con mandorle.

12. *Martedì.*

Sartù di riso di magro - Cefalo in umido - Tarantello alla milanese - Schiuma di ricotta.

13. *Mercoledì.*

Maccheroni al butiro - Fritto di pesce - Pasticcio di erbe - Tortanetti di pasta bugnè con amarene al disopra.

14. *Giovedì.*

Pasta minuta in brodo di pesce - Polpette di pesce in umido - Panzarotti - Crema di cannella.

15. *Venerdì.*

Frittata di vermicelli con olive, alici salse, e capperi - Alici mollicate - Ovi con mozzarelle - Mirenghe secche.

16. *Sabato.*

Riso brusciato con coli di pesce - Pasticcio di pesce - Fonghi all' oglio - Ricottelle fritte dolci.

17. *Domenica.*

Zuppa d' erbe in brodo di pesce - Calamari farsiti - Braciolette di riso fritte - Pasticcetti di sciroppata.

18. *Lunedì.*

Vermicelli con parmigiano, e butiro - Ovi alla trippa - Fritto di pesce - Sfoglietti di ricotta.

19. *Martedì.*

Timpano di maccheroni al latte - Polpette di pesce - Ovi alla Svizzese - Zeppole.

20. *Mercoledì.*

Gnocchi alla milanese, incasciati con brodo di pesce - Pesce in brodo - Ovi duri con salsa gialla alla crema - Torroncini di pasta frolla.

21. *Giovedì.*

Oglia alla spagnuola di magro - Pasticcio di pesce - Ovi fritti nei crostini - Schiuma di patate.

22. *Venerdì.*

Vermicelli all' oglio con alici salse - Pesce lessato, con succo di limone, ed oglio - Frittata montata - Crema di mandorle.

23. *Sabato.*

Broccoli alla martiniana - Polpette di pesce - Ovi alla marinara - Schiuma di ricotta.

24. *Domenica delle palme.*

Sartù di riso con pesce - Pesce con salsa - Arrosto di carcioffi - Zeppole.

25. *Lunedì santo.*

Zuppa di pagnottine farsite nel brodo di pesce - Pesce con salsa - Crostini con mozzarelle - Crema di caffè.

26. *Martedì santo.*

Maccheroni con parmegiano, e butiro - Ovi alla Svizzese - Arrosto di pesce - Latte di mandorle in crema.

27. *Mercoledì santo.*

Stivaletti con vongole - Merluzzo in umido - Ovi alla fiocca - Calzoncini d'amarene.

28. *Giovedì santo.*

Zuppa al sugo della lenticchia - Baccalà a mostacciolo - Ovi alla monachile - Pasta bugnè confettata.

29. *Venerdì santo.*

Riso nel latte di mandorle - Pagnottine brusche - Ovi duri con salsa di capperi - Piccole croccande.

30. *Sabato santo.*

Timpano di maccheroni senza pasta con formaggio ed ovi - Pesce in salsa - Panzarotti - Crema di limone.

31. *Domenica.*

PASQUA.

Minestra verde di cardoncelli - Lesso misto con salsa - Spezzato di agnello con formaggio, ed ovi - Pagnottine brusche farsite - Arrosto di vitella - Pastiera.

APRILE.

1. *Lunedì.*

Zuppa di pane composto - Lesso di polli - Fritto di carcioffi - Crema di cioccolata.

2. *Martedì.*

Maccheroni incasciati con sugo - Granata d'erbe con interiori di polli - Fritto di pesce - Crema di cannella.

3. *Mercoledì.*

Zuppa di gambèri - Lesso di pesce - Ovi infili - Sfogli con ricotta.

4. *Giovedì.*

Zuppa alla mosaica - Fregandò di vitella - Carcioffi all'oglio - Pasticcetti d'amarene.

5. *Venerdì.*

Maccheroni con parmegiano, e butiro - Braciolette di pesce in umido - Fritto d'erbe - Mirenghe secche.

6. *Sabato.*

Riso al latte - Granata di pesce al bagno-mario - Ostriche arrostite mollicate - Biscotti di gelsomino.

7. *Domenica.*

Minestra verde - Lesso di vaccina con salsa - Fritto di granelli - Gelo d'arancio alla vainiglia.

8. *Lunedì.*

Zuppa di gravioli - Entramée di pollanche alla matelotta - Pasticcio alla genovese - Crema fritta.

9. *Martedì.*

Tagliolini in brodo - Lesso di polli - Arrosto d'a-
gnello - Focaccia di mandorle.

10. *Mercoledì.*

Timpano di maccheroni al latte con senso di tartufi, se piace - Lesso di pesce con salsa - Carcioffi alla parmegiana - Focaccia alla savojarda.

11. *Giovedì.*

Gnocchi alla milanese incaciati - Polli disossati farsiti caldi - Fritto misto - Gelo di maraschino.

12. *Venerdì.*

Minestra di cardoncelli, con cacio, ed ovi - Canestrine di pane fritto ripiene di pesce - Schiuma di ricotta.

13. *Sabato.*

Riso bruciato, a piacere - Frittelle di cecinelli - Arrosto di pesce - Schiuma di zucca.

14. *Domenica.*

Zuppa di rotelline all'Inglese - Petti di gallotta
piccati, ovvero in fregandò - Pasticcetti di carne - Gelo di poncio alla rosa.

15. *Lunedì.*

Maccheroni incaciati con sugo - Entramée di petti
di polli alla spagnuola - Ordura di anemole al-
l'Inglese - Schiuma di sparaci.

16. *Martedì.*

Zuppa alla santè - Entramée di petti di polli alla Turca - Pagnottine brusche - Crema di portogallo.

17. *Mercoledì.*

Zuppa di cannoletti farsiti di pesce - Pesce in umido - Fritto di panzarotti - Sfoglio di ricotta.

18. *Giovedì.*

Polenta - Polli farsiti in umido - Tartufi al butiro - Torta d'amarene.

19. *Venerdì.*

Vermicelli all' oglio - Pasticcio di pesce - Selleri alla parmegiana - Biscotti di gelsomino.

20. *Sabato.*

Zuppa al purè di piselli - Ovi verdi alla spagnuola - Lesso di pesce con succo di limone, ed oglio - Crema di caffè.

21. *Domenica.*

Timpano di maccheroni - Fregandò di lattaroli - Carcioffi alla parmegiana - Gelo di caffè.

22. *Lunedì.*

Minestra verde - Lesso di vaccina - Entramée di fonghi - Frittelle di castagne.

23. *Martedì.*

Zuppa di pane di spagna - Granata al bagno-mario - Fritto di pesce - Schiuma di ricotta.

24. *Mercoledì.*

Maccheroni con parmegiano, e butiro - Merluzzo

in salamoja - Borragini fritte farsite - Pasticcetti di sciroppata.

25. *Giovedì.*

Cardoncelli con cacio , ed ovi - Fregandò di petti di gallotta - Mappatine farsite - Crema d'arancio.

26. *Venerdì.*

Zuppa al sugo di lenticchia - Ovi in fili - Fritto di pesce - Focaccia alla savojarda.

27. *Sabato.*

Zuppa di gamberi - Pesce in umido - Ovi in trippa - Crema di ciccolata.

28. *Domenica.*

Zuppa di rotelline all' Inglese - Fregandò di vitella - Tartufi farsiti - Gattò di pane di spagna.

29. *Lunedì.*

Tagliolini in brodo - Lesso di vaccina con salsa - Entramée di petti di polli alla crema - Torta rustica.

30. *Martedì.*

Sartù di riso - Entramée di petti di gallotta all' Egizana - Ordura di pomi di terra - Sfoglietti di percocata.

MAGGIO.

1. *Mercoledì.*

Timpano di maccheroni al latte con pasta frolla - Calamari farsiti - Braciolette di riso fritte - Crema alla rosa.

2. *Giovedì.*

Zuppa alla santè - Lesso di polli - Quaglie disossate con salsa - Pasta bugnè alla siringa.

3. *Venerdì.*

Minestra di piselli - Ovi in sublisì - Lesso di pesce - Crema fritta.

4. *Sabato.*

Pasta minuta con vongole - Polpette di tonno - Ovi allo specchio - Biscotti di mandorle con pasta frolla.

5. *Domenica.*

Zuppa alla mosaica - Ordura di pasta brioches - Entramée di petti di polli alla sciampagna - Mirenghe secche.

6. *Lunedì.*

Macccheroni incaciati con sugo - Piccioni alla Mamelucca - Canestrine farsite con frutti di mare - Latte bianco.

7. *Martedì.*

Minestra verde - Lesso di vaccina - Arrosto di quaglie con crostini - Crema di pistacchio.

8. *Mercoledì.*

Riso nel latte di mandorle - Tonno con piselli - Cipolle in grigliè - Torta rustica.

9. *Giovedì.*

Zuppa di pane composto - Polli disossati caldi - Carciofli fritti - Biscotti di gelsomino.

10. *Venerdì.*

Minestra di piselli - Polpette di pesce - Panzerotti - Sfoglio d'amarene.

11. *Sabato.*

Zuppa con brodo di pesce - Pasticcio di pesce - Lattughe farsite di magro - Crema di limone.

12. *Domenica.*

Lasagnette incaciate con sugo - Granata al bagno-mario - Pasta bugnè alla padella - Gelo di menta.

13. *Lunedì.*

Gnocchi in [brodo - Lesso misto con salsa - Pagnottine brusche - Pastarelle alla Reale.

14. *Martedì.*

Vermicelli incaciati con sugo - Polpettone - Cotelette di vitella con salsa di capperi - Ricottelle fritte.

15. *Mercoledì.*

Zuppa al purè di piselli - Braciolette di pesce in umido - Arrosto di mozzarelle con crostini - Calzoncini d'amarene.

16. *Giovedì.*

Gattò di tagliolini - Polli farsiti - Fritto di granelli - Gelo poncio, ed arancio.

17. *Venerdì.*

Riso bruciato - Cefalo in umido - Frittata montata - Schiuma di pomi di terra.

18. *Sabato.*

Timpano di vermicelli di magro senza pasta, ma mollicato - Ovi alla marinara - Cipollette ripiene alla savojarda - Crema alla Tedesca.

16. *Domenica.*

Zuppa di cannoletti farsiti - Quaglie al salpiccon - Pagnottine fritte farsite - Sfoglio di crema.

20. *Lunedì.*

Minestra di piselli, e lattughe con verigine lattante - Ordura di tagliolini - Arrosto di braciolette - Focaccia di mandorle.

21. *Martedì.*

Minestra di braciolette di cappucce ripiene di riso nel brodo rosso - Polpettone in umido - Arrosto di agnello - Tarallini di mandorle in croccande.

22. *Mercoledì Q. T.*

Lenti con crostini - Pasticcio di pesce - Ovi al cappon di galera - Tortanetti di pasta bugnè.

23. *Giovedì.*

Maccheroni grossi incaciati con sugo - Entrata di braciolette in umido - Fonghi in arrosto - Ovi faldacchiere.

24. *Venerdì Q. T.*

Zuppa di gamberi - Ordura di canestrine di pane farsite o di pesce, o frutti di mare - Arrosto di pesce - Pasticcetti d'amarene.

25. *Sabato Q. T.*

Minestra di cardoncelli con cacio, ed ovi - Polpette d'ovi in cassuola - Lesso di pesce - Frittelle di castagne.

26. *Domenica.*

Zuppa alla mosaica - Fregandò di vitella - Piccioni in coverta - Crema ghiacciata.

27. *Lunedì.*

Pasta minuta in brodo rosso-Vaccina in umido, con piselli - Fritto d'erbe - Fonghi al butiro - Schiuma di ceci.

28. *Martedì.*

Minestra verde - Lesso di vaccina con salsa - Cervelle mollicate in cartoccio - Crema fritta.

29. *Mercoledì.*

Sartù di riso con pesce - Anemole rustiche - Alici in cartoccio - Zucca alla Egiziana.

30. *Giovedì.*

Zuppa alla Tedesca - Gallotta in lesso con salsa di riso - Entramée di fegatini, ed altri interiori di polli con piselli - Gattò alla cinese.

31. *Venerdì.*

Zuppa all'erbaggio - Ordura di braciolette di pesce - Ovi alla fracassè - Pasta bugnè confettata.

GIUGNO.

1. *Sabato.*

Gattò di vermicelli di magro ripieno - Pesce in umido - Crocchè di riso - Sfoglietti.

2. *Domenica.*

Zuppa alla santè - Fregandò di vitella - Pagnottine brusche - Pizza di fragole.

3. *Lunedì.*

Minestra di piselli, e lattughe - Polpettone con fonghi , e cipollette - Canestrine di pane farsite di polli - Focaccia di mandorle.

4. Martedì.

Maccheroni incaciati con sugo - Vaccina in umido - Fonghi al butiro con crostini - Schiuma di fragole.

5. Mercoledì.

Zuppa con brodo di pesce - Polpettine di pesce - Lattughe farsite fritte - Pasticcetti d'amarene.

6. Giovedì.

Braciolette di cappucce farsite di riso in brodo rosso - Lattaroli di vitella a fregandò - Piselli all'Inglese - Focaccia alla Savojarda.

7. Venerdì.

Zuppa di gamberi - Polpette di tonno - Fonghi all'oglio - Crema fritta.

8. Sabato.

Timpano di maccheroni al latte - Pesce lessato con salsa - Frittata montata - Tortanetti di mandorle.

9. Domenica.

Sartù di riso - Polli disossati farsiti - Fritto d'alici - Pastarelle alla reale.

10. Lunedì.

Minestra verde - Lesso di vaccina - Pagnottine fritte farsite - Crema di limone.

11. Martedì.

Tagliolini in brodo - Polli lessati con salsa - Fritto di cocozzoli , e pane - Biscotti di mandorle.

12. *Mercoledì*

Minestra di piselli - Tonno in umido con cipollette - Panzerotti - Crema di fragole.

13. *Giovedì.*

Gravioli incaciati - Granata al bagno-mario - Arrosto di polli - Mirenghe secche.

14. *Venerdì.*

Maccheroni al butiro - Pesce in umido - Arrosto di mozzarella - Crema di rose.

15. *Sabato.*

Zuppa al sugo di piselli - Pasticcio di pesce - Ovi alla marinara - Crema ghiacciata.

16. *Domenica.*

Gnocchi in brodo - Ordura di pasta brioches - Entrámèe di petti di polli alla matelotta - Torta di fragole con sfoglio.

17. *Lunedì.*

Maccheroni incaciati con sugo - Braciolette in umido farsite - Cocozzoli alla parmegiana - Pasticcetti di percocata.

18. *Martedì.*

Zuppa di rotelline all'Inglese - Entramée di petti di gallotta all'Egiziana - Pagnottine di riso farsite fritte - Crema di pistacchio.

19. *Mercoledì.*

Vermicelli incaciati con sugo di pesce - Pesce in umido - Ovi alla trippa - Tortanetti di pasta bugnè con amarene.

20. *Giovedì.*

Zuppa alla mosaica al bagno-mario - Piccioni alla mamelucca - Fritto d'erbe - Schima di fragole.

21. *Venerdì.*

Zuppa di magro per la primavera - Pagnottine farsite di pesce per ordura - Arrosto di pesce - Crema di cannella.

22. *Sabato*—Vigilia

Maccheroni con parmegiano, e butiro - Granata di pesce al bagno-mario - Ovi fritti nei crostini - Pasticcetti di fragole.

23. *Domenica.*

Timpano di maccheroni - Gallotta farsita in umido - Cotelette di vitella con salsa acida - Sfoglio di ricotta.

24. *Lunedì.*

Minestra verde - Lesso di vaccina - Fritto di cocozzoli - Gattò di pane di spagna.

25. *Martedì.*

Sartù di riso - Entramée di petti di polli alla Turca - Cocozzelli alla parmigiana - Gelo alla maraschina.

26. *Mercoledì.*

Zuppa in brodo di pesce - Entramée di calamari farsiti - Ovi allo specchio - Crema di caffè a torroncino.

27. *Giovedì.*

Zuppa di gravioli - Fregandò di zinna - Cocozzoli farsiti di grascio - Pasticcetti di siroppata.

28. *Venerdì—Vigilia.*

Zuppa al sugo delle lenticchia - Polpette di pesce con piselli - Ordura di pagnottine di riso - Crema di vainiglia.

29. *Sabato.*

Pasta minuta con vongole - Storione alla Torinese, ed in vece potrai servirti del pesce palumbo - Anemole (V. piatti d'ovi) - Pastarelle alla reale.

30. *Domenica.*

Zuppa alla Tedesca - Ordura di anemole all'Inglese - Pernici alla Turca - Forma di frutti siroppati col brodo gelato.

LUGLIO.

1. *Lunedì.*

Lasagnette incaciate con sugo - Braciolette in umido - Milinsane alla parmegiana - Schiuma di pomi di terra.

2. *Martedì.*

Minestra verde - Lesso di polli - Fritto misto di cocozzoli, faggioletti, e selleri - Sfoglietti d'amarene.

3. *Mercoledì.*

Timpano di maccheroni senza pasta con cacio, ed ovi - Merluzzo in salamoja - Ovi alla monachile - Crema di mandorle senza latte, e senza ovi.

4. *Giovedì.*

Zuppa all'erbaggio - Ordura di tagliolini - Arrosto di vitella - Gelo di poncio, ed arancio.

5. *Venerdì*

Zuppa mista di magro - Ordura di braciolette di pesce - Ovi alla Svizzese - Schiuma di pomidoro.

6. *Sabato.*

Vermicelli incaciati con salsa di pomidoro - Granata tutta d'erbe di magro al bagno-mario - Arrosto di pesce - Calzoncini d'amarene.

7. *Domenica.*

Timpano di maccheroni alla Siciliana con la corteccia di milinsane - Entramée di petti di polli alla Sciampagna - Arrosto alla papigliotta - Crema di rose.

8. *Lunedì.*

Minestra verde - Lesso di vaccina con salsa di pomidoro - Milinsane alla parmegiana - Sfoglio di sciroppate.

9. *Martedì.*

Gnocchi incaciati con sugo - Polli in umido - Faggiolètti al butiro con crostini - Crema di cannella.

10. *Mercoledì.*

Riso nella salsa di pomidoro - Palamito alla mosaica - Ovi in fili - Torta di frutti sciroppati freschi.

11. *Giovedì.*

Zuppa di pane di spagna - Fregandò di petti di polli - Pasticcio alla genovese di carne - Gelo di menta.

12. *Venerdì.*

Zuppa di pagnottine farsite di magro in brodo di pesce - Polpette di pesce con piselli - Arrosto di pesce - Tortanetti di pasta bugnè con amarene.

13. *Sabato.*

Maccheroni con parmegiano , e butiro - Ordura di braciolette di pesce - Ovi duri con salsa piccante- Crema d' ananassa.

14. *Domenica.*

Zuppa alla Tedesca - Zinna con salza di pomidoro- Entramée di tartufi farsiti - Frutti in giulebbe con rum.

15. *Lunedì.*

Tagliolini in brodo chiaro - Lesso di polli , e vaccina - Pagnottine di pasta brioches - Pizza di frutti sciroppati.

16. *Martedì.*

Pasta minuta incaciata con sugo - Vitella alla genovese con cipollette - Crocchè di riso - Schiuma di ricotta.

17. *Mercoledì.*

Vermicelli con pomidoro - Pesce con salsa - Ovi farsiti - Pasticcetti di sciroppata.

18. *Giovedì.*

Minestra di frutti ripieni in brodo rosso - Polpettone in umido - Pasta buguè alla siringa - Crema di portogallo.

19. *Venerdì.*

Zuppa con frutti di mare - Pesce lessato con succo di limone , ed oglio - Fritto di foglie di boraggini farsite - Sfogli.

20. *Sabato.*

Maccheroni con parmegiano , e salsa di pomidoro-

Fritto di pesce - Ovi alla marinara - Crema di cioccolata.

21. *Domenica.*

Zuppa di pane semplice - Lattaroli in fregandò con
salsa di spinaci - Ordura di anemole all'Inglese -
Gelo di mellone.

22. *Lunedì.*

Maccheroni alla Siciliana - Entramée d'interiori di
polli con fonghi, e crostini - Arrosto di pollastri -
Crema di fragole.

23. *Martedì.*

Minestra verde - Lesso di vaccina con salsa di pomidoro - Braciolette arrostite con crostini - Calzoncini fritti d'amarene.

24. *Mercoledì.*

Minestra di frutti semplici, con salsa di pomidoro -
Alici mollicate in cartoccio - Fritto di calamari -
Crema di cannella.

25. *Giovedì.*

Zuppa di pane composto - Granata al bagno-mario -
Canestrine di pane farsite - Sfoglio di sciroppata.

26. *Venerdì.*

Zuppa alla santè di magro - Ordura di braciolette
di pesce - Palaje mollicate - Pizza rustica.

27. *Sabato.*

Vermicelli con pomidoro - Pesce in umido - Arrosto
di mozzarelle con crostini - Biscotti di gelsomino.

28. *Domenica.*

Zuppa di pane di spagna - Fregandò di vitella - Ordura di tagliolini - Gelo di mellone d'acqua.

29. *Lunedì.*

Maccheroni incaciati, e sugo - Entramée di petti di gallotta alla Egiziana - Fritto misto d'erbe - Crema di pistacchi.

30. *Martedì.*

Tagliolini in brodo chiaro - Lesso di polli con salsa gialla - Pagnottine brusche - Sfoglio di frutti sciroppati freschi.

31. *Mercoledì.*

Scorze di nocelle con pomidoro - Cefalo in salamoja Ovi in fili - Focaccia alla Savojarda.

AGOSTO.

1. *Giovedì.*

Sartù di riso - Polli disossati - Fritto di pesce - Pizza di ricotta.

2. *Venerdì.*

Zuppa di cannoletti di pane farsiti di pesce, nel brodo corrispondente - Entramée di gamberi - Fonghi all'oglio - Calzoncini fritti d'amarene.

3. *Sabato.*

Maccheroni incaciati con salsa di pomidoro - Lesso di pesce con succo di limone ed oglio - Ovi alla crema - Pasta bugnè alla siringa.

4. *Domenica.*

Zuppa di gravioli - Ordura di crostini alla Tedesca - Entramée di petti di pollanghe alla Spagnuola - Zuppa d'ovi faldacchiere.

5. *Lunedì.*

Minestra verde - Lesso di vaccina con salsa piccante - Piccioni in composta - Schiuma di pomi di terra.

6. *Martedì.*

Zuppa di gnocchi alla milanese - Ordura di erbe diverse - Piccioni in coverta - Frittelle di caffè.

7. *Mercoledì.*

Minestra di frutti semplice - Polpette d'Ovi in cassuola - Arrosto di pesce - Crema fritta.

8. *Giovedì.*

Vermicelli incaciati con sugo - Pasticcetti di carne - Polli alla genovese - Crema di persici.

9. *Venerdì.*

Zuppa con vongole - Crostini alla Tedesca di magro - Ovi alla milanese - Frittelle alla romana.

10. *Sabato.*

Zuppa di magro per la primavera - Ordura d'erbe diverse - Arrosto di pesce - Frittelle di percoca.

11. *Domenica.*

Lasagnette incaciate con sugo - Vaccina in umido - Fritto di granelli, e cocozzoli - Crema di cioccolata.

12. *Lunedì.*

Minestra verde - Lesso misto con salsa verde - Crocchè di pomi di terra - Schiuma di ricotta.

13. *Martedì.*

Zuppa alla santè - Granata - Cervelle in cartoccio - Calzoncini fritti di sciroppata.

14. *Mercoledì* — Vigilia.

Gattò di vermicelli, a forma di sartù, con olive, capperi, alici salse, e del pesce ec. Polpette di pesce - Ovi in sublisì - Pizza rustica.

15. *Giovedì.*

Zuppa di pane composto - Piccioni all' Indiana - Pagnottine brusche - Crema ghiacciata.

16. *Venerdì.*

Maccheroni con parmegiano, e butiro - Pesce con salsa - Fritto misto d'erbe - Pasticcetti d'amarene.

17. *Sabato.*

Zuppa al sugo di piselli - Ordura di foglie di boraggini - Ragoste con succo di limone, ed oglio - Sfogli di ricotta.

18. *Domenica.*

Timpano alla Siciliana di maccheroni con la corteccia di milinsane - Polli disossati farsiti - Fritto di zinna - Latte bianco.

19. *Lunedì.*

Tagliolini in brodo - Lesso di polli, e vaccina con salsa - Mappatine fritte con sarpicco - Gelo di vainiglia.

20. *Martedì.*

Minestra verde - Lesso di vaccina - Crocchè di riso - Crema di limone.

21. *Mercoledì.*

Pasta minuta in brodo di pesce - Polpette di pesce - Ovi fritti nei crostini - Schiuma di pomi di terra.

22. *Giovedì.*

Zuppa alla Tedesca - Fregandò di vitella - Entramée di tartufi farsiti - Torta di frutti sciroppati.

23. *Venerdì.*

Vermicelli con salsa di pomidoro - Calamari farsiti - Faggioletti al butiro con crostini - Calzoncini fritti d'amarene.

24. *Sabato.*

Zuppa di gamberi - Anemole - Arrrosto di pesce - Frittelle di portogalli.

25. *Domenica.*

Zuppa alla mosaica al bagno-mario - Sfoglio alla francese fatta pria la cassa, e quindi ripieno di interiori di polli ec. - Arrosto di pollanghe - Gattò di pane di spagna.

26. *Lunedì.*

Zuppa di gravioli incaciati con sugo - Granata di erbe ripiena d'interiori di polli cotta al bagno-mario - Pasta bugnè alla siringa - Crema.

27. *Martedì.*

Zuppa alla Santè - Lesso di vaccina con salsa - Piccioni alla mamelucca - Biscottini di gelsomino.

28. *Mercoledì.*

Lasagne dolci - Piselli all' Inglese - Arrosto di pesce - Mirenghe secche.

29. *Giovedì.*

Zuppa all' erbaggio - Ordura di rotelle all' Inglese - Arrosto di vitella - Ovi faldacchiere.

30. *Venerdì.*

Timpano di vermicelli cotti crudi coi pomidoro - Granata di pesce al bagno-mario - Ovi alla marinara - Pasta bugnè ovvero ovi di lupo.

31. *Sabato.*

Zuppa nel brodo di pesce - Pesce in umido - Frittata montata - Schiuma di pomidoro.

SETTEMBRE.

1. *Domenica.*

Zuppa di gnocchi semplici incaciati con sugo - Braciolette con cipollette in umido - Entramée di fonghi, e petti di polli al butiro - Crema di caffè.

2. *Lunedì.*

Sartù di riso - Gallotta glassata - Fritto misto d'erbe - Mirenghe secche.

3. *Martedì.*

Minestra verde - Lesso di vaccina con salsa - Entramée di fonghi al butiro - Pasticcetti di percocata.

4. *Mercoledì.*

Minestra di frutti semplici - Granata di pesce - Ovi alla monachile - Pastarella alla Reale.

5. *Giovedì.*

Zuppa alla santè - Pasticcetti di carne - Arrosto di polli - Crema di portogallo.

6. *Venerdì.*

Maccheroni con parmegiano, e butiro - Merluzzo in salamoja - Fritto di cocozzelli - Schiuma di ricotta.

7. *Sabato.*

Pasta minuta con vongole - Ovi alla trippa - Fritto di pesce - Tarallini di mandorle.

8. *Domenica.*

Zuppa di pane composto - Polli in cassuola con fonghi - Presciutto rifreddo - Gelo alla maraschina.

9. *Lunedì.*

Maccheroni alla Siciliana - Ordura di anemole all'Inglese - Entramée di petti di polli alla spagnuola - Crema di cioccolata.

10. *Martedì.*

Zuppa all'erbaggio - Pasticcio all'Inglese - Entramée di tartufi farsiti - Gelo di poncio, ed arancio.

11. *Mercoledì.*

Vermicelli con pomidoro - Anemole - Alici mollicate - Schiuma di pomi di terra.

12. *Giovedì.*

Gnocchi alla milanese incaciati - Fregandò di vitella - Quaglie al salpiccon - Gattò di pane di spagna.

13. *Venerdì.*

Maccheroni con parmegiano, e sugo di pesce - Pesce in umido-Ovi alla fiocca-Pasticcetti d'amarene.

14. *Sabato.*

Zuppa di gamberi - Lesso di pesce con salsa - Crocchè di riso - Crema di torroncino.

15. *Domenica.*

Minestra verde - Pasticcio di carne - Gallotta in galantina - Pasta bugnè.

16. *Lunedì.*

Lasagnette incaciate con sugo - Polli disossati-Pagnottine brusche - Latte bianco.

17. *Martedì.*

Zuppa di pane semplice - Fregandò di lattaroli di vitella - Fritto di palaje - Pizza d' amarene.

18. *Mercoledì*—Q. T.

Riso con latte di mandorle-Granata di pesce-Fritto di panzarotti - Crema di rose.

19. *Giovedì.*

Tagliolini in brodo chiaro - Polpettone - Fonghi mollicati - Tortiglion.

20. *Venerdì*—Q. T.

Pasta minuta con frutti di mare - Polpette di pesce - Ovi allo specchio - Schiuma di ceci.

21. *Sabato*—Q. T.

Maccheroni con parmegiano e butiro - Ovi verdi alla Spagnuola - Arrosto di pesce - Sfoglio di sciroppata.

22. *Domenica.*

Zuppa di rotelline all' inglese - Vitella glassata con pomi di terra e cipollette - Quaglie disossate, farsite con salsa agro-dolce - Crema ghiacciata.

23. *Lunedì.*

Sartù di riso - Braciolette in umido - Cavolifiori in grana - Frittelle di portogalli.

24. *Martedì.*

Polenta - Ordura di braciolette di cappucce - Arrosto di quaglie con crostini - Sfoglio di ricotta.

25. *Mercoledì.*

Zuppa in brodo di pesce - Palamito con salsa alla mosaica - Ovi alla milanese - Calzoncini fritti di amareue.

26. *Giovedì.*

Gnocchi incaciati con sugo - Granata tutta d'erbe - Gallotta glassata - Gelo di mellone.

27. *Venerdì.*

Zuppa al sugo di lenticchie - Fritto di pesce - Arrosto di mozzarelle con crostini - Pasticcetti di ricotta.

28. *Sabato.*

Vermicelli incaciati con sugo di pesce - Polpettone di pesce - Ovi al capon di galera - Ricottelle fritte.

29. *Domenica.*

Minestra verde - Lesso misto con salsa di fagioli - Pagnottine di pasta brioches - Crema di caffè bianco.

30. *Lunedì.*

Lasagnette incaciate con sugo - Vaccina in umido - Pasta bugnè - Crema di limone.

OTTOBRE.

1. *Martedì.*

Zuppa alla Tedesca - Pasticcetti di carne - Entramée di petti di polli alla sciampagna - Gelo di poncio alla rosa.

2. *Mercoledì.*

Riso bruciato - Granata di pesce - Pagnottine brusche - Tarallini di mandorle.

3. *Giovedì.*

Maccheroni incaciati con sugo - Polpette - Arrosto di pernici - Crema di pistacchio.

4. *Venerdì.*

Pasta minuta con tonninole - Ovi in trippa - Alicette fritte - Pizza di crema.

5. *Sabato.*

Timpano di maccheroni al latte - Ordura di braciolette di pesce - Fonghi arrostiti - Tortanetti di pasta bugnè con amarene.

6. *Domenica.*

Zuppa di gravioli in brodo chiaro - Fregandò di lattaroli di vitella con salsa - Piccoli sfoglietti farsiti di frutti di mare - Zuppa d'ovi faldacchiere.

7. *Lunedì.*

Minestra verde - Lesso di vaccina con salsa - Cervellate con fonghi in Entramée - Biscotti di pasta frolla con mandorle.

8. *Martedì.*

Polenta - Gallotta glassata - Piselli all' Inglese - Crema di cannella.

9. *Mercoledì.*

Timpano di maccheroni senza pasta - Calamari farsiti in umido - Ovi alla marinara - Focaccia alla savojarda.

10. *Giovedì.*

Zuppa di cannoletti - Lesso misto con salsa - Arrosto di cervellate con crostini - Crema di mandorle.

11. *Venerdì.*

Broccoli alla camaldolese - Lesso di pesce con salsa alla majonese - Fritto d'erbe misto - Pasticcetti di sciroppata.

12. *Sabato.*

Maccheroni con parmegiano, e butiro - Granata di pesce - Ovi di lupo - Schiuma di pomi di terra.

13. *Domenica.*

Tagliolini in brodo - Lesso di gallotta - Panzarotti farsiti fritti - Crema di arancio.

14. *Lunedì.*

Maccheroni grossi detti *di zita* incaciati con sugo - Zinna mollicata fritta - Piccoli sfoglietti farsiti di carne - Torta di crema.

15. *Martedì.*

Zuppa di pane composto - Lesso di polli - Canestrine di pane fritte con interiori di polli - Piccole croccande.

16. *Mercoledì.*

Pasta minuta con brodo di pesce - Ovi alla fracassè - Ragoste lessate con succo di limone, ed oglio - Pasta bugnè confettata.

17. *Giovedì.*

Zuppa alla mosaica al bagno-mario - Gallotta disossata ripiena di riso cotta in brodo rosso - Pasticcetti di carne - Gelo di vainiglia.

18. *Venerdì.*

Broccoli alla martiniana - Piccolo pesce spada lessato - Ordura di erbe - Pastarelle di percoca.

19. *Sabato.*

Riso bruciato - Selleri alla parmegiana - Fritto di triglie - Crema di cannella.

20. *Domenica.*

Timpano di maccheroni alla siciliana con corteccia di milinsane - Lesso di polli con salsa all' Alemanna - Canestrine di pane fritte ripiene di sarpicco, e polli - Gelo con frutti sciroppati.

21. *Lunedì.*

Minestra verde - Lesso di vaccina con salsa alla cittadina - Arrosto di cervellate con crostini - Sfoglio rustico.

22. *Martedì.*

Vermicelli incaciati con sugo - Vaccina in umido con cipollette - Entramée di fonghi con crostini - Mirenghe secche.

23. *Mercoledì.*

Zuppa al sugo delle lenticchia - Ovi in sublisì - Pesce lessato - Pasta bugnè.

24. *Giovedì.*

Zuppa alla Tedesca - Entramée di petti di polli all'Egiziana - Pesce alla spiga - Gattò alla cinese.

25. *Venerdì.*

Maccheroni con parmegiano, e butiro - Sparagi alla parmegiana - Fritto di pesce - Tortanetti di mandorle.

26. *Sabato.*

Zuppa di pagnottine farsite di magro in brodo di pesce - Lesso di pesce con qualche salsa - Panzarotti - Crema di arancio.

27. *Domenica.*

Lasagnette incaciate con sugo - Granata al bagnomario - Arrosto di vitella - Croccanda di mandorle.

28. *Lunedì.*

Minestra verde - Lesso misto con salsa - Entramée di cervellate, e fonghi - Pasticcetti d'amarene.

29. *Martedì.*

Maccheroni incaciati con sugo - Braciolette in umido - Arrosto di agnello - Torta di ricotta.

30. *Mercoledì.*

Sartù di riso con polpettine di pesce - Pesce lessato con salsa - Fritto di pane cavoliflore, ed altre erbe - Crema di mandorle.

31. *Giovedì*—Vigilia.

Broccoli alla Camaldolese - Pasticcio di pesce - Frittelle di cecinelli - Pasta bugnè alla siringa.

NOVEMBRE.

1. *Venerdì.*

Timpano di maccheroni al latte - Lattughe pomate farsite di magro - Pesce lessato con salsa - Schiuma di ceci.

2. *Sabato.*

Zuppa in brodo di pesce - Granata al bagno-mario di pesce - Fonghi all'oglio - Pasticcetti d'amarene.

3. *Domenica.*

Maccheroni incaciati con sugo - Polli disossati farsiti - Ordura di anemole all'Inglese - Tortiglion.

4. *Lunedì.*

Minestra verde - Lesso di vaccina con salsa - Ovi di lupo - Gelo poncio alla rosa.

5. *Martedì.*

Zuppa alla Santè - Peripatè di sfogli farsiti a piacere - Arrosto di polli - Crema di cioccolata.

6. *Mercoledì.*

Riso con latte di mandorle - Pasticcio di baccalà - Frittata montata - Frittelle di castagne.

7. *Giovedì.*

Zuppa di gravioli - Lesso misto - Tartufi all'oglio - Latte bianco.

8. *Venerdì.*

Zuppa al sugo delle lenticchia - Polpette d'òvi in cassuola - Fritto di pesce - Crema di menta.

9. *Sabato.*

Timpano di vermicelli senza pasta, mollicato come il sartù, e ripieno di olive, capperi, alici salse, pesce ec. - Anemole - Pesce lessato con salsa- Pasta bugnè per siringa.

10. *Domenica.*

Zuppa all'erbaggio - Entramée di petti di pollanche alla madelotta - Pasticcio in cassa di vitella - Schiuma di ricotta.

11. *Lunedì.*—S. Martino festa grande

Timpano di maccheroni - Granata al bagno mario - Fritto di triglie e palaje - Entramée di tartufi farsiti - Gallotta in arrosto - Caponata di mandorle - Gelo di frutti siroppati. (1)

12. *Martedì.*

Minestra verde - Lesso di vaccina con salsa alla Spagnuola - Arrosto di beccacce - Focaccia alla Savojarda.

13. *Mercoledì.*

Pasta minuta con vongole - Polpettone di pesce - Fritto d'anemole d'erbe - Crema di limone.

14. *Giovedì.*

Zuppa di pane composto - Fregandò di vitella - Mallarda con lenticchie - Ovi faldacchiere.

----

(1) In grazia della gran giornata di S. Martino, ci vuole un pranzo competente.

15. *Venerdì.*

Broccoli alla camaldolese - Ovi in trippa - Lesso di pesce con succo di limone, ed oglio - Tortanetti di mandorle.

16. *Sabato.*

Timpano di maccheroni al latte - Ovi alla monachile - Pasticcio di baccalà con sfoglio - Crema di caffè bianco.

17. *Domenica.*

Tagliolini in brodo - Lesso di polli con salsa - Fritto di granelli - Pasticcetti d'amarene.

18. *Lunedì.*

Zuppa alla santè - Pasticcio di carne alla genovese - Entramée di piccioni in composta - Gelo di poncio.

19. *Martedì.*

Sartù di riso - Ordura di anemole all' Inglese - Arrosto di beccacce - Sfoglio di sciroppata.

20. *Mercoledì.*

Vermicelli con parmegiano, e butiro - Calamari farsiti - Ovi verdi alla Spagnuola - Pasta bugnè confettata.

21. *Giovedì.*

Zuppa alla Tedesca - Entramée di petti di polli alla sciampagna - Pasticcio in cassa di caccia - Crema di ciccolata.

22. *Venerdì.*

Broccoli alla martiniana - Pesce lessato con salsa piccante - Frittata montata - Sfoglio rustico.

23. *Sabato.*

Pasta minuta in brodo di pesce - Granata d'erbe con pesce al bagno-mario -Arrosto di mozzarelle con crostini - Pasticcetti d'amarene.

24. *Domenica.*

Zuppa di pane semplice - Entramée di petti di polli alla Turca - Arrosto di vitella - Gelo alla maraschina.

25. *Lunedì.*

Minestra verde - Lesso di vaccina con salsa verde - Crocchè di riso - Schiuma di pomi di terra.

26. *Martedì.*

Zuppa all'erbaggio - Pasticcetti di carne - Piccioni alla mamelucca - Crema ghiacciata.

27. *Mercoledì.*

Maccheroni con parmegiano, e butiro - Granata di ceci - Frittelle di cecinelli - Biscottini di gelsomino.

28. *Giovedì.*

Zuppa alla mosaica al bagno-mario - Entramée di petti di gallotta alla Egiziana - Pagnottine brusche - Gelo di ananassa.

29. *Venerdì.*

Zuppa di gamberi - Merluzzo in salamoja - Ovi alla marinara - Frittelle di portogallo.

30. *Sabato.*

Oglia alla spagnuola di magro - Entramée di gamberi - Ovi allo specchio - Crema fritta.

DICEMBRE.

1. *Domenica.*

Sartù di riso - Polli disossati caldi - Arrosto di granelli - Crema alla mosaica.

2. *Lunedì.*

Zuppa di pane di spagna - Ordura di anemole all'Inglese - Arrosto di lepre - Pasticcetti di sciroppata.

3. *Martedì.*

Minestra verde - Lesso di vaccina - Braciolette di riso farsite - Pastarelle alla Reale.

4. *Mercoledì.*

Zuppa in brodo di pesce - Ovi in fili, Pesce lessato - Crema di pistacchio.

5. *Giovedì.*

Maccheroni incaciati con sugo - Pagnottine brusche farsite al forno - Arrosto di pivieri - Piccole croccande.

6. *Venerdì*—Digiuno.

Pasta minuta incaciata con brodo di pesce - Entramèe di ragoste - Fritto d'erbe - Pasticcetti di sfoglio.

7. *Sabato*—Vigilia.

Riso nel latte di mandorle - Ordura di boragini farsite - Galantina di pesce - Crema alla rosa.

8. *Domenica.*

Zuppa di rotelline all'Inglese - Entramée di piccioni in coverta - Verigine lattante in galantina - Zuppa di pane di spagna con crema.

9. *Lunedì.*

Lasagnette con sugo - Polpettone farsito - Cignale in siviero - Struffoli a tarallini confettati.

10. *Martedì.*

Zuppa alla tedesca - Piccioni finis-erbe - Braciolette di vitella in arrosto - Torta di sanguinaccio.

11. *Mercoledì.*

Timpano al latte con senso di tartufi - Baccalà alla spagnuola con salsa di noci - Ovi al cappon di galera - Pasticcetti d'amarene.

12. *Giovedì.*

Polenta - Ordura di tagliolini - Fritto di nero in arrosto - Pasta bugnè confettata.

13. *Venerdì—*Digiuno.

Broccoli alle camaldolese - Polpette di pesce - Ovi fritti nei crostini - Crema di caffè.

14. *Sabato—*Digiuno.

Vermicelli incaciati con sugo di pesce - Pesce in umido - Pasticcio di baccalà - Sfoglietti d'amarene.

15. *Domenica.*

Zuppa di pagnottine farsite - Lesso misto con salsa piccante - Canestrine fritte farsite di frutti di mare - Gattò di pane di spagna.

16. *Lunedì.*

Sartù di risò - Granata al bagno-mario - Cervelle in cartoccio - Gelo poncio, ed arancio.

17. *Martedì.*

Minestra verde - Lesso di vaccina - Peripatè di sfoglio farsiti a piacere - Latte bianco.

18. *Mercoledì Q. T.*

Maccheroni con parmegiano, e butiro - Ovi in trippa - Fritto di pesce - Biscotti di pasta frolla con mandorle tempestate.

19. *Giovedì.*

Zuppa di pane composto - Fregandò di vitella - Arrosto di malvizzi - Mirenghe secche.

20. *Venerdì Q. T.*

Zuppa al sugo delle lenticchia - Granata di pésce al bagno-mario - Ovi alla fragassè - Tortanetti di pasta bugnè con amarene sopra.

21. *Sabato Q. T.*

Zuppa mista di magro - Pasticcio di pesce - Ovi alla monachile - Crema di limone piccolo.

22. *Domenica.*

Minestra verde - Lesso di vaccina con salsa verde - Ordura d'erbe - Pastarelle alla Reale.

23. *Lunedì.*

Maccheroni incaciati con sugo - Braciolette in umido - Fritto di granelli - Pasticcetti d'amarene.

24. *Martedì vigilia del S. Natale.*

Pranzo; o Cena di rubrica all'uso di Napoli.

Minestra di broccoli all'oglio con alici salse - Vermicelli all'oglio, potrebbesi sostituire un Gattò di vermicelli mollicato come il sartù ripieno di pesce, olive, capperi ec. e volendo un piatto più nobile si potrebbe fare una zuppa con pesce, e frutti di mare - Lesso di pesce con salsa alla majonese - Fritto di pesce - Pasticcio di pesce - Arrosto di pesce - Caponata con pesce - Croccanda di mandorle, o struffoli.

25. *Mercoledì.*

Giorno del S. Natale.

Minestra di cicorie - Lesso di capponi, e vaccina, con salsa o di riso, o di faggioli - Pasticcio di carne con sfoglio - Polli disossati farsiti caldi - Presciutto rifreddo - Arrosto di filetto di nero di Sorrento - Insalata qualunque - Zuppa d'ovi faldacchiere, o un Gattò alla Cinese.

26. *Giovedì.*

Maccheroni incaciati con sugo - Capponi in umido - Fritto misto - Torta di sciroppata.

27. *Venerdì.*

Pasta minuta con vongole - Granata di pesce al bagno-mario - Arrosto di capetone - Mirenghe secche.

28. *Sabato.*

Zuppa nel brodo di pesce - Polpettone di pesce - Ovi in sublisì - Schiuma di ricotta.

29. *Domenica.*

Timpano di maccheroni - Fregandò di vitella - Arrosto di beccacce - Sfoglietti d'amarene.

30. *Lunedì.*

Minestra verde - Lesso di vaccina con salsa - Cavolifiori in grana - Crema di torroncino.

31. *Martedì.*

Sartù di riso - Braciolette in umido con cipollotte - Pasticcio all'Inglese - Gattò di pane di spagna.

CUCINA CASARECCIA

IN

DIALETTO NAPOLETANO.

L'AUTORE.

——

Abbesogna amico mio a prim a prim de rengra-
zia tutte chille, ch' hanno compatuto chisto libro,
e che m' hanno fatto sentì d' esserle piaciuto, e pe
chesta accasione, m' hanno puosto a lo cemiento de
stampà nauto libro, co' tant' aute jonte, e tant' aute
belle cose, e tant' aute accommensandole da capo;
com sarria chella benedetta lista de' quatto piatte a
lo juorno pe n' anno sano, che l' aggio tutta cagnia-
ta, e pecchè l' aggio scritta co no poco de recenza
maggiore, pe nò mme sentì da n' amico, e paren-
te mio, che era bona gnorsì; mma ngiuveva schiaf-
fato troppo baccalà pe li juorne de scammaro, mperzò
naggio levato lu baccalà, ma po mme senteva di-
cere da llaute, gnorsì hai fatto meglio; e senneg-
ghiuta a bonora la conomia; nsomma, pe levà li
luotone aggio fatto porzì nauta lista pure pe n' an-
no sano, de' tre piatte a lo juorno veramente casa-
rinoli, e accossì mme credo d' avè contentato a tutt',
e rengrazianno co la faccia pè terra, t' appresento
caro amico mio la cucina casarinola, che t' aggio
mprommettùta, e che nge vuoje trovà dè bello, e
de grazia tu mò? sì è pe la cucina Teoreca-Prat-
teca, pe lu Repuosto, e tutto chello che t' aggio
scritto nnante, mme sonco spiccato primma, che
la penna mia era poverella, e che pò trattannose
de cucina, e Repuosto non se poteva ascì da cierti

tiermene pe te fa capì ; si volimmo parlà de la cucina casarinola auh, che auto mbruoglio, speciarmente trannannola cò la lengua nosta. Li calapini
l' addizionarj , chillo bello granno granno asciuto
da poco cò tutti li tiermene, tutte le crosche, m' hanno
fatto jire mpazzia ; la capo chiù ncapo no ngc stà
è a fatto veramente seccia, mperzò compatisceme ,
e azzettane sortanto lo core, e lo pensiero, c'aggio
tenuto pe te fa devertì , tanto co la cucina scritta
co la lengua troscana quanto la cucina scritta co la
nosta Napolitana. T' arraccommanno lo nomme
mio , e governate.

CUCINA CASARINOLA

ALL'USO NUOSTO NAPOLITANO.

——————

Regola primma.

De tutto chello che nce vò pe la cucina.

Doje caudare, una chiù grossa, e n'auta chiù peccerella.

Doje marmitte, una appriess' a l'auta.

Quatto cazzarole de ramma co lo copierchio pure de ramma.

Doje tortiere de ramma co lo tiesto porzì.

No pozonetto de ramma.

Na tiella de ramma a doje maneche co lo tiesto.

Na tiella de fierro co la maneca longa pe friere.

Na dozzana de bocchinotti de ramma

Na scummarola.

No passa brodo.

Doje caccavelle de creta, una chiù grossa de l'aota.

Doje pignate comm'a le caccavelle, e doje chiù peccerelle.

Quatto tiane, doje chiù grosse, e doje chiù peccerelle.

Doje stufarole.

Quatto prattelle.

Doje scafareje, e na scola maccarone de creta.

Duje spiti.

Doje gratiglie.

No cocchiarone, na votapesce, e no cacciacarne.

Quatto tribete, nfrà piccole, e gruosse.

Na grattacaso.

23

Na cafettera, n'arciulillo, e no coppino.

Na cioccolatera de ramma co lo muleniello de legnam.

No mortaro de marmo co lo pesaturo de ligno.

No mortariello d'abrunzo.

No tagliero.

Doje setelle, na martora pe ffà lo ppane co la rasola de fierro.

Quatto setacci, duje chiù gruossi de l'auti.

No tavolillo pe ffa le pizze co lo laniaturo.

Cucchiare, e cucchiarelle de ligno.

Duje curtielle.

Na tavola, e na tavolella pe la cucina.

Duje cate.

Mappine et zetera, et zetera.

Regola siconna.

Comme se fa lo brodo janco.

Piglia no bello piezzo de carne de vacca e a da essere la ponta de pietto, pecchè è llo chiù grasso: no piezzo de ventresca, doje galline, e miette a bollere ogne ncosa; starraj a tiento allo scummà, ca si nò te vene lo brodo niro niro, doppo che l'aje scummato buono buono nge miette no piezzo de lardo viecchio pesato, llo sale, e nge miette pure na cepolla sana; quanno tutta chella rrobba s'è cotta nne la lieve, e passarraje chello brodo azzò se ne levano tutti chilli cicoli de lardo, e la cepolla.

Dint'a chisso brodo nge può fà qualunque sciorta de menesta verde, e vedarraje che cosa stommateca che vene.

Si pò co chillo stesso brodo nge vorrisse fa

la menesta janca , la semmola, li risi non nge miettarraje lo lardo , pecchè nò nge cammina.

Pe lo brodo russo.

Pe chisto te può servì de chillo che trovarraje scritto appriesso parlanno de lo stufato.

Pe lo brodo de pesce.

Miette dinto a no tiano, uoglio, o nzogna na cepolla ntretata no pocorillo d'aglio, llo sale , llo pepe, no poco de spezia, e no poco de petrosino; po nce miette chillo pesce che buò, e lo farraje zoffriere bello bello, e nce jarraje mettendo no poco d'acqua alla vota , nfin'a che nce miette lo brodo; co chesto brodo nce potarraje acconcià li belli maccarune , na zuppa, na sauza nzò che buò.

Si po chesto brodo llo vorrisse russo , nce miettarraje, o le pommadore, si n'è lo tiempo, o la conserva.

Brodo apposticcio.

Può fa pure no brodo finto, ncioè, co la sola conserva, senza carne , e senza pesce.

Piglia na bona cepolla lla ntretarraje, la miette dint'a no tiano, o a na cazzarola, co la nzogna, è la farraje zoffriere, è cofromm s'arrossesce nce miette no poco d'acqua a la vota ; quanno la cepolla s'è bona zoffritta nce miettarrai la conserva, e la faraje zoffriere abbagnannola co no surzillo d'acqua a la vota, e quanno se sarà tutta squagliata, nce miette l'acqua pe fa lo brodo che t'abbesogna.

Dinto a chisto brodo, nce può fà la menesta janca, li risi, na zuppa de pesce, o senza, e nce può acconcià pure li maccarune.

Regola terza.

De' lle zuppe, e meneste.

Menesta de cappucce e torze.

Quann'è lo tiempo, na bella menesta pajesanella de cappucce, e torze, co la vasinicola, fatta dint'a chillo brodo janco, che t'aggio ditto ncoppa, dì la veretà, nò te consola veramente?

Menesta de vruoccole, e cecorie.

Chesta è na menesta, che tutt' se fanno la matina de Natale, e se fa pure dinto a chillo brodo janco.

Menesta de carduncielli.

Piglia li carduncielli, doppo che n'haje levato li struppuni, co doje detella ne lieve tutte lle fronne, lli lavi, e po lli ffaje stà dint'all'acqua fresca azzò se fanno janchi, doppo lli ffaje scolà, e lli ffaje cocere dinto a chillo stesso brodo janco.

Chesta menesta è assai bona pe la matina de Pasca, mperò dinto a lo bollito pe fa venì lo brodo chiù grasso, nce vonno pure le sopressate, na nnoglia, na codella de puorco, no poco de carne ncantarata, e si nce miette pure no bello saciccio, nce da chiù grazia.

Vruoccoli zuffritti.

Piglia chilli vruoccoli li chiù cemmuti , ne levarraje tutte lle ffronne, e restarraje lle cimme , le lavarraje co l'acqua fresca e pò nce farraje appena appena na scaudatella , justo quanto se smosciano no poco , lli farraje scolà , e po dinto a no tiano o cazzarola nce miettarraje chill'uoglio che te pare mproporzione che sonc lì vruoccoli, lo farraje zoffriere , co quatto o cinco spicoli d'aglia , e quanno s'è buono sfumato nce mine li vruoccoli, e accossì lli ffarraje fini de cocere, t'arraccommanno de no farle sfajere.

Uglia a la Spagnola.

Sì po volisse fa com tanta vote aggio ntiso dicere , chillo bello piatto de Spagna chiammato uglia a la spagnola , farraje de chesta manera. Piglia na bella cappuccia ne levarraje tutti li struppuni , la ntretarraje , la lavarraje , e la scaudarraje no poco , e la farraje scolà ; piglia na dozzana de torzelle , e de cheste te siervarraje de le cimmolelle co li torzilli e pure li scaudarraje com'a la cappuccia , mperò senza ntretarle ; piglia na quartarola de fasuli sicchi , e justo chilli che se chiammano *cannellini* pecchè so scivoti , e tutti janchi , e li scaudarraje ; piglia na quartarola de ciceri , e li scaudarraje mettennoce alla prim'acqua na popatella de cennere , e quanno sonc' a meza cottura nce cagnarraje l'acqua , e li farraje cocere co l'auta acqua vollente , e quanno so cuotti li farraje scolà ; doppo piglia quatto pietti de gallina che avrai fatto cocere dinto a chillo brodo janco , ne levarraje l'ossa , e li farraje a fill' a fili, no miezo ruotolo de verrinia allattante pure cotta co chillo brodo , e la farraje a fellucce, com pure no piezzo de presutto pure accossì ; doppo tutto chesto pigliarraje sei pagnotte de pane le fellarraje, e li tagliarraje a pezzulle com' a li farinole della loca , e li frijarraje ; miette dinto a na zoppiera tutte cheste cose a filaro a filaro , e ncoppa nce mine chillo brodo janco mperò sgrassannolo buono , e po mme sapparraje a dicere quant è bello sto piatto.

Semmola.

Po la semmola se po fa de tanta manere , o dinto a chillo brodo janco se è juorno de cammaro , o dinto a lo brodo de le pommadoro , o scaudata , e po mbrogliata co butirro caso e ova, e cierti bote se fa pure co lo brodo de pesce, o pure co l' uoglio ; l' attenzione che ahi d' avere a da essere de saperla cocere , ncioè , de votarla sempe , e de non farla fa a paglioccole.

La può fa pure dinto a lo brodo de lo stufato.

Menesta janca.

Comm' a la semmola può fa pure la pasta menutola , ma no la fa venì ammagliuccata , falla chiù priesto brodosella.

Menesta de frutti tagliati.

Pe 12 perzone piglia no ruotolo e miezo de pera mast' antuono , o cosce de donne ; no ruotolo , e miezo de percoca ; quatto cocozzelle longhe , ma chelle belle grosse , e deritte, sei maz-

zetielli de torzelle , ma che nce sieno le capoz-
zelle , e no grano de cepollette piccerelle. Da li
frutti ne lieve la scorza, e li tagli a quart' a quart,
le cocozzelle li gratte co lo cortiello , e accossì
ne levarraje la scorza, li spacche ne lieve la semmenta , e le tagliarraje a mostacciolilli accuonc'accuonce : a le torzelle ne lieve tutte le frenne , re-
stannoce lo cemmolillo co lo torzillo: a le cepollette pure ne lieve chella primma sfoglia. Piglia
quatto rotola de pommadore, le tagliarraje ncroce , ne lieve le semmente co chella acquiceia, e
le farraje vollere dinto a na cazzarola ; doppo le
passarraje dinto a no setaccio e chello brodo lo
miette dinto a na cazzarola mproporzionata co no
terzo de nzogna , sale , e pepe , e lo farraje vollere astregnennolo no poco ; e po nce farraje cocere a primmo le cocozzelle che so chiù toste ,
doppo le cepollette e le torzelle , po le pera , e
all' ultimo le percoca.

Si pò la vuò fa dint' a lo brodo de stufato
pure vene bona ; ma lo brodo mperò ha da essere
chiù grasso.

Menesta de Pesielli.

Chesta pure è na bella menesta , quanno n'è
lo tiempo. Statt' attiento mperò che non siano li
niri , e a chesto no nce vo niente pe lo canoscere ;
si lo sciore è janco , allora sone buoni , si lo
sciore è russo , allora so niri , e fanno assai male
alle biscere e abbesogna sapè che co chisti pesielli
niri nce ncappano paricchie galantuommene , pecchè chillo che ffà la spesa , pe spennere chiù poco ,
e farese la *varva* s'accatta li niri , e no l'emporta
ca lo patrone lu juorno va pell' aria co li dolore
de panza , e co la coleca , e t'allecordo ancora

lo patto che fanno tutti li schiattamuorte de pagà li diebbiti lloro a li pesielli, ncioè — *Ad pisellos.*

Piglia nzomma li pesielli janc' comme t' aggio ditto, e pe dudece perzune pigliarraje quattuordece rotola de pesielle (de chilli tienneri mperò) doppo che l' avrai monnati li lavarraje; po farraje zoffriere no terzo de nzogna co doje grana de cepolle novelle, spaccate a quart', a quart', e quanno le cepolle se sonc mez' arrossute nce mine li pesielli e accossì li farraje cocere votannoli sempe pe no farl' azzeccà sotto.

Li può cocere pure dinto a lo brodo de lo stufato, li può fa pure co lo caso e ova sbattute, e purzì co l' uoglio ca venene buon' assai.

Li puo fa pure co la verrinia allattante a fellucce fellucce.

Menesta de fave fresche.

Chesta menesta se fa tale e quale comm' a li pesielli; mperò nce ne vonno chiù assaje.

Fave fresce co l' acito.

Quanno avarraje monnate le fave, farraje zoffriere la nzogna dint' a no tiano co no poco de presutto ntretato, doppo nce mine le ffave, e quanno sonc' a meza cottura nce miette no poco d' acito no poco d' amenta lavata, e sfronnata, e le farraje fenì de cocere.

Menesta de cocozzielli.

Piglia chilli belli cocozzielli piccirilli, ne tagliarraje la cimma, e lo struppone, e lli ffarraje

pezzul' pezzul; farraje zoffriere la nzogna dinto
a no tiano co le cepolle, e accossì farraje cocere
li cocozzielli co sale, pepe, e vasinicola ntretata.
Li può cocere pure co lo brodo de lo stufato;
li può fa pure co lo caso e ova sbattute; li può
fa pure cocere co la sauza de pommadore.

Menesta de fasulilli agresta.

Pe 12 perzone piglia quatto rotola de fasulilli agresta, ma chilli tienneri; ne lievi li struppuni, e li fili sott'e ncoppa e li scaudi, po miet-
e dint'a no tiano, o no terzo de nzogna, o tre
mesurelle d'uoglio fino, nce farraje zoffriere na
cepolla ntretata, o spicolo d'aglia, sale, e pepe,
e po nce vuotarrai li fasulilli facennoli ncorporà;
li può fa pure co no poco de sauza de pommadore, e si nce miette l'alici salate ntrentate senza spine
zoffritte, sa com'so saporiti sà!

Fasulill' a cornicelle. c. r.

Chisti pure se fanno de la stessa manera.

Menesta de Fasuli frischi monnati.

Chisti fasuli l'aje d'accattà co tutte le scorze,
pecchè li venneture spognano li fasuli sicchi, e po
mmiezo a la chiazza se li mettono vicino a chilli
co le scorze, e fegnenno che monnano chilli co le
scorze, mballano a la prubbeca de lo puopolo,
pecchè aje da sapè ca chilli co le scorze costano
chiù, e li fasuli sicchi a chillo tiempo sò viecchi,
e costano chiù poco, mperzò t'accattarraje sempe
chilli co le scorze, e pe 12 perzone nce ne vanno

otto rotola, li munnarraje, li *lesserai*, li scaudarraje, e po li buotarraje dint' a la sauza de pommadore acconciata, o co no terzo de nzogna, o
co tre mesurelle d'uoglio.

Menesta de fasuli sicchi.

Pe 12 perzone piglia na mesura, e meza de
fasuli, e li farraje cocere dinto a na caccavella
mproporzionata chiena d'aequa fresca, quanno
sonc' arrivati a meza cottura ne lieve chell'acqua,
e nce miette l'auta mperò vollente ca sinò se ncro-
dulesciene, nce miette tre mesurelle d'uoglio fino,
n'aglio, petrosino, acci, o fenucchi, chello che chiù
te piace, sale pepe o pure no paro de peparuoli
forti, e accossì lli ffarraje fenì de cocere.

Menesta de Nnemmiccoli.

Pe lo stesso nummero de perzone piglia na
mesura, e meza de nnemmicoli, ma de chilli janchi, pecchè nce stanno pure li niri, e fanno lo
stesso affetto de li pesielli (chisti po no nce vo
niente pe li canoscere, t'arraccommann'a S. Lu-
cia, e vide si so janc'o niri: abbada purzi si
nce stanno li pappici, e chesto pure non nce vo
niente pecchè se vedono le pertoselle); lli miettarraje a bollere co l'acqua fresca com pe li fasuli sicchi; nce mutarraje l'acqua, pecchè la primma se fa nera, e primma che se fenescono de cocere, nce miette doje, o tre grana de vorracce,
l'uoglio, o la nzogna, lo sale, lo pepe; e quanno
li menieste sotto e ncoppa a la zuppiera nce può
mettere pure tanta felle de pane fritto.

Zuppa d' Erve.

Farraje primma no bello brodo janco, ne luvarraje llo grasso, e po nce farraje cocere, no paro d' acci, no pāro de *pastenache*, no poco de petrosino tutto ntretato, po pigliarraje lle pagnotte, o felle felle arrostute, o fatt' a pezzul fritti, li miette dinto a la zuppiera co chillo brodo ncoppa, e chell' erve.

Zuppa de Zoffritto.

Pe 12. perzone piglia no prommone, o curatella de' puorco co lo core, e li rugnuni, farraje ogne ncosa pezzul pezzul, e lavarraje chiù vote co l'acqua fresca, e po farraje scolà; piglia no terzo de nzogna la farraie zoffriere dint a no tiano, o cazzarola, co tutti chilli pezzulli, e nce miettarraje purzì no mazzetiello de rosamarina, fronne de lauro, petrosino, e majurana, buono attaccato; quanno se sarrà buono zoffritto ncè miettarraje la conserva de pommadore, e puparuoli duci, nce miette lo sale, e polvere de puparuoli forti, e zoffrienno zoffrienno nce mietterraje lo brodo; doppo piglia le pagnotte, le faje felle felle, l'acruste senza farle abbruscià, le miette dinto a na zoppiera, e ncoppa nce miette tutto chillo brodo co lo zoffritto.

Menesta de ciceri e tagliarelle.

Pe 12 perzone piglia na mesura de ciceri spugnati, li miettarraje a cocere co l'acqua, e na popatella de cennera, nce cagnarraje l'acqua, e li farraje fenì de' cocere; doppo piglia tre mesu-

relle d'uoglio e lo farraje zoffriere dint'a no tìa-
no, petrosino ntretáto, nce miette na carrafa e meza d'acqua , e quanno volle nce mische li ciceri
e lli ffarraje ncorporà ; ntratanto scauda doje rotola de tagliarelle, e qnanno so cotte, ma verde
verde, le mbrogliarraje dint' a chillo brodo co li
ciceri e le farraje quaglià no poco, e accossì la
servarraje sta menesta.

Li tagliarelle le può cocere pure dint' a li ciceri, mperò, mettennoce chiù acqua.

Menesta de fave secche.

Piglia doje mesure de fave secche , ma spu-
gnate, ne lieve co lo cortiello tutti li nasílli e po
le scandarraje , quanno se so cotte si è lo tiempo
de le pommadóre farraje no poco de chella sauza
acconciata, o co la nzogna, o co l'uoglio e na
cepolla ntretata zoffritta , e dinto llà nce vuote le
fave, si po no nce so le pommadore le farraje sole co la cepolla zoffritta.

Maccarune de tutte manere.

Li maccarune pure passano pe menesta, t'arraccomanno mperò de li cocere vierd , vierd, me-
nannoli dint' a la caudara quanno volle justo mmiezo (e t'aggio da dicere no despietto, che fece na
vota no cuoco a lu Patrone, che faceva manciar-
li li maccarune levannole lu sapore, pecchè li me-
nava dinto a la caudara primma che bolleva, e
accossì ne levava tutto lu sapore pecchè chilli maccarune venevano tutte ncollusi , e io pe bedè si
n'era lo vero chesto che m'avevano ditto volette
na matina farne la sperienzia , e bedette la verità)

quanno te pare ca se so cuotti leva subito la caudara da lo fuoco, e nce miette n' arciulillo d' acqua fresca, po le menieste facennoli scolà buoni, mbrogliaonoli de caso viecchio, e provola, e quant' aute sciorte de caso so, chiù benene buoni, lli miette a filaro a filaro, o dint' a na zoppiera, o a no vacile co lo brodo russo de lo stufato, e si po le miette ncoppa a la cenisa a stufà se faranno belli rus rus.

Invece de lo brodo de lo stufato se ponno accongià pure co lo brodo de pesce, e se ponno fa pure co la sauza de pommadoro; li può fa pure co caso e ova sbattute.

Viermicielli co le pommadoro.

Piglia quatto rotola de pommadoro le taglie ncroce, ne lieve la semmenta, e chella acquiccia, e le fai vollere, quanno se sonco squagliate le passarraje pe lo setaccio, e chillo zuco lo farraje stregnere ncoppa a lo fuoco mettennoce no terzo de nzogna quanno la sauza s'è stregnuta justa, scaudarraje doje rotola de viermicielli vierdi vierdi, e scolati buoni li mbruogliarraje dint' a chella sauza, nce miette lo sale, e lo pepe, e a calore de fuoco li farraje stà pecchè accossì s'asciuttano e ogne ntanto nce farraje na votata quanno se so tutti sciuoveti li siervarraje.

Lasagne.

Chisto è no piatto che se fa spisso lo 'Carnevale. Piglia a lo maccaronaro de vascia a lo Pennino chelle belle tagliarelle larie, che pareno fettucce de fianda (vi ca a cheste nce vo chiù acqua pe li cocere) doppo che l' hai cotte le mettarraje a solare a solare o dinto a no ruoto , o a na prattella , e pe ogne solare nce miette lo caso mmescato no filaro de fellucce de provola janca , o mozzarelle , no filaro de cervellate cotte dinto a lo stufato , e si nce miette doje porpettelle non faje male , no bello coppino de brodo de stufato , e accossì farraje pe ogne solaro , e lle farraje stufà , si po le vorrisse fa doce , dint' a lo caso nce miette lo zucchero e no poco de cannella , e pure le farraje stufà co fuoco sotto , e ncoppa.

Strangola pricvete.

Piglia lo sciore, e pe 12. perzone, pigliarraje doje rotola de sciore , e no ruotolo de semmola , mpastarraje ogne ncosa co no poco de sale, e no poco de nzogna , e acqua cauda , mena bona la pasta ma che non sia tanto tosta ; doppo farraje tanta maccarune, e li tagliarraje comm' a struffoli , e co doje deta li ncavarraje ; quanno volle la caudara (che sia co acqua a grasso) nce li mine , e vidarraje ca quanno so cuotti se ne sagliano ncoppa all'acqua, allora ne li lieve da coppa a lo fuoco , e li meniestrarraje jenchennole de chiù de na sciorta de frommaggio, nge miette lo brodo, e li farraje stufà.

Tagliarelli e Bongole.

Pe li juorne de scammaro so buoni chisti tagliarielli ; piglia doje o tre rotola de vongole ma che sieno fresche, li scaudarraje pecchè accossì s' araprano tutt quant , ne lieve le scorze, e li frutti li lave pecchè tanta vote nce sta l'arena, piglia na carrafa d'acqua, nce trite no grano de petrosino e nce miette o no terzo de nzogna, o tre mesurelle d'uoglio, e farraje zoffriere dinto a no tiano, o na cazzarola, e nce miettarraje chelle bongole, doppo scaudarraje doje rotola de tagliarielli, li scolarraj buoni, e li farraje ncorporà dint'a chillo brodo.

REGOLA QUATTO.

PIATTE DE CARNE.

Carne volluta.

Confromma t'aggio ditto ncoppa com s'ha da fa no bello brodo, se nce ntende ca lo brodo se fa co la carne, mperzò pe fa po no bello piatto de bollito, sia de vacca, sia de pulli, sia de carne de puorco, *co reverenzia parlanno*, mettennoce pure no poco de' presutto, o aute robbe salate, lo brodo vene buono, e lo piatto de bollito vene meglio, nce farraje na bella sauza, e lo bollito sarrà accellente.

Stufato.

Piglia o la ponta de nateca, o lu vacante, o pure lo lacierto. Miette dinto a no tiano, o cazzarola, miezo quarto de lardo pesato, si la carne è no ruotolo, doppo nce miette na cepolla ntretata, e po la carne; ncoppa nce miette lo sale, lo pepe, e tutta spiezie, e lo farraje zoffriere, e ogne ntanto nce miettarraje no poco d'acqua votanno sempe; quanno vide ca la carne s'è fatta ros-

sa rossa , nce miette li pommadore si n'è lo tiempo , o pure nce miette la conserva de pommadore , e pure vuotarraje sempe abbagnanno co acqua ; quanno la conserva, o pommadore se sonco
tutte consumate allora nce miette l'acqua pe fa lo
brodo ; attiento compà, si lo brodo te serve sulo
p'acconcià li maccarane, nce miettarraje acqua meno quanto sulo se coce la carne, si po lo brodo te
servesse, o pe farence na zuppa, o pe nce cocere na menesta janca, allora nce miette chiù acqua,
e chiù grasso pecchè si no lo brodo te vene sba-
viato.

Si te venesse ncapo de fa pe stufato no bello lacierto va buono assaje , e chisto lo può fa
pure mbottunato , facennoce no pertuso co lo cortiello pe mmiezo , e chillo pertuso lo mbottunarraje de passi, pignuoli, petrosino , majurana , no
poco de lardo tutto ntretato , e si nce miette no
poco de *saciccio* nce sta buono assai pecchè chesto cape quasi a ogne ncosa.

Carne d'agniello co la sauza de pommadore.

Piglia tre rotola de pommadore li taglie ncroce , e ne lieve li semmente , e chell'acquiccia , e
li faje vollere , doppo li passarraje pe lo setaccio
e chillo stratto llo mmiette dinto a nò tiano o cazzarola , co no miezo quarto de nzogna, lo sale, e
lo pepe, e po nce miette la carne d'agniello piez
piez, pecchè accossi la sauza s'astregne , e la carne se coce , e te vene no bello piatto saporito ,
de la stessa manera , la può fa pure co li pesielle
mperò senza li pummadore facenno zoffriere la carne e a meza cottura nce mine li pesielle, accossì
la farraje cocere.

Spezzatiello.

Piglia la carne d'agniello la farraje pure piez'piez' e la farraje zoffriere dinto a no tiano, o cazzarola co la nzogna lo sale, e lo pepe, quanno s'è bona zoffritta, e s'è asciuttata tutta l'acqua che caccia, nce miette no poco de presutto, e petrosino ntretato, farraje no sbattuto d'ova, e caso grattato, nce lo mbruogl' e buotarraje sempe co la cocchiara, azzò l'ova non s'azzeccano, e se facesseno na frettata, quan s'è tutto astregniuto, nce miettarraje no poco de zuco de limone, e accossì lo siervarraje.

Chisso stesso spettatiello se pò fa pure de vitella, e de pulli.

Cassuola de pulli.

Farraje li pulli a piez' a piez', e li farraj zoffritti comm' a la carne d'agniello, e pe darence no poco de colore nce miette no poco poco de conserva, quando chesta s'è bona strutta, mperò non vrusciata, nce miette no poco d'acqua, e e nce farraje ammalappena no poco de brodo, e allora nce miette, li pesielli, li funcetielli, no paro de carcioffolelle a quart' a quart', e no poco de saccicciello fellato pure è buono, farraje cocere ogne ncose, e quanno l'haje da menestà nce miette attuorno a lo piatto na guarnizione de crostini de pane fritto.

Nteriora de pulli.

De la stessa manera può fa pure le nteriora de pulli; e si te piacessero le patane pure nce stanno bone.

Cervellate ncassuola.

Quanno è lo tiempo de le cervellate, cheste pure sò accellente fatte tale, e quale comm'a la cassuola de pulli.

Fecato all'acetillo.

Piglia lo fegato, o de puorco, co reverenzia, o chello de vitella, lo farraje pezzulle pezzulle llo lave chiù de na vota, llo faje scolà (*nsarvamiento nuosto*) e po l'asciuttarraje dinto a no panno pulito; doppo piglia na cazzarola, e nce miette, si è no ruotolo de fecato, miezo quarto de nzogna, e quanno frie nce miette lo fecato e a poco a poco zoffrienno se cociarrà, sbruffannoce no poco d'acqua pe bota; quanno s'è cuotto nce farraje la sauza che te scrivo ca sotto.

Piglia na meza libra de mustacciuolo, ncioè, chello che li cuochi chiammano smazzapane, ammazzacane, *morzapane*, che saccio comme diceno! miezo quarto d'ammennole che ne lieve prim lle pellecchie co l'acqua vollente, e po lle farraje atturrate dinto a no tianiello nuovo, lo mustacciuolo lo pisè dinto a lo mortaro, e l'ammennole atturrate le ntretarraje; piglia no paro d'onze de cetronata, e la farraje a pezzulle, miezo quarto de presutto, ma chello tutto macro, e pure ntretato, e tutta chesta rrobba la miette dinto a na cazzarola co na meza carrafa d'acito janco, e la farraje vollere mettennoce purzì lo sale, lo pepe, e cannella fina pesata, quanno s'è cotta, e s'è astregniuta la sauza nce miettarraje tanto zuccaro pe quanto, te pare no bello acro, e doce, e accossì t'arregolarraje se nce vo chiù zuccaro e chiù acito; doppo fatta bona chesta sauza nce mbruoglie lo fecato, e farraje servì sto bello piatto.

Zizza co la sauza de pommadore.

Piglia na bella zizza janca, e peccerella (pecchè è chiù tennéra, e se coce priesto) la lavarraje pulita pulita, e la miettarraje a bollere, attiento allo scummà, ca si nò s'annegrisce, e si pe caso mancasse lo brodo, miettece sempe acqua vollente ca si nò vene ncotenuta, e chiù non se coce. Quanno s'è cotta ne lievarraje tutta chella pelle tosta pecchè chella è ancora lo cuorio, mente hai da sapè che quanno se scorteca no piezzo de vaccina, quanno s'arriva a la zizza se taglia lo cuorio, e bicino a essa se nce resta co tutti li pili, dunc'prima de vollere, li pili s'abbrusciano vicino a lo fuoco, e lo riesto se volle, ca si ne lo levarrisse primma, a la zizza no nce restarria chiù niente, doppo che n'aje levata chella pelle tosta la faje felle felle, e la miette dinto a lo piatto co la sauza de pommadore pe coppa.

Zizza co caso, e ova.

Farrai sempe la zizza volluta comm t'aggio ditto ncoppa, la fielle purzì quanno è cotta, e po la miette dinto a na cazzarola co no poco de nzogna presutto ntretato, e petrosino, sale, e pepe, farraje lo sbattuto d'ova, e caso grattato, e nce lo mbruoglie pe mmiezo, e accossì la farraje servì; si po la volisse ammollecata doppo volluta la faje felle felle, e l'accuonce dint'a no ruoto, co pane grattato, limone, e no poco de petrosino, sale, pepe, e no poco de'butirro e la farraje ngrattinà a lo furno.

Zizza fritta.

Volluta che avarraje de la stessa manera la zizza la farraje a felle , ma t'arraccommanno, che quando fai lle felle sieno acconce , e uguale ca pareno brutte alla vista chelle felle de zizza storte , e sconceche ; farraje no sbattuto d'ova , l'arravuoglie dint'a lo sciore , chelle ffelle e po dint'all'ova , e co la nzogna le farraje fritte jon , jon.

Trippa , de tutte manere.

La trippa doppo che l'haje lavata bona , bona , e chiù de na vota la faje cocere cagnannoce l'acqua , e chella che nce miette sia sempe vollente ; quanno s'è cotta la farraje tale , e quale com t'aggio ditto pe la zizza.

Bottune de Piecoro.

Piglia li bottuni de piecoro , ma li chiù gruossi , pecchè quanno so piccerilli , sanno sulo de pecorimma , e no teneno nisciuno sapore ; ne lieve chella pelle che hanno attuorno , li lavarraje , e nce darraje na scaudatella , doppo li miette dinto all'acqua fresca , e quanno se sonc arrefreddati , co lo cortiello nce faje no piccolo ntacco pe levarene n'auta pelle chiù peccerella , che pure teneno attuorno, li farraje a quart, e li può apparecchià tale , e quale comm'a la zizza, e ne può fa pure no piatto ncassuola comm'a li pulli e nteriora de pulli ec.

Porpette a lo tiano.

Piglia no ruotolo de' na bella fella de coscia

ne lieve tutte chelle nerviccìolle e pellecchìe e de tutte ste pellecchie ne farraje no stufato; chella porpa la pesarraje dint' a lo mortaro fina fina, po piglia na mollica de pane de na pagnotta, spognata co l'acqua, e nce la pise, miezo quarto de frommaggio grattato, doj'ova, sale pepe, e petrosino ntretato, mbruoglie buono ogne ncosa, e ne farrajo tanta pallottole, ncioè, li porpette, e le farraje cocere dinto a chillo brodo.

De la stessa manera putarraje fa li brasciole, mperò doppo che haje pesata la carne, nce mmiscarraje na mollica de pane spognata co l'acqua, e spremmuta, ne farraje tanta parte come se volisse fa li porpette, de ogne porzione ne farraje na pettolella ncoppa a lo bancone; po piglia no poco de nzogna sale, e pepe, petrosino, e majorana ntretata, e pe ogne pettolella nce farraje na lardiata, l'arravuoglie bone bone, e le faje cocere dinto a lo brodo russo, ch'avarraje fatto de tutte le pellecchie.

Può fa pure li brasciole arrostute ncioè lle farraje comm'a ncoppa, po farraje tanta spetilli de canna, (si non tieni chilli de fierro) e lle nfilarraje co no crostino de pane pe miezzo, e na felluccia de *verrinia* pecchè chesta sempe nce vo pe *miezo*, pe farle venì chiù saporite, e accossì le farraje cocere ncoppa a la gratiglia.

Fritto de grasso.

Piglia no fecato de piecoro, lo farraje piezze piezze, lo lave, e po nce miette na pezzecata de sale pe ncoppa pecche accossì se n'esce tutto lo sanco, piglia no paro de cervella, le scaudarraje, e le farraje a quarti; piglia na paranza de bottune de piecoro, ne lievarraje primma chella pelle tosta, e po chella chiù sottile, e ne farraje pure quatto parte; piglia pure na pagnotta de pane, ne lieve la scorza, e la fielle. Piglia la tiella co la nzogna; e quanno frie; piglia lo fecato, lo nfarinarraje, e lo frie soave soave, le cervella doppo nfarenate, le votarraje dinto all'uovo sbattuto, e le friarraje purzì; li botttune, primma li nfarine, doppo li passe dinto all'uovo, e doppo l'arravuoglie dinto a la mollica de pane grattato, e pure li friarraje, e le felle de pane doppo che l'avarraje nfose dint'all'acqua, le nfarinarraje, le passarraje pe dinto all'uovo sbattuto, e accossì le friarraje ncolor doro.

Arrusto de pulli.

Che t'aggio da dicere pe chisto piatto? quanno l'aje buoni spennati, e lavati, e fatto scolà, li ncosciarraje, e li nfilarraj a lo spito, e li farraje cocere ncoppa a li cravuni suavi suavi.

Stenteniello.

Piglia quatto rotola de stentine de piecoro, ma de chilli chiù tienneri, co no cortelluccio li spaccarraje, e li lavarraje bone bone, e li farraje scolà; piglia no ruotolo d'animelle, e puliciare e li lave, piglia na bella fella de presutto, e la tagliarraje a filettielli, com pure na fella de caso cavallo de regno, quatt'ova toste tagliate a quart'no mazzetiello de petrosino sfronnato, po piglia si n'è lo tiempo na rezza de puorco, si nò, na rezza de piecoro, la stienne ncoppa a lo bancone, e dint'a essa arravuoglie bello bello tutte cchesti cose, nce miette lo sale, e lo pepe, e doppo l'arravuogliarraje co chelle stentina, e farraje tanta na cosa grossa, che si chiamma stenteriello, e n'auto termene porzì, che no me vo veni a mente, anz na vota me l'allicordaje, e na perzona redenno me strellaje, e pecchesso me l'aggio scordato; doppo che l'aje arravogliato lo nfile pe luongo a lo spito nfocato, e ncoppa a la gratiglia pure nfocata lo faraje arrostere bello bello; t'aggio da dicere, purzì che quanno vuò fa chisso piatto t'aje da scetà matino pecchè nce vo tiempo, e tiempo assaje pe lo cocere.

Arrusto d' agniello.

L'arrusto d'agniello, lo meglio sonc li quarti de dereto, o pure tutto sano, siano l'oni, che l'auto sempe l'aje da nfilà a lo spito e lo farrai cocere comm'a li pulli arrostuti.

Costàte de vacca arrostute.

Chisto è no bello arrusto, speciarmente quanno so tutte vacante; quanno l'aje accattate, ncoppa a lu bancone, le pulizze pecchè sempe nce stanno chelle botte de lo bancone de lo chianchiere, ne taglie chillo niervo, che nce stà attuorno, ca si no ncoppa a la gratiglia tutte s'arrepecchiano, e com sai le cose arrepecchiate non so mai bone; quanno sonc'a meza cottura nce faje na sodonta de lardo pesato co sale, pepe, e petrosino ntretato, e le farraje cocere soave soave.

Puo fa purzì n'arrusto de scorze, e cheste se fanno pure de la stessa manera.

Feletto de puorco arrostuto sano.

Farraje no feletto de puorco nfelato a lo spito, e si lo ncarte no faje male, pecchè chist'arrusto se piglia sempe tutto lo fummo, e quanno è ncartato nò nce stà sto pericolo.

De la stessa manera può fà pure l'arrusto de no feletto de vitella, o no feletto de dinto.

Gallottola a lo furno e arrostuta.

Piglia na bella gallottola, doppo spennata, e lavata da dinto, e da fora la mbottunarraje si la vuò fa accossì, de stivaletti, o de risi scaudati vierdi, vierdi, e acconciate co caso, e ova, e no poco de brodo de stufato, e po nce miette presutto ntretato, cervellate si n'è lo tiempo e si no sacicce secche vollute, la mbottune primma da sotto, e la cuse, e po pe coppa da donne n'aje levata la vozzola, e la cuse, e po, o la faje ncoppa a la gratiglia, o dint'a no ruoto lardiata de nzogna a lo furno che vene accellente.

De chesta stessa manera può fà pure li cosciette de piecoro a lo furno, e qualunque auta carne.

REGOLA CINCO.

PIATTE DE CACCIA.

Puorco sarvateco nseviero.

Piglia lo presutto de lo puorco sarvateco, lo farraje piezze piezze, lo lave buono, lo farraje scolà, e po co no panno polito l'asciut, po lo miette dint'a na cazzarola, co la nzogna, e lo faje

zoffriere , mettennoce ogne ntanto no poco de vino janco , e quanno s' è cuotto , nce farraje chella stessa sauza , che t' aggio scritto pe lo fecato
all' acetillo.

Lepre , e Daino sarvateco nseviero.

De chisti stessi animali ne può fa no bello
piatto de nseviero , tale , e quale comm' a lo puorco sarvateco , ncioè , a lo cignale.

Quaglie , e auti aucielli arrostuti.

Quanno è lo tiempo , de le quaglie , de le
cucciarde , de le fucetole , de li marvizzi de li
pietti russi , de le marzajole , de li fruncilli , de
li sturni , de li code janche , ec. tutti chisti aucielli so' buoni arrostati , mperò filati a li spetilli
co li crostini de pane pe mmiezo , e na fella de
ventresca , o de presutto grasso , pe darence no
sapore dicchiù.
Chisti stessi aucielli so' buoni purzì fatt' a lo
tianiello zoffritti , nsemplice , co na sbruffatella d'a-
cito , no poco d'amenta , sale , e pepe e presutto
ntretato , e po co li crostini de pane fritto attuorno a lo piatto li siervarraje.

Arrusto de Pernice , e palummi sarvatech'.

Doppo che haje spennato , e lavate le pernice , o li palummi pe levarne chella muffa de cam-
pagna è buono che nce faje appena appena na scaudatella , doppo l'asciuttarraje , e l'arravuoglie , o
dint' a la rezza de puorco , o a na rezza de cra-
stato , e nfilate a lo spito le farraje cocere a fuo-

co lento, azzò lo fuoco passa a la cottura, e quanno l'avraje da presentà ntavola, co no poco d'attenzione ne levarraje chella rezza, e l'accuonce dinto a lo piatto.

REGOLA SEJE.

PIATTE DE PESCE.

Pesce a lo tiano.

Piglia na cepolla la ntritarraje; la miette dinto a no tiano, o cazzarola, co l'uoglio, o co la nzogna, no poco de petrosino, e quanno la cepolla s'è arrossuta, nce miette no poco d'acqua, nce farraje dare no paro de vulli, e po nce miette chillo pesce che buò, nce miette lo sale, e lo pepe, e lo farraje cocere.
Si lo brodo lo vorrisse russo, nce miette no poco de conserva de pommadore, doppo che s'è arrossuta la cepolla nce farraje no poco de brodo e doppo nce miette lo pesce.

Porpette de pesce.

Piglia o la porpa de lo ttunno, o chella de lo pesce spata o no palammeto, o no merluzzo gruosso, o no cefaro gruosso; doppo ch'a chisti pisci l'aje polezzati buoni, e lavati, nce lieve li ccape, e li cude, e nce farraje no poco de brodo russo com t'aggio ditto ncoppa; de la porpa po de lo pesce la pise comm'a la carne, nce miette na mollica de pane spognata coll'acqua, no poco de caso grattato, no paro d'ova, o chiù siconno la quantetà de lo pesce, nce miette lo sale, e pe-

pe no poco de petrosino ntretato , mbastarraje
bona chesta pasta , e ne farraje tanta porpette com-
m'a chelle de carne , po passa chillo brodo , e
dinto llà nce fai cocere le porpette , potennoce mettere pure dint' a lo brodo quatto passi , e pignuoli.

Cassuola de purpetielli.

Piglia na bella cepolla , la ntretarraje , e la
farraje zoffriere dint' a na cazzarola , o co l' uoglio,
o co la nzogna ; e quanno s'è fatta jonna jonna
nce miettarraje no poco d' acqua , e no poco de
conserva de pommadore , e nce farraje lo brodo.
Po piglia li purpetielli , ne levarraje l' uocchi , e
la capozzella , che sta mmiezo a lle granfe , ch'è
comm'a no cecere, lli lavarraje buoni e li farraje
cocere dint' a chillo brodo , co passi, pignuoli,
aulive , e chiapparielli statt attiento che non fos-
seno chilli muscarielli pecchè puzzano assai , e te
voglio mbarà la revola pe canoscere quanno lo pur-
po è de musco , e quanno nò ; nò solamente , che
se ne sente lo fieto , ma guarda vicino a lle granfe ; si nce truovi doje filere d' occhietielli allora no
sonco de musco , si po teneno uno filaro d' occhietielli allora so de musco.

Cassuola de seccetelle.

Cheste se fanno de la stessa manera ; imperò
n' aje da levà chelle stecchetelle , e lo fele , che
t'arraccomanno de non farlo schiattà , ca si no farraje lo brodo niro niro.

Cassuola de calamari.

Che t'aggio da dicere pe li calamari ? si sonc piccerilli, ne levarraje le spatelle, e lo fele co attenzione, e li farraje purzì comm'a ncoppa ; si po so gruossi, li può fa sani mbottunati co' mollica de pane grattato, arecheto, aulive, chiapparielle, e petrosino ntretato sale e pepe, passi e pignuoli.

Alice ammollecate.

Piglia chelle belle alice de sperone, li scapizze, e ne lieve le stentina, le lavarraje chiù de na vota, e po le farraje scolà; piglia no ruoto nce farraje no solaro de pane grattato, arecheta e petrosino ntretato, sale e pepe, nce farraje no filaro d'alice e ncoppa n'auto solaro de mollica de pane e nce spriemme lo zuco de limone, e uoglio buono, e le farraje cocere o a lo furno, o co lo tiesto, si po le borrisse magnà meglio ne levarraje pure le spine, accommensando da la via de la capo nfi a la coda, che nce la restarraje pe farle comparì sane.

Lacierti ammollecati.

Pe li lacierti farraje tale, e quale com t'aggio ditto pe l'alice, mperò li spaccarraje a luongo a luongo, e ne lieve la spina.

De chesta stessa manera se ponno fa pure li tenghe.

Fritto de pesce.

Mme mbroglio nverità a direte comme se fa lo fritto de li pisci, pecchè mme pare na cosa troppo brutta de farete na filastroccola longa longa;

e po, che malina, chi no lo ssà comme se fa? ca si nò t'avarria da dicere, ch'aje da piglià lo pesce pe friere, l'aje da sgargià, l'aje da scardà, l'aje da sbendrà, l'aje da lavà, l'aje da fa scolà (nzarvamiento nuosto) l'aje da nfarenà, e po lo friarraje accuoncio, accuoncio.

Pesce volluto.

Volendo fa o no pesce gruosso volluto, o no piezzo de no gruosso pesce, doppo che l'aje buono pulezzato, e lavato, l'arravuoglie dinto a no sarvietto, e lo cuse, po lo miette dinto a na caudara co acqua e acito, frunne de lauro, no poco de rosa marina, doje portoalle fellate e duje limoni, na bona pezzecata de sale, e accossì lo farraje cocere; quanno te pare, che s'è cuotto lo lieve da coppa a lo fuoco e lo faje quas' a raffreddà, accioc lo puo levà da dinto a la caudara, e non se sbraca; po ne lieve chiano chianillo chillo sarvietto, e l'accuonce dinto a lo piatto.

Arrusti de pesce.

Si fosse na bella fella de tunno, o pesce spata, la miettarraje dinto a no piatto co uoglio, sale, e poco acito; farraje nfocà la gratiglia, e suave, suave la fai cocere, abbagnannola ogne ntanto co l'uoglio e acito, quanno s'è cotta la miette dinto a no vacile acconciata co lattuca, o scarola ntretata attuorno.

La stessa revola tienarraje pe tutte l'aute sciorte de pisci, che vuorrai fa arrostuti, mperò li sgargiarrai, e lavarrai surtanto.

Pesce co la sauza.

Sieno l'alice, li lacierti, li merluzzi, li ciefari, no palammeto fatt'a felle, na fella de tunno piezze piezze, no piezzo de pesce palummo ec. tutte ste qualità de pisci se ponno fa co la sauza de pommadore, co la sauza a la franzese, o co quarch'auta sauza de chelle che trovarraje scritt'appriesso : mperò doppo che l'aje lavati, li scaudarraje, ne levarraje tutte le spine, e le pellecchie, e l'agghiustarraje dinto a lo piatto, e ncoppa nce miette la sauza, o cauda, o fredda.

Li può fa pure nzemprice nzemprice, co uoglio, zuco de limone, e petrosino ntretato.

REGOLA SET.

PIATTE DE BACCALA', E SALUMME.

Baccalà a lo tiano.

Piglia sempe lo baccalà chiù duppio, e t'arraccommanno sempe la pulezia ch'è la primma cosa dinto a la cucina, lo lavarraje buono. Piglia na cepolla la ntretarraje, e la farraje zoffriere dinto a no tiano, o co l'uoglio, o co la nzogna, quanno s'è fatta rossa, nce miette no poco d'acqua, pas, pignuoli, e petrosino ntretato; farraje ncorporà ogne ncosa, e quanno volle nce miette lo baccalà.

Baccalà co la sauza de pommadore.

Farraje la sauza de pommadore com trovarraje scritto alla revola de li sauze ; piglia chillo bello baccalà duppio, lo llave, e lo faje scaudato, po une lieve le spine, e lo mmische dinto a la sauza de pommadore.

Baccalà a la cannaruta.

Scauda lo baccalà, e doppo che l'aje monnato de tutte le spine, e lle pellecchie, l'acconciarraje dinto a no ruoto a solare a solare co pane grattato, arecheta, e petrosino, sale e pepe, e ncoppa nce miette uoglio, e zuco de limone, e lo farraje ncroscà o dinto a lo furno, o co lo tiesto ncoppa.

Baccalà arrostuto.

Piglia chilli belli mussilli de baccalà, lo lavarraje chiù de na vota, l'asciuttarraje co no panno, lo mbrugliarraje dint'a l'uoglio, e po lo miette ncoppa a la gratiglia, e lo farraje arrostere sodognennuolo sempe co l'uoglio; quanno è cuotto nce miette ncoppa no poco de zuco de limone, n'auto poco d'uoglio, no poco de sale, si ncevò, e no poco de pepe, l'accuonce dinto a lo piatto e te lo magn.

Baccalà co lu sauza.

Li sauze sonc' l'acconcia mbruoglie de la cucina pe no dicere ...... quanno vorraje fa lo baccalà co quarche sauza; l'aje sempe da scaudà, n'aje da levarne le spine, e la pelle, l'accuonce dinto a lo piatto, e ncoppa nce mine chella sauza che chiù te piace, mperò, cheste nò fanno na generaletà, pecchè nò tutte sonco adattate; accurt, accurt te ne diciarraggio quarche d'una, che nce cape com sarria a dicere la sauza a la franzese;

chesta nce la può mettere cauda, e fredda, — la
sauza verde — chesta fredda sulamente — la sauza
d'ova pure fredda, la sauza de chiapparielle cauda, e fredda, e accossì va scorrenno ec.

Baccalà mpasticcio.

Farraje apprimmo la pasta doce, che si chiamma pasta frolla, che la trovarraje scritt'appriesso comme se fa. Piglia tre grana de scarole janche li munne li lave, e li ntrite, e l!e farraje zoffriere, o co l'uoglio, o co la nzogna assieme co
doje grana de chiapparielli, e n'auto tanto d'aulive nere senza l'osse, sale, e pepe; quanno la
scarola s'è meza cotta la farraje arrefreddà. Piglia
lo baccalà chiù duppio lo scaudarraje, ne lieve la
pelle, e le spine, e lo smenuzze a sfoglia, po miette dinto a lo ruoto la pasta comme se volisse fo
na pizza, nce miette apprimmo lo solaro de chella scarola ec. (scolato mperò de che llo brodo) nce
miette lo baccalà, lo quale doppo che l'aje smol-
lecato lo farraje zoffriere o co no poco d'uoglio,
o de nzogna co doje alice salate, pe farlo amma-
renà, aggrassà, comme se dice pe dint'a stì cucine, che io nò saccio, e ncoppa a isso nce miette l'auta mmità de la scarola ec. doppo nce miette l'auta pettola de pasta, e farraje no bello pasticcio, che lo farraje cocere a lo furno, o sott'a
lo tiesto.

Sarache, e arenghe.

Cheste pure sonc bone fatta fritt' co la pa-
stella a mez'a meze, mperò doppo che l'avarraje
tenute pe 24. ore dint'all'acqua fresca cagnannola
sempe. Farraje la pastetta piglianno lo sciore llo

miette dinto a na cazzarola , o no tianiello , nce miette no poco de crisceto , e la vuote co acqua cauda , e farraje na pasta molla , po la farraje stà appena a calore de fuoco , pecchè chella accossì cresce , e vidarraje quanno è cresciuta , che se fanno ncoppa tanta mbolle ; quanno è ora de lo pranzo piglia l' arenghe , o le sarache a mez' a meze , le mbruoglie dinto a chella pastetta , e li frie dinto a l' uoglio vollente , che venarranno abbuffate , e jonne.

REGOLA OTTO.

PIATTE D' ERVA.

Molignane a la parmisciana.

Piglia chelle belle molignane nere , ne lieve la scorza e lle faje fel felle , po le miette ncoppa a lo bancone a solare , a solare co lo sale pe miezo , e no mortaro ncoppa pe pisemo pe nce fà scolà chell' acqua amara ; doppo le spriemme bone , e le farraje fritte , e po l' accungiarraje dint' a no ruoto a felaro a felaro , co lo caso grattato , vasenecola ntretata , e brodo de stufato , o co la sauza de pommadore , e co lo tiesto ncoppa le farraje stufà.

Molignane mbottunate.

Farraje le molignane fritte com t' aggio ditto ncoppa , e mmiezo a doje felle nce miettarraje caso , e ova sbattute , no poco de presutto ntretato , e le tornarraje a friere , acciò se pozza cocere l' uovo , e lo caso , si po le volisse doce , dint' a lo caso , e l' uovo nce miette no poco de zuccaro , co no poco de cannella pesata : po l' accuonce dint' a lo ruoto co caso grattato pe mmiezo, e brodo de stufato, facennole pure stufà. De chesta manera se ponno magnà pure senza stufà caude caude.

Molignanelle nsauza.

Piglia chelle belle molignanelle peccerelle, e chelle nproprio che se fann' a l'acito, ne lieve li struppuni e lle scaudarraje facennole seolà bone, bone, li nfarine, e lle frie co la nzogna, farraje na sauza acre, e doce, nce le mbruoglie, e l'accuonce dint' a lo piatto.

Cocozzielli a la parmesciana.

Piglia li cocozzielli li fiellarraje a luongo comm' a le molignane, e lli miettarraje purzì nsale, po li spriem, e li friarraje tale, e quale comm' a le molignane acconciannoli co lo caso grattato, brodo de stufato, facennoli stufà comm' a chelle.

Cocozzielli co la sauza verde.

Fella li cocozzielli pe tuono, li miette pure nsale, po li spriemm' e lli frie nfarenannoli primma, po farraje na bella sauza verd co no poco de zuccaro, e cannella, accuonce a filaro, a filaro li cocozzielli dint' a no piatto co la sauza pe mmiezo, e ncoppa, e te li magnarraje friddi già:

Cocozza de Spagna.

De la stessa manera può fa purzì la cocozza fellannola, e mettennola nsale, e friennola e, nce può fa o la stessa sauza verde, o puramente na sauza acre, e doce.

Pommadore.

Piglia chelle pommadore tonne , e che no siano chelle tutte ricce , l' anniette , e le spacche a mez' a meza , dinto a no ruoto nce farraje no solaro de mollica de pane grattato co sale pepe e arecheta , e po nce farraje no felaro de pommadore ; ncoppa a lloro n' auta sciuriata de mollica ec. e uoglio fino , e no nce ne farraje chiù de duje solare pecchè si no , nò ponno venì belle ncruscatelle a lo furno.

Pommadore sane mbottunate a lo furno.

Pe chisto piatto aje da piglià le pommadore le chiù tonne , e acconce , le scafutarraje co lo ncavafrurto , ne lievarraje tutte le semmente , e chell' acquiccia , che la miscarraje co la mollica de pane grattata , arecheta , sale , pepe , chiapparielli , e aulive ntretate , farraje na mmesca co no poco d' uoglio , e po co chesta rrobba mbottune le pommadore ; piglia no ruoto nce faje na sciuriata de mollica de pane grattato , arecheta sale , e pepe e nce miette acconce acconce le pommadore l'auta , mollica pe coppa , e na bona augliata , e le farraje cocere a lo furno.

Caulisciore ncassuola.

Piglia lu caulisciore no tanto gruosso , lo tagliarraje a cimm' a cimma , ma socce ; miette dinto a na cazzarola , no poco de nzogna , o de butirro e no miezo ruotolo de vitella tagliata a fellucce , sale , e pepe , e la farraje zoffriere , quanno la carne s' è meza cotta , e che non sia abbruscia-

388

ta nce miette no poco poco d'acqua, e lo caulisciore co duje funcetielli, n'auto poco de sale, e de pepe, e accossì lo farraje cocere.

Si po volisse fa la cassuola de scammaro, nvece de la nzogna nce miette l'uoglio, e pe la carne lo tarantiello, e pe li funci, passi, e pignuoli.

Carcioffole ncassuola.

Piglia le carcioffole nne lieve tutte chelle fronne chiù cattive attuorn'e li spunte, nce munne lo torzillo, le taglie a quart'a quart e le miette dint'all'acqua fresca co na pezzecata de sale e zuco de limone, pe farle fa janche, e po t'arregolarraje comm'a la cassuola de caulisciore scritta ncoppa.

Carcioffole fritte.

Farraje le carcioffole tagliate tale, e quale comm'a chelle de coppa, po le scaude, e le faje scolà; doppo le nfarine co lo sciore, le mbruoglie co l'ova sbattute, e co la nzogna le frie jon, jon.

Carcioffole arrostute.

Che t'aggio da dicere pe chisto piatto., ca lo sapea fa pure D. Giovan lo pazzo che jeva pe Napole, nce miette sale, e uoglio, e pepe e no spicolo d'aglia pe dinto, e l'arruste ncoppa a la vrasa.

Rape alla ntrimè.

Piglia chelle belle rape tonne, e no ntanto grosse, e bada che no siano spenose, ne lieve la scorza, e le taglie comm'a le farinole della loca,

ma no poco chiù grosse, comm'a chelle farinole,
che se joca a lo criato, lo *giacchetto* che saccio
comme se dice, pe mme potè fa ntennere, farraje
zoffriere no pocorillo li pezzulle de rapa, o co la
nzogna, o co lo botirro, co presutto ntretato,
petrosino, majorana no poco poco d'aglia, sale,
e pepe, e po lo riesto de la cottura nce la farraje fa co lo brodo de carne, quanno l'aje da
servì, attuorno a lo piatto nce farraje na guarnizione de crostini de pane fritto, vi ca chisso piatto
è buono assaje.

Carduni a la parmesciana.

A li carduni ne lievi tutti chilli fili, li tagli
no tre deta luonghi, e cofromma li sfili e li taglie lli mine all'acqua fresca co na pezzecata de
sale, e zuco de limone, doppo lavati li scaudi,
e po li faje tale, e quale comm'a le molignane.

Puparuoli gruosi mbottunati.

Piglia chilli belli puparuoli che se fann'a la
cito, e si sonc'chilli gialli sonc meglio pecchè so
chiù duci, ne lieve chiano chiano co la ponta de
cortiello lo struppone e pure co la semmenta appriesso, la quale ne la lievarraje tutta quanta facenno rummanì lo struppone comm'a no tappa-
riello; po piglia mollica de pane *grattigiato* o
grattato, arecheta, alice salate senza li spine,
aulive, e chiapparielli ntretati, sale e pepe, e
uoglio mbastato, co chesta rrobba mbottunarraje
li puparuoli, e co chillo struppone li ntapp', doppo
li friarraje dinto o la tiella co l'uoglio, ma senza
farl'ammuscià quanto sulo li può spellicchià, doppo

l'accuonciarràje dint' a no ruoto co mollica de pane grattato arecheta sale, e pepe sott'e ncoppa, e nà bona ogliata, e dint'a lo furno li farràje ncroscà.

REGOLA NOVE.

PIATTE D'OVA.

Porpette d'ova.

Piglia na pagnotta de pane la grattarràje co n'auto ttanto de caso grattato, sale, pepe, e petrosino ntretato, ne farràje na pasta de porpette co l'ova sbattute; ma che no sia molle, ne farràje tanta porpette nfarenannole dint'a lo sciore, e le farràje cocere, o dint'a la sauza de pommadore, o co lo brodo de pesce.

Ova jettate all'acqua.

Farràje vollere l'acqua dint'a na cazzarola co lo sale, e no poco d'acito janco, e quanno volle nce rumpe n'uovo a la vota, e lo farràje cocere, e a un'a uno lle farràje; cofromme se ne coce uno, lo lieve, e li miette dinto a lo vacile facennole scolà tutta l'acqua, e ocoppa nce può menà la sauza de pommadore, na sauza de pesielle, e cepolluzze novelle, e cierti nce mettono purzì na scioriata de caso grattato.

Ova co la sauza.

Farràje l'ova toste comm' a chelle de Pasca, lle munne, e le taglie a quart'a quart, l'accuonce dint'a no vacile, e po nce mine na bella sauza speretosa, che farràje de chesta manera.

Piglia doje belle cepolle grosse le ntretarraje fine fine; piglia duje puparuoli all' acito e pure li ntritarraje, no cetrolillo a l'acito, na molignanella pur'accossì; farraje cocere tutte ste cose, co acqua paricchio, e quanno tutto s'è scuotto, nce miette no poco de pepe, lo sale, no poco de zuccaro pe darege na grazia e no poco d'acito; la pruvarraje se t'aggrazeja a lo palatano, e la mine pe ncoppa all'ova : chesta li cuochi la chiammano la sauza *scema ascema* che saccio che malina mbrogliano lloro !

Ncoppa a chess'ova nce può mettere pure la sauza de pommadore, la sauza verde, o quarch'auta sauza che chiù t'aggenia.

Frettata co le cepolle.

Piglia na cepolla, la ntretarraje menutola, e la farraje zoffriere dint'a la tiella co la nzogna; sbatte l'ova bone bone, nce miette caso grattato, sale, e pepe, e petrosino ntretato, e nce mmische la cepolla zoffritta jonna jonna. Piglia la tiella bona pulita nce miette no poco de nzogna, neioè, si la frettata fosse de na dozzana d'ova nce miette no paro d'onze de nzogna, quanno s'è squagliata, e fummeca nce mine la paparotta de l'ova, e co la cocchiara de ligno vuotarraje sempe pecchè si nò sotto s'azzecca e bederraje ch'appoco appoco se quaglia e tu aunisce tutto chello che se quaglia; quanno s'è tutto quagliato, co la cocchiara agghiustarraje comm'a na pizza movenno sempe lo maneco de la tiella pecchè accossì se coce, e no s'azzecca sotto, nce miette no piatto ncoppa, e la vuote dint'a lo piatto, po miette n'auto poco de nzogna, dint'a la tiella, e quanno frie nce faje sciulià la frettata da dinto a lo piatto, la farraje cocere da chell'auta parte, e de la stessa manera de primma lieve la frettata da la tiella; la miette dinto a n'auto piatto pulito, e la faje servì ntavola.

Frettata co le pommadore.

Confromm'aje fatto co la cepolla, farraje co le pommadore; mperò pigliarraje chelle pommadore ammature, ne lieve la pellecchia, e la semmenta, le ntretarraje, e le farraje zoffritte com'a la cepolla, e de la stessa manera che t'aggio ditto ncoppa farraje chesta frettata.

Frettata co la mozzarella.

Doppo ch'avarraje sbattute l'ova tale, e quale comm'a ncoppa, nce miettarraje, o li muzzarelle, o la provola janca pezzulle pezzulle e mbroglianno ogne ncosa farraje la frettata jonna, jonna.

Ova fritte.

Nò saccio comme me pare, de te dicere com se fanno l'ova fritte; ma addovennole scrivere dint'a sta cucina pe fa folla, t'arraccommanno de frierle a uno a uno, ca si nò s'azzeccano nfra de lloro e no veneno bone; quanno la nzogna fummecheja dinto a la tiella, nce mine l'uovo, e confromma vide che s'e quagliato sotto, co la votapesce lo vuote, cercanno de commiglià lo vruociolo co chella velinia; e accossì vedarraje ca vene cuotto comm'a na sfogliatella.

REGOLA DIECI.

DE LE SAUZE.

Sauza de pommadore.

Piglia le pommadore ammature, le spacche, e ne lieve la semmenta, e chell'acquiccia che nce stà, le miette dinto a na cazzarola, e le buote sempe, pecchè se fanno chiù priesto, quanno so tutte scotte, le passarraje pe lo setaccio, e chello brodo lo farraje astregnere ncoppa a lo fuoco, nce miette lo sale, e lo pepe, e la nzogna se te servesse p'acconcià li maccaruni, e qualunq'auta sciorte de pasta menutela; si po te servesse pe ncoppa a lo bollito, l'ova, li pulli, e lo pesce, no nce miettarraje la nzogna, ma sarria buono no poco de bntirro.

Fatta chesta sauza è accellente pe nce mbroglià li viermicielli, e allora si la connisce co l'uoglio veneno chiù meglio, e saporiti.

Sauza a la Franzese.

Piglia na cepolla, la ntrite, e la faje zoffriere rossa rossa dinto a na cazzarola co no poco de nzogna; piglia duje puparuoli all'acito, no cetrolillo, chiapparielli, e aulive senza l'osse, no piezzo de presutto ntrite ogne ncosa, e lo faje cocere co chella cepolla zoffritta mettennoce acqua, o brodo janco de carne (si ne tieni) quanno tutto s'è cuotto, nce miette, sale, pepe, spezie, acito, e no poco de zuccaro pe luvarne chill'aspro de l'acito, no poco de brodo russo, pe potertene serví pe ncoppa a lo bollito de carne; si po te ser-

vesse pe ncoppa a pesce volluto nvece de lo brodo de carne nce miette chillo de pesce, e nvece
de lo presutto, nce miette tonnina, o tarantiello
e alice salate.

Chesta sauza de doppia manera scritta, te ne
può servì tale e quale t'aggio ditto, o pure si la
vuò chiù fina la passarraje pe lo setaccio, mperò
facennola cocere chiù assaje.

Sauza acre, e doce.

Gratta na pagnotta de doje grana, pesa no
mostacciuolo, piglia na carrafa d'acito janco buono, miettela dinto a na cazzarola, ncoppa a lo
fuoco, e quanno volle, nce miette lo mustacciuolo pesato, e la mollica de pane, no quarto de
zuccaro scuro, no poco de sale, pepe, e cannella pesata, e farraje vollere ogne ncosa, e si vide
ca s'è asseccata, e non s'è cotta ancora, nce miette no poco d'acqua, e quann'è cotta la pruove,
si nce vo chiù zuccaro, o acito; nce miette pure
no poco de cetronata ntretata, quatto passi, e pignuoli, e ammennole pure ntretate, e farraje vollere, quanno è cotta bona, che no sia tanto denza, ne tanto molla la lieve da lo fuoco.

Chesta sauza è bona ncoppa all'ova toste, e
molle, caude, e fredde; e bona ncoppa a la carne de puorco, addommesteco, e ncoppa a chillo
sarvateco; è bona ncoppa a la cocozza de Spagna
fritta; è bona ncoppa a qualunque sciorta de fritto, che se volesse fa, com na vota se diceva lo
fritto a la torrese, che mmo no è chiù a la moda; è bona ncoppa . . . .

Sauza verde.

Piglia doje grana d'amenta, e petrosino, lo lave, lo spriemme, e dinto a lo mortaro lo pise fino fino, piglia la mollica de pane de na pagnotta, la spugne dint'a l'acito, e po nce la pise pure co chell'erva, nce miette lo sale, e lo pepe, e n'auto poco d'acito, facennola denza comme vuò. Si la vuò doce nce miette no poco dè zuccaro.

REGOLA UNNECE.

PIATTE RUSTECH'E DOCE.

Cauzuncielli mbottunati, e fritti.

Piglia la pasta de llo ppane, e quanno è cresciuta la mine co no poco de nzogna, sale, e pepe; ne farraje tanta pezzelle tonne tonne, e ncoppa a na mmità nce miette caso, e ova sbattute, mozzarella, o provola ntretata o fellata, co pure presutto, o sopressata, si le bolisse de grasso, sale, e pepe e co l'auta mmità de pasta lli commogliarraje, astregnenno buono attuorno, e lli farraje fritti jun jun.

Cauzuncielli de scammaro fritti.

Volenno fa li cauzuncielli de scammaro, pigliarraje la stessa pasta, e de la stessa manera; piglia doje, o tre grana de scarole pulite, lavate, e ntretate lle farraje zoffritte, o co la nzogna, o co l'uoglio, nce miette alice salate ntretate, aulive senza l'osse, e chiapparielli, farraje zoffriere assieme, e co chesta rrobba mbottunarraje li cauzuncielli, e li friarraje.

Nce può mettère pure lo pesce , o l'alice
fresche scaudate , e spollecate , ca veneno chiù
meglio.

Cauzuncielli fritti , co la pasta , e la mbottunatura doce.

Piglia miezo ruotolo de sciore fino, miezo quarto de zuccaro scuro , miezo quarto de nzogna ,
quatt'ova, no poco de sale, e no pocorillo d'acqua fresca , e mpastarraje ogne ncosa ; fatta la pasta ne stiennarraje na pettola co lo laniaturo , e
farraje tanta pezzelle no poco chiù peccerelle de
chelle de li cauzuncielli de coppa , e li mbottune,
ncioè , se li buò fa co caso , e ova sbattute doce , nce miette no poco de zuccaro , o pure li può
fa pure de recotta co zuccaro , e rossa d'ova ; si
po li buò fa de sceroppata , nce miette l'amare.
ne , o la percocata , li chiudi buoni , e li friarraje-

Pizza rusteca.

Farraje la stessa pasta comm'a li cauzuncielli de coppa co lo zuccaro ; piglia lo ruoto che
t'abbesogna nce farraje na sodonta de nzogna , e
po nce miette la pettola de pasta che schianarraje
co lo laniaturo ; pe mbottunatura nce miette chello stesso che t'aggio ditto ncoppa , mperò de caso , e ova, mozzarelle , e presutto , nce miette
l'auta pettola, la chiude bona attuorno, e ncoppa
a essa nce farraje pure na sodognuta de nzogna , e la farraje cocere a lo furno , o co lo tiesto.

Pizza doce co la pasta nfrolla.

Piglia miezo ruotolo de sciore fino (ma chello

de lo speziale) no quarto de zuccaro scuro , e no quarto de nzogna , no poco poco de sale , sei rossa d' ova fresche , e no poco de limone o purtuallo grattato , mpasta ogne ncosa ma senza menarla tanto ca si nò addeventa tosta , ne farraje doje mmità de la pasta, schianannola una co lo laniaturo ; farraje la pettola soccia soccia, nce miette na sciurata de sciore , e l' arravuoglie chiano chiano attuorno a lo laniaturo , piglia lo ruoto che t' ahbesogna , nce faje n' auntata de nzogna , e po nce miette la pettola de la pasta tagliannone co lo curtiello tutto chella che soperchia attuorno ; e la mbottunarraje de sceroppata , de janco magnà , o de recotta com te piace ; ncoppa nce miette l'auta pettola de pasta , e la farraje cocere, o a lu furno, o co lo tiesto.

Pasticciotti.

Co la stessa pasta , e co la stessa mbottunatura può fa pure li pasticciotti.

Zeppole.

Miette ncoppa a lo ffuoco na cazzarola co meza carrafa d'acqua fresca , e no bicchiero de vino janco , e quanno vide ch' accommenz' a fa lle campanelle , e sta p' ascì a bollere nce mine a poco a poeo miezo ruotolo, o duje tierze de sciore fino, votanno sempe co lo laniaturo ; e quanno la pasta se scosta da tuorno a la cazzarola, allora è fatta , e la lieve mettennola ncoppa a lo tavolillo, co na sodonta d'uoglio ; quanno è meza fredda, che la può manià , la mine co lle mmane pe farla schianà si pe caso nce fosse quacche pallottola de sciore : ne farraje tanta tortanielli comme sonc li zeppole, e le friarraje, o co l'uoglio, o co la nzogna, che veneno meglio, attiento che la tiella s'avesse da bbruscià; po co no spruoccolo appuntuto le pugnarraje pe farle squiglià, e farle venì vacante da dinto; l'accuonce dinto a lo piatto co zuccaro, e mele.

Pe farle venì chiù tennere farraje la pasta na jurnata primma.

Jancomagnà.

Piglia na carrafa de latte buono, e frisco, nce miette no terzo de zuccaro fino asciorato, seje rossa d'ova fresche, cinc'onze de posema, na carrafa d'acqua fresca, no pocorillo pocorillo de sale, e na crattatura de limone o purtuallo, mmesca buono ogne ncosa co la mano facenno tutto sfarenà; po llo passe pe lo setaccio e lo miette dint'a na cazzarola ncoppa a lo fuoco nò tanto forte, e co na cocchiara de ligno, sempe nova, lo buote sempe da no lato; quanno s'è astregnuto lo levarraje, e lo miette dint'a no piatto, co la cannella fina pe coppa.

Sanguinaccio.

Piglia no ruotolo de sanco de puorco tanno scannato, e pecchè chesto subeto se quaglia, l'aje da manià co le mmane, pe levarene la spogna, che nce sta dinto, lo miette dinto a na cazzarola, nce miette na meza libbra de ceccolata cotta, miezo ruotolo de zuccaro fino buono pistato, doje grana de cannella fina, quatto grana de cetronata ntretata, quatto grana de cocozzata pur'accossì, no mustacciuolo pistato, e mettarraje a cocere tutto nsieme a fuoco lento lento, votanno

sempe co la cocchiara : quanno s'è astregnuto
comme si fosse la sauza de le pommadore , lo
lieve da lo ffuoco , e lo miettarraje dint'a le stentina de puorco , chelle llarie fatt'a capo , a capo,
comm'a chelle pe le sopressate , l'attacc mponta,
e mponta , e po le miette a bollere dint'a l'acqua
pe fa cocere lo stentino , e quanno lo stentino è
cuotto ne lli llieve. Quanno pò te l'aje da magnà,
lli miette dint'a no ruoto co no poco de nzogna,
e li farraje scarfà pugnennoli ogn'ntanto ca si nò
se crepano , nsarvamiento nuosto.

Pastiera.

Piglia miezo ruotolo de grano buono , e sci-
veto aceno aceno , se nfonne , e po lo pise dinto
a lo mortaro , mperò senza farlo rompere ma co
lo pesaturo arravogliannolo sempe pe dint'o lo
stesso mortaro pe farne luvà chella vrenna , ncioè,
che lla scorzetella che tene ; doppo lo miette a bollere pe 24 ore , e quanno sè cuotto lo farraje buono arrefreddà , e po piglia no ruotolo de recotta
bona senza siero , la mmische co lo grano , dan-
noce nauta pesatella dint'a lo mortaro , doppo nce
miette doje rotola de zuccaro fino , e pistato , no
pocorillo de sale , nce sbatte na dozzana d'ova,
e n'onza de cannella fina , e no tantillo d'acqua,
e quanno s'è buono rammollato , nce miette tutte
sciorte de sciuruppate ; farraje la pasta ordinaria
dinto a na tiella sodonta de nzogna , e cce miette
la paparotta de la pastiera facennoce ncoppa na
gratiglia de pasta purzì , e la farraje cocere a lo
furno.

Vi ca chesta è la pastiera la chiù accellente
che nce pozza essere.

LISTA

De tre piatte à lo juorno pe n' anno sano, accommensanno da lo primmo dell'anno, co lo corrente nuosto Calannario de lo 1839.

JENNARO.

1. *Martedì.*

Menesta de vruoccoli, e cecorie - Bollito de capune, carne de vacca, na codella de puorco c. r. o no bello saciccio - Capune a la genovesa - No fritto de grasso - Arrusto de feletto de puorco - Pizza doce de recotta (1).

2. *Miercodì.*

Maccarune ncasati co lo brodo de pesce - Pesce a lo tiano - Cauzuncielli fritti de pasta cresciuta co la provola.

3. *Giovedì.*

Zuppa de zoffritto - Lacierto mbottunato - Arrusto de fecatielli de Puorco.

4. *Viernadì.*

Viermicelli zoffritti co l' alice salate - Baccalà ntortiera - Ova fritte.

5. *Sapato.*

Menesta de vruoccoli zoffritti - Secce a lo tiano - Frettata co la cepolla.

---

(1) Pe essere lo primmo juorno dell' anno, che lo Cielo nce lo faccia vedè pe mill' aute a me e a buje amici miei.

6. Dommeneca.

Zuppa a lá si santella - Carne volluta co la sauza verde - Costate arrostute.

7. Llunnedì.

Maccaruni co lo zuço - Porpette a lo tiano - Feletto de puorco co la sauza acre e doce.

8. Martedì.

Strancolaprievete - Stufato de brasciole - Capune arrostuti.

9. Miercodì.

Fasuli, co l'aglia, uoglio, acci, e petrosino - Pesce a lo tiano - Pizze fritte mbottunate.

10. Giovedì.

Menesta de virz'e risi - Bollito de vaccina - Boçchinotti de recotta.

11. Viernadì.

Ciceri, e tagliarelle - Ova a la tianellla co la mozzarella - Pesce fritto.

12. Sapato.

Pasta fina co lle tonninole e petrosino - Tenghe ammollecate - Arrusto de mozzarelle.

13. Dommeneca.

Lasagne ncasate, e zuchillo - Brasciole de puorco a lo tiano - Zizza fritta.

14. Llunnedì.

Menesta de cappucce, e torze - Carne de vacca volluta, co verrinia, o voccolare - Pizza rusteca.

15. *Martedì.*

Risi dint'a lo brodo de lo stufato - Vacante de vacca a lo tiano - Stenteniello arrostuto.

16. *Miercodì.*

Vruoccoli scaudati co zuco de limone, e uoglio - Ova jettate all'acqua co la sauza a la franzese - Pesce fritto.

17. *Gioved!.*

Maccarune de zita - Gallotta a lo tiano - Sanguinaccio.

18. *Viernadì.*

Cassuola de cavolisciore - Baccalà mpasticcio - Ova fritte.

19. *Sapato.*

Nemmiccoli cò lle borracce - Lacierti ammollecati - Zeppolelle fritte co l'alice salate.

20. *Dommeneca.*

Maccaruni co lle cervellate - Brasciolone de puorco a lo tiano - Janco magnà.

21. *Llunnedì.*

Menesta verde - Bollito de capune, e carna salata - Arrusto de costate.

22. *Martedì.*

Cannarune ncasati, e brodo de lo stufato - Presutto de puorco a lo tiano - Pasticciotti co l'amarene.

23. *Miercodì.*

Fave secche cò lle cepolle - Frettata cò la mozzarella - Arrusto de pesce.

24. Giovedì.

Vermicielli ncasati, e zuco - Pulli spezzati a lo tiano - Fritto de grasso.

25. Viernadì.

Torzelle cò l'uoglio - Pesce volluto cò lo zuco de limone, e uoglio. - Scagliuozzoli fritti.

26. Sapato.

Risi cò caso, e ova - Baccalà ntortiera - Ova toste cò la sauza a la franzese.

27. Dommeneca.

Lasagne ncasate, co mozzarella e cervellate, e zuco stufate - Porpettone doce - Arrusto de cervellata e fecatielli de puorco.

28. Llunnedì.

Menesta de Cccorie - Gallina volluta - Pizza rusteca.

29. Martedì.

Paternostielli cò lo brodo de lo stufato - Carne de vacca a lo tiano - Pizza doce de recotta.

30. Miercodì.

Tagliarielli, e boncole - Zeppolelle de Baccalà - Arrusto de pesce.

31. Giovedì.

Menesta verde - Bollito de presutto de puorco cò la sauza verde - Zizza fritta.

FREVARO.

1. *Viernadì.*

Fasuli co l'uoglio, e petrosino - Ova toste co la sauza - Pesce fritto.

2. *Sapato.*

Vermicielli ncasati cò lo brodo de pesce - Pesce a lo tiano - Ova co la mozzarella.

3. *Dommeneca.*

Maccarune de zita - Porpette a lo tiano - Arrusto de feletto de puorco.

4. *Llunnedì.*

Menesta verde - Carne de puorco volluta, e sacicce - Arrusto de vaccina.

5. *Martedì.*

Tagliarielli ncasati cò lo brodo - Brasciole a lo tiano - Stenteniello arrostuto.

6. *Miercodì.*

Risi cò lo latte, zuccaro, e cannella - Pesce volluto - Cauzuncielli mbottunati.

7. *Giovedì.*

Maccarune - Porpette a lo tiano - Costatelle de puorco arrostute.

8. *Viernadì.*

Vruoccoli scaudati cò uoglio, e zuco de limone - Calamari mbottunati a lo tiano - Zeppolelle d'alice salate fritte.

9. *Sapato.*

Vermicielli ncasati co lo brodo de conserva - Baccalà mpasticcio - Ova fritte.

10. *Dommeneca.*

Menesta verde - Bollito de vacca e presutto cò la sauza - Fritto de grasso.

11. *Llunnedì.*

Viermicielli ncasati co lo brodo de lo stufato - Lacierto mbottunato a lo tiano - Fecatielli de puorco arrostuti.

12. *Martedì.*

Lasagne ncasate, co mozzarelle e cervellate stufate - Brasciolone de puorco a lo tiano - Fritto de grasso - Arrusto de pollanche - Pizza doce (1).

13. *Miercodì.*

Primmo jorno de la S. Quatragesema.

Ciceri cò lle tagliarelle co l' uoglio - Baccalà a lo tiano - Frettata co la cepolla.

14. *Giovedì.*

Vruoccoli de rapa co l' uoglio - Pesce a lo tiano - Ova fritte.

15. *Viernadì.*

Vermicielli zoffritti - Pesce volluto co zuco de limone, e uoglio - Cauzoncielli fritti cò la mozzarella.

————

(1) Ultemo juorno de carnevale.

16. *Sapato.*

Fasuli co l'uoglio, acci, e petrosino - Merluzzo a lo tiano - Mozzarelle co' li crostini.

17. *Dommeneca.*

Menesta verde - Pesce volluto cò l'uoglio, e zuco de limone - Zeppolelle co le vorracce.

18. *Llunnedì.*

Maccaruni cò lo caso, e butiro - Pesce a lo tiano - Frettata co la mozzarella.

19. *Martedì.*

Pasta fina cò lli tonninole - Pesce fritto - Ova jettate all'acqua co la sauza a la franzese.

20. *Miercodì Q. T.*

Torzelle cò l'uoglio - Pesce a lo tiano - Baccalà fritto.

21. *Giovedì.*

Maccarune ncasati cò lo brodo de conserva - Pesce volluto co la sauza verde - Ova fritte.

22. *Viernadì Q. T.*

Nemmiccoli cò lle vorracce - Baccalà mpasticcio - Frettata cò lle cepolle.

23. *Sapato Q. T.*

Frettata de vermicielli - Ova toste co la sauza verde - Pesce fritto.

24. *Dommeneca.*

Zuppa cò lo brodo de pesce - Pesce a lo tiano - Cocozza de Spagna co la sauza.

25. *Llunnedì.*

Risi cò caso, e ova - Pesce volluto co' zuco de' limone , e uoglio - Zeppolelle.

26. *Martedì.*

Tagliarielli , e boncole - Pesce mpasticcio - Vorracce co la pastetta fritte.

27. *Miercodì.*

Vruoccoli de rapa zoffritti cò l'uoglio , e alice salate - Arrusto de Baccalà - Pesce fritto.

28. *Giovedì.*

Vermicielli cò la mollica - Ciefari a lo tiano - Zeppolelle d'alice salate.

MARZO.

1. *Viernadì.*

Fasuli - Ova a la tianella cò la mozzarella - Secce fritte.

2. *Sapato.*

Zuppa de pesce - Pesce a lo tiano - Ova fritte.

3. *Dommeneca.*

Maccarune cò lo caso , e butirro - Porpette d'ova - pesce fritto.

4. *Llunnedì.*

Menesta verde - Pesce volluto - Carduni a la parmesciana.

5. *Martedì.*

Zuppa d'erve - Porpette de pesce - Rape alla ntrimè.

6. *Miercodì.*

Menesta de cardoncielli cò caso, e ova - Cassuola de purpetielli - Acci à la parmesciana.

7. *Giovedì.*

Frettata de vermicielli - Pesce a lo tiano - Ova fritte.

8. *Viernadì.*

Vruoccoli cò limone, e uoglio - Baccalà scaudato co la sauza verde - Cauzuncielli fritti co la mozzarella.

9. *Sapato.*

Maccaruni co lo caso, e conserva - Ovà a la tortiera, - Merluzzi volluti co l' uoglio e zuco dè limone.

10. *Dommeneca.*

Menesta verde - Perpette de pesce - Frettata co la cepolla.

11. *Llunnedì.*

Vermicielli ncasati co lo brodo de lo pesce - Pesce a lo tiano - Ova co la sauza.

12. *Martedì.*

Ciceri, e tagliarelle - Alice ammollecate - Pasticciotti de recotta.

13. *Miercodì.*

Pasta fina cò lo brodo de pesce - Porpette de pesce - Cauzuncielli fritti co la provola.

14. *Giovedì.*

Vruoccoli de rapa co zuco de limone, e uoglio - Porpette d'ova - Alice fritte.

15. *Viernadì.*

Zuppa de pesce - Cefaro a lo tiano - Zeppolelle d'alice salate fritte.

16. *Sapato.*

Menesta verde - Calamari mbottunati - Cocozza de Spagna co lla sauza.

17. *Dommeneca.*

Vermicielli co lo zuco de pesce, e caso - Caulisciore ncassuola - Arrusto de pesce.

18. *Llunnedì.*

Fasuli cò l'uoglio, acci, e petrosino - Alice a lo tiano - Frettata co la mozzarella.

19. *Martedì.*

Maccaruni co lo caso, e butirro - Pesce mpasticcio - Ova toste co la sauza acre, e doce - Arrusto de pesce - Zeppole (1).

20. *Miercodì.*

Fave secche co la cepolla - Porpette de pesce - Pizza rusteca.

21. *Giovedì.*

Zuppa d'erve co lo pesce - Merluzzi a lo tiano - Ostreche ammollecate.

22. *Viernadì.*

Vermicielli zoffritti - Frettata co li vruoccoli de rapa - Cefaro arrostuto.

———

(1) Pecchè è S. Giuseppe.

23. Sapato.

Menesta de carduncielli co caso, e ova - Baccalà scaudato co zuco de limone, e uoglio - Ova fritte.

24. Dommeneca.

Maccarune co caso parmeggiano e butirro - Porpette de pesce - Fritto de pesce - Arrusto de carcioffole - Zeppole co lo mele, e lo zuccaro (1).

25. Llunnedì.

Torzelle co l'uoglio - Baccalà fritto - Ova a la tianella.

26. Martedì.

Frettata de vermicielli - Porpette de pesce - Pizza rusteca.

27. Miercodì.

Zuppa de pesce - Pesce a lo tiano - Ova fritte.

28. Giovedì.

Macearuni co lo caso, e butirro - Baccalà mpasticcio - Arrusto de pesce.

29. Viernadì.

Nnemmiccoli co le vorracce - Ova co la sauza - Pesce fritto.

30. Sapato.

Vermicielli co la mollica - Arrusto de pesce - Zeppole.

31. Dommenecà.

Menesta de carduncielli - Bollito de vacca pulle e

———

(1) Pecchè è dommeneca dè lle Palme.

carne salata - Spezzatiello - Fritto de grasso - Arrusto de pulle - Pastiera (1).

APRILE.

1. Llunnedì.

Maccarune, ncasati co lo brodo de stufato - Stufato - Cauzuncielli.

2. Martedì.

Risi co lo brodo de le brasciole - Brasciole a lo tiano - Fritto de zizza.

3. Miercodì.

Tagliarielli, e boncole - Pesce volluto co la sauza - Fritto de carcioffole.

4. Giovedì.

Menesta verde - Bollito de vacca - Fritto de grasso.

5. Viernadì.

Pasta fina co caso, e ova - Frettata co la cepolla - Carcioffole arrostute.

6. Sapato.

Fave co le cepolle - Ova co la sauza - Fritto de pesce.

7. Dommeneca.

Strangolaprievete - Porpette a lo tiano - Arrusto de costate.

8. Llunnedì.

Uglia a la Spagnola - Bollito de pulli - Coscietta a lo furno.

(1) Pecchè è la S. Pasca.

9. *Martedì.*

Vermicielli co lo zuco - Lacierto mbottunato - Fecato fritto.

10. *Miercodì.*

Zuppa co lo brodo de pesce - Porpette de pesce a lo tiano - Arrusto de mozzarelle.

11. *Giovedì.*

Maccaruni ncasati co lo brodo russo - Brasciole a lo tiano - Cauzuncielli de sceruppata.

12. *Viernadì.*

Torzelle co l' uoglio - Frettata co la cepolla - Arrusto de pesce.

13. *Sapato.*

Risi co caso, e ova - Pesce volluto co zuco de limone, e uoglio - Iancomagnà.

14. *Dommeneca.*

Menesta verde - Bollito de vacca - Fritto de grasso.

15. *Llunnedì.*

Vermicielli ncasati - Lacierto mbottunato - Quarticiello arrostuto.

16. *Martedì.*

Zuppa a la si santella - Bollito de pulli - Pizza rusteca.

17. *Miercodì.*

Frettata de vermicielli - Ova a la tianella co la mozzarella - Pesce fritto.

18. *Giovedì.*

Maccaruni - Porpette a lo tiano - Zizza ammollecata.

19. *Viernadì.*

Pasta fina co lo petrosino, e boncole - Pesce mpasticcio - Ova fritte.

20. *Sapato.*

Menesta de carduncielli co caso, e ova - Baccalà mpasticcio - Ova toste co la sauza.

21. *Dommeneca.*

Strancolaprievete - Carne a lo stufato co le patane attuorno - Fecato fritto.

22. *Llunnedì.*

Menesta verde - Bollito co la sauza verde - Arrusto de picciune.

23. *Martedì.*

Menesta janca dint' a lo brodo de lo stufato - Stufato de vaccina - Arrusto de scorze.

24. *Miercodì.*

Risi co caso, e ova - Pesce volluto co zuco de limone, e uoglio - Ova toste co la sauza acre, e doce.

27. *Giovedì.*

Lasagne ncasate, e stufate - Brasciole a lo tiano - Cauzuncielli co la mbottunatura doce fritti.

26. *Viernadì.*

Vermicielli zuffritti co l'alice salate - Porpette d'ova - Fritto de pesce.

27. *Sapato.*

Zuppa co lo brodo de pesce - Pesce a lo tiano - Zeppolelle fritte co l'alice salate.

28. *Dommeneca.*

Maccarune - Siufato - Brasciole arrostute.

29. *Llunnedì.*

Menesta verde - Bollito - Fritto de carcioffole.

30. *Martedì.*

Vermicielli ncasati - Pulli a lo tiano - Zizza fritta.

M A G G I O.

1. *Miercodì.*

Menesta de pesielli co le cepolle - Porpette d'ova -
Alice ammollecate.

2. *Giovedì.*

Zuppa d'erve - Bollito de pul, e vaccina - Pizza
rusteca.

3. *Viernadì.*

Menesta de fave fresche - Fritto de pesce - Arrusto
de carcioffole.

4. *Sapato.*

Frettata de vermicielli - Porpette de tunno - Ova
fritte.

5. *Dommeneca.*

Menesta de pesielle co la verrinia - Arrusto de costate - Pizza doce.

6. *Llunnedì.*

Menesta verde - Bollito co la sauza verde - Fritto
de pesce.

7. *Martedì.*

Zuppa co lo brodo de pulli - Pulli volluti - Fritto
de carcioffole.

8. *Miercodì.*

Maccaruni ncasati co lo butirro - Porpette de tunno, a lo tiano - Arrusto de carcioffole.

9. *Giovedì.*

Maccaruni co llatte - Zizza ammollecata - Pizza de recotta.

10. *Viernadì*

Zuppa de pesce - Calamari mbottunati - Arrusto de mozzarelle.

11. *Sapato.*

Torzelle co l' uoglio - Alice a lo tiano - Ova fritte.

12. *Dommeneca.*

Maccaruni ncasati - Galline a lo tiano mbottunate - Bocchinotti.

13. *Llunnedì.*

Menesta verde - Bollito - Fritto de grasso.

14. *Martedì.*

Pasta fina dint'a lo brodo de lo stufato - Porpette a lo tiano - Arrusto de scorze.

15. *Miercodì.*

Menesta de pesielle - Tunno a lo tiano - Fritto de carcioffole.

16. *Giovedì.*

Lasagne - Brasciole a lo tiano - Stenteniello arrostuto.

17. *Viernadì.*

Menesta de fave fresche co le cepolle - Porpette de tunno - Frettata.

18. *Sapato—*Vigilia

Risi co lo brodo finto - Ova toste co li pesielli -
Pesce fritto.

19. *Dommeneca.*

Menesta de carduncielli - Bollito de pulli, e vaccina - Spezzatiello d'agniello - Fritto de carcioffole - Arrusto de quarticielli - Pizza doce (1).

20. *Llunnedi.*

Maccaruni - Carne stufata - Arrusto de brasciolette.

21. *Martedi.*

Zuppa a la si santella - Bollito de vaccina co la sauza a la franzese - Cauzuncielli fritti co la provola.

22. *Miercodi* Q. T.

Menesta de pesielli co le cepolle - Frettata co la muzzarella - Fritto d'alice.

23. *Giovedi.*

Vermicielli ncasati, e zuco - Porpette a lo tiano - Trippa co lo caso, e ova.

24. *Viernadi* Q. T.

Zuppa co lo brodo de pesce - Alice ammollecate - Ova fritte.

25. *Sapato.* Q. T.

Frettata de vermicielli - Porpette d'ova - Arrusto de Tunno.

_____

(1) Pecchè Pasca Rosata.

26. *Dommeneca.*

Tagliarelle ncasate, e stufate co lo zuchillo - Cassuola de pulli co li pesielli - Pasticcio de carne.

27. *Llunnedì.*

Menesta verde - Bollito de vaccina - Arrusto de scorze.

28. *Martedì.*

Paternostielli dint' a lo brodo de lo stufato - Lacierto mbottunato a lo tiano - Fritto d'alice.

29. *Miercodì.*

Menesta de pesielli - Porpette de tunno - Carcioffole mbottunate.

30. *Giovedì.*

Maccaruni de zita - Pollanche a lo tiano - Pizza doce.

31. *Viernadì.*

Zuppa co lo brodo de pesce - Cassuola de calamari - Frettata co la muzzarella.

GIUGNO.

1. *Sapato.*

Pasta fina co le boncole - Alice a lo tiano - Carcioffole fritte.

2. *Dommeneca.*

Strancolaprievete - Porpette a lo tiano - Bocchinotti.

3. *Llunnedì.*

Uglia a la spagnola - Bollito de vacca, de pulli, e salato - Fritto de grasso.

4. *Martedì*

Vermicielli ncasati, e brodo - Carne de vacea a lo tiano - Zizza ammollecata.

5. *Miercodì.*

Menesta de fasulilli agresta - Ova co la mozzarella - Arrusto de pesce.

6. *Giovedì.*

Menesta verde - Bollito - Pizza rusteca.

7. *Viernadì.*

Frettata de vermicielli - Pesce mpasticcio - Janco-magnà.

8. *Sapato.*

Menesta de cocozzielli co lo caso, e ova - Pesce volluto co la sauza - Fritto de carcioffole.

9. *Dommeneca.*

Maccaruni - Brasciolone a lo tiano - Pizza doce.

10. *Llunnedì.*

Pasta fina dint'a lo brodo de lo bollito - Bollito de vacca, e de pulli - Fritto d'erve.

11. *Martedì.*

Menesta de fave, e pesielli co la verrinia - Galline a lo furno - Cauzuncielli fritti.

12. *Miercodì.*

Zuppa co le tonninole, e brodo de pesce - Pesca a lo tiano - Carcioffole arrostute.

13. *Giovedì.*

Lasagne neasate, e stufate - Gallotta a lo tiano - Cocozzielli a la parmesciana.

14. *Viernadì.*

Menesta de fasulilli agresta co la cepolla - Ova co la sauza - Fritto d'alice.

15. *Sapato.*

Zuppa de pesce - Ova atortiera co la muzzarella - Arrusto de pesce.

16. *Dommeneca.*

Menesta verde - Bollito co la sauza - Stenteniello arrostuto.

17. *Llunnedi.*

Maccaruni - Stufato - Fritto d' erve.

18. *Martedì.*

Pesielli co la verrinia - Costate arrostute - Pizza de fravole.

19. *Miercodì.*

Menesta de cocozzielli co caso , e ova - Porpette de pesce - Ova fritte.

20. *Giovedì.*

Maccaruni de zita - Brasciole a lo tiano - Fecato fritto.

21. *Viernadi.*

Tagliarielli , e boncole - Frettata co la cepolla - Alice ammollecate.

22. *Sapato.* — Vigilia.

Zuppa de pesce - Pesce volluto co zuco de limone e uoglio - Cocozzielli co la sauza verde.

23. *Dommeneca.*

Zuppa d'erve - Bollito de vaccina, e pulli - Pizza doce.

24. *Llunnedì.*

Cannaruncielli ncasati , e brodo - Carne a lo tiano - Arrusto de scorze.

2 . *Martedì.*

Menesta verde - Bollito - Fritto de grasso.

26. *Miercodì.*

Menesta de fasulilli agresta - Porpette de tunno - Cauzuncielli fritti de scammaro.

27. *Giovedì.*

Vermicielli ncasati co lo brodo - Stufato de vacca - Fritto d' erve.

28. *Viernadì.—*Vigilia.

Menesta de cocozzielli co casó e ova - Pesce a lo
tiano - Frettata co la mozzarella.

29. *Sapato.*

Pasta fina co le boncole - Porpette de pesce - Arrusto de mozzarelle.

30. *Dommeneca.*

Menesta verde - Bollito de vaccina - Pizza rusteca.

LUGLIO

1. *Llunnedì.*

Menesta de cocozzelle longhe co lo brodo de lo
stufato - Stufato de vacca - Arrusto de brasciolette.

2. *Martedì.*

Maccaruni de zita - Porpette a lo tiano - Fecato al-
l' acetillo.

3. *Miercodì.*

Pasta fina ncasata co lo brodo de pesce - Pesce a
lo tiano - Fritto de carcioffole.

4. *Giovedì.*

Zuppa - Bollito de vacca, e pulli - Bucchinotti.

5. *Viernadì.*

Menesta de frutti tagliati co la sauza de pommadore - Pesce volluto co zuco de limone, c uoglio - Ova fritte.

6. *Sapato.*

Risi co caso, e ova - Frettata co le pommadore -
Arruato de pesce.

7. *Dommeneca.*

Lasagne ncasate, e stufate - Brasciole a lo tiano -
Pizza doce.

8. *Llunnedì.*

Menesta verde - Bollito co la sauza de pommadore - Arrusto de costate.

9. *Martedì.*

Vermicielli ncasati - Stufato de vaccina - Fecato fritto.

10. *Miercodì.*

Cocozzielli co caso, e ova - Pommadore a lo furno - Pesce fritto.

11. *Giovedì.*

Strancolaprieveti - Porpette a lo tiano - Mulignane alla Parmesciana.

12. *Viernadì*

Fasolill' agresta co la cepolla - Porpette de pesce a lo tiano - Zeppolelle fritte d'alice salate.

13. *Sapato.*

Torzelle zoffritte co l'uoglio - cassuola de calamari - Vorracce fritte co la pastetta.

14. *Dommeneca.*

Maccaruni ncasati co lo zuco - Lacierto mbottunato - Cauzuncielli fritti.

15. *Llunnedì.*

Zuppa - Bollito - Zizza fritta.

16. *Martedì.*

Menesta de frutti - Stufato de vaccina - Arrusto de scorze.

17. *Miercodì.*

Fasuli monnati co le pommadore - Ova co la sauza de pesielli - Fritto de pesce.

18. *Giovedì.*

Menesta verde - Bollito co la sauza de pommadore - Pizza rusteca.

19. *Viernadì.*

Zuppa co lo brodo de pesce - Pesce a lo tiano - Fritto d'erve.

20. *Sapato.*

Tagliarielli, e boncole - Pesce volluto co la sauza a la franzese - Ova fritte.

21. *Dommeneca.*

Maccaruncielli - Brasciolone a lo tiano - Jancomagnà.

22. *Llunnedì.*

Cocozzelle longhe - Stufato - Zizza ammollecata.

23. *Martedì.*

Menesta verde - Bollito - Brasciole arrostute.

24. *Miercodì.*

Maccaruni ncasati co lo butirro - Ova jettate al- l'acqua co la sauza de pommadore - Fritto de pesce.

25. *Giovedì.*

Pasta fina dint' a lo brodo janco - Galline vollute - Fritto de bottuni de piecoro.

26. *Viernadì.*

Vermicielli co le pommadore - Porpette de pesce - Ova fritte.

27. *Sapato.*

Zuppa co lo brodo de pesce - Pesce a lo tiano - Ova toste cò la sauza de pommadore.

28. *Dommeneca.*

Maccaruni - Stufato - e Arrusto.

29. *Llunnedì.*

Menesta verde - Bollito - Fritto de grasso.

30. *Martedì.*

Menesta de frutti - Porpette a lo tiano - Trippa co la sauza de pommadore.

31. Miercodì.

Maccaruni ncasati co la sauza de pommadore - Pesce volluto - Cauzuncielli fritti co la mozzarella.

AGUSTO.

1. Giovedì.

Zuppa - Bollito de vacca - Zizza fritta.

2. Viernadì.

Vermicielli co le pommadore - Mulignane a la parmesciana - Arrusto de pesce.

3. Sapato.

Pasta menutola co lo brodo de pesce - Pesce a lo tiano - Cauzuncielli fritti.

4. Dommeneca.

Maccaruni - Stufato de vacca - Pizza doce.

5. Llunnedì.

Menesta verde - Bollito - Arrusto de costate.

6. Martedì.

Cocozzelle longhe dint' a lo brodo de lo stufato - Porpette a lo tiano - Fritto de grasso.

7. Miercodì.

Risi co lo brodo de pommadore - Mulignane fritte mbottunate - Arrusto de pesce.

8. Giovedì.

Maccaruni - Brasciole a lo tiano - Costate arrostute.

9. Viernadì.

Pasta fina co le tonninole - Cassuola de seccetelle - Ova fritte.

10. Sapato.

Torzelle co le pommadore - Frettata co le pommadore - Pesce arrostuto.

11. *Dommeneca.*

Maccaruni - Stufato - Pizza doce.

12. *Llunnedi.*

Menesta verde - Bollito - Fritto d'erve.

13. *Martedi.*

Menesta de frutti mbottunata - Lacierto mbottunato a lo tiano - Bucchinotti.

14. *Miercodi—*Vigilia.

Vermicielli co le pommadore - Puparuoli mbottunati ammollecati - Pesce fritto.

15. *Giovedi.*

Maccaruni de zita - Brasciole a lo tiano - Pizza rusteca.

16. *Fiernadi.*

Zuppa de pesce - Pesce a lo tiano - Ova co la mozzarella.

17. *Sapato.*

Menesta de frutti co la sauza de pommadore - Porpette dè pesce - Cauzuncielli fritti.

18. *Dommeneca.*

Maccaruni ncasati co lo brodo - Porpette a lo tiano - Fecato fritto.

19. *Llunnedi.*

Menesta verde - Bollito de vacina - Arrusto de scorze.

20. *Martedi.*

Cannaruncielli ncasati co lo brodo de lo stufato - Vacante de vacca stufato - Mulignane alla parmesciana.

21. *Miercodi.*

Pasta fina co la sauza dè pommadore - Pesce volluto co zuco de limone, e uoglio - Frettata co la mozzarella.

22. *Giovedì.*

Lasagne stufate - Brasciole a lo tiano - Zizza co le pommadore.

23. *Viernadì.*

Fasuli monnati co le pommadore - Ova fritte - Arrusto de pesce.

24. *Sapato.*

Vermicielli co le pommadore - Porpette d'ova - Pesce fritto.

25. *Dommeneca.*

Strancolaprieveti - Stufato - Pizza doce.

26. *Llunnedì.*

Menesta de frutti mbottunata - Porpette a lo tiano - Molignane a la parmesciana.

27. *Martedì.*

Menesta verde - Bollito - Arrusto de pollast'.

28. *Miercodì.*

Maccaruni ncasati co lo butirro - Pommadoro mbottunate a lo furno - Pesce fritto.

29. *Giovedì.*

Zuppa d'erve - Bollito dè pulle — Arrusto de brasciolette.

30. *Viernadì.*

Risi co le pommadore - Porpette de pesce - Molignane mbottunate e fritte.

31. *Sapato.*

Frettata de vermicielli - Pesce a lo tiano - Ova fritte.

SETTEMBRE.

1. *Dommeneca.*

Maccaruni ncasati , e zuchillo - Stufato - Pizza rusteca.

2. *Llunnedì.*

Menesta verde - Bollito - Fritto de grasso.

3. *Martedì.*

Pasta fina ncasata e brodo, de lo stufato - Stufato dè brasciole - Arrusto de costate.

4. *Miercodì.*

Menesta de fasulilli a cornicella co le pommadore - Frettata co la mozzarella - Arrusto de pesce.

5. *Giovedì.*

Maccaruncielli - Pullanche a lo tiano - Mulignane a la parmesciana.

6. *Viernadì.*

Risi co le pommadore - Lacierti ammollecati - Ova fritte.

7. *Sapato.*

Torzelle co l'uoglio - Frettata co la cepolla - Pesce fritto.

8. *Dommeneca.*

Zuppa d'erve - Bollito de vaccina, e salato - Zizza ncrattinata.

9. *Llunnedì.*

Vermicielli ncasati - Porpette a lo tiano - Arrusto de pollast.

10. *Martedì.*

Menesta verde - Bollito - Arrusto de brasciolette.

11. *Miercodì.*

Zuppa co lo brodo de pesce - Porpette de pesce - Ova co la sauza a la franzese.

12. *Giovedì.*

Maccaruni - Stufato - E fritto de grasso.

13. *Viernadì.*

Fasuli verdi monnati co le pommadore - Pommadore

a lo furno mbottunate - Cocozza de Spagna fritta
co la sauza acre e doce.

14. *Sapato.*

Frettata de vermicielli - Pesce a lo tiano - Ova co
la mozzarella.

15. *Dommeneca.*

Zuppa - Bollito - Pizza doce.

16. *Llunnedì.*

Maccaruni - Stufato - Fecato fritto.

17. *Martedì.*

Menesta verde - Bollito - Arrusto de pulli.

18. *Miercodì Q. T.*

Vermicielli co le pommadore - Baccalà mpasticcio -
Frettata co la cepolla.

19. *Giovedì.*

Lasagne stufate - Brasciole a lo tiano - Pizza doce.

20. *Viernadì Q. T.*

Zuppa co lo brodo de pesce - Porpette de pesce a
lo tiano - Zeppolelle fritte co l'alice salate.

21. *Sapato. Q. T.*

Risi co lo caso, e ova - Ova co lle pommadore -
Baccalà fritto.

22. *Dommeneca.*

Menesta verde - Bollito - Arrusto de costate.

23. *Llunnedì.*

Maccaruni - Stufate - Stenteniello arrostuto.

24. *Martedì.*

Zuppa - Bollito - Cassuola de nteriora de pulli.

25. *Miercodì.*

Fasulilli agresta, ma tienneri, co la cepolla - Funci

ncassuola co l'uoglio - Cauzuncielli fritti oo la provola.

26. *Giovedì.*

Strancolaprieveti - Porpette a lo tiano - Pizza doce.

27. *Viernadì.*

Vermicielli co le pommadore - Ova fritte - Baccalà arrostuto.

28. *Sapato.*

Zuppa co lo brodo de pesce - Pesce a lo tiano - Fritto de pane, e cocozzielli.

29. *Dommeneca.*

Maccaruni de zita - Gallotta a lo tiano - Jancomagnà.

30. *Elunnedì.*

Menesta verde - Bollito co la sauza de pommadore - Pizza rusteca.

OTTORRE.

1. *Martedì.*

Maccaruni - Stufato - Arrusto de Brasciole.

2. *Miercodì.*

Zuppa d'erve - Pesce volluto - Ova co la sauza.

3. *Giovedì.*

Pasta fina dint'a lo brodo de lo stufato - Stufato - Fritto de grasso.

4. *Viernadì.*

Vruoccoli co zuco de limone e uoglio - Pesce a lo tiano - Ova fritte.

5. *Sapato.*

Vermicielli co le pommadore - Baccalà mpasticcio - Cauzuncielli co la mozzarella.

6. *Dommeneca.*

Lasagne stufate - Galliue a lo tiano - Arrusto de quarticielli.

7. *Llunnedì.*

Menesta verde - Bollito - Arrusto de scorze.

8. *Martedì.*

Maccaruni - Stufato de vaccina - Fritto de grasso.

9. *Miercodì.*

Zuppa de pesce - Porpette de pesce - Funci ncassuola.

10. *Giovedì.*

Uglia a la spagnola - Bollito de vaccina, e pulli - Arrusto de cervellate.

11. *Viernadì.*

Vruoccoli zoffritti - Ova co la sauza - Baccalà fritto.

12. *Sapato.*

Ciceri, e tagliarelle - Pesce a lo tiano - Fritto de vorracce co la pastetta.

13. *Dommeneca.*

Maccaruni - Stufato - Bucchinotti dè sceroppata.

14. *Llunnedì.*

Menesta verde - Bollito - Cazuni fritti.

15. *Martedì.*

Cannaruncielli ncasati - Stufato - Arrusto de quarticielli.

16. *Miercodì.*

Fasulill' agresta - Cassuola de funci - Pesce fritto.

17. *Giovedì.*

Lasagne stufate co le cervellate - Gallotta a lo tiano - Pizza doce.

18. *Viernadì.*

Vruoccoli co zuco dè limone e uoglio - Pesce volluto co la sauza - Zeppolelle de baccalà fritte.

19. *Sapato.*

Vermicielli ncasati co la sauza de pommadore - Pesce a lo tiano - Ova fritte.

20. *Dommencca.*

Zuppa d' erve - Bollito - Pizza rusteca.

21. *Llunnedì.*

Maccaruni - Stufato - Fritto de grasso.

22. *Martedì.*

Menesta verde - Bollito - Arrusto de costate.

23. *Miercodì.*

Risi co caso, e ova - Zeppolelle d' alice salate fritte - Arrusto de pesce.

24. *Giovedì.*

Viermicielli ncasati co lo brodo de lo stufato - Brasciole a lo tiano - Stenteniello arrostuto.

25. *Viernadì.*

Zuppa co lo brodo de pesce - Pesce a lo tiano - Baccalà mpasticcio.

26. *Sapato.*

Pasta fina co le tonninole - Porpette d' ova - Pesce fritto.

27. *Dommeneca.*

Maccaruni - Stufato - Pizza doce.

28. *Llunnedì.*

Menesta de vruoccoli - Bollito - Cervellate arrostute.

29. *Martedì.*

Menesta de frutti tagliati - Stufato - Fritto de grasso.

30. *Miercodì.*

Tagliarielli, e boncole - Calamari ncassuola - Pizza rusteca.

31. *Giovedì—Vigilia.*

Maccarune ncasati co lo butirro - Ova co le pommadore - Pesce fritto.

1. Viernadì.

Fasuli sicchi co l'uoglio, acci, e potrosiuo - Porpette d'ova - Baccalà fritto.

2. Sapato.

Risi co le pommadore - Frettata co la cepolla - Arrusto de pesce.

3. Dommeneca.

Maccaruni - Porpette a lo tiano - Pizza doce.

4. Llunnedì.

Menesta verde - Bollito - Fritto de grasso.

5. Martedì.

Pasta fina dint'a lo brodo de lo stufato - Stufato de vaccina - Arrusto de cervellate.

6. Miercodì.

Nnemmiccoli co le borracce e uoglio - Pesce ntortiera - Ova fritte.

7. Giovedì.

Zuppa d'erve - Galline vollute - Quarticielli a lo furno.

8. Viernadì.

Vruoccoli zoffritti - Baccalà mpasticcio - Ova co la sauza acre, e doce.

9. Sapato.

Zuppa de pesce - Pesce a lo tiano - Fritto de caulisciore.

10. Dommeneca.

Menesta verde - Bollito - Fecato fritto.

11. Llunnedì.

Lasagne ncasate, co la mozzarella, cervellate, e po stufate - Brasciole a lo tiano - Nteriora de pulli co li funci - Fritto de grasso - Gallotta a lo furno - Pizza doce (1).

12. *Martedì.*

Zuppa de zoffrito - Galline a lo tiano - Cauzuncielli fritti.

13. *Miercodì.*

Risi co caso, e ova - Pesce volluto co uoglio, e zuco de limone - Ova co la mozzarella.

14. *Giovedì.*

Maccaruni ncasati, e zuco - Stufato de vaccina - Zizza fritta.

15. *Viernadì.*

Zuppa de pesce - Pesce a lo tiano - Ova fritte.

16. *Sapato.*

Vruoccoli co uoglio, e zuco de limone - Ova toste co la sauza - Baccalà a la cannaruta.

17. *Dommeneca.*

Vermicielli ncasati, e lo brodo - Pulli a lo tiano - Fecatielli de puorco arrostuti.

18. *Llunnedì.*

Menesta verde - Bollito - Stenteniello arrostuto.

19. *Martedì.*

Cannaruncielli ncasati - Porpette a lo tiano - Iancomagnà.

20. *Miercodì.*

Pasta fina co le tonninole - Porpette d'ova - Fritto de pesce.

21. *Giovedì.*

Uglia a la Spagnola - Bollito de vacca - Arrusto de pulli.

---

(1). E chesta è n'auta accezione a la revola, pecchè è chella bella *Jurnata* de lo S. Martino.

22. *Viernadì.*

Ciceri , e tagliarelle - Ova co la mozzarella - Baccalà fritto.

23. *Sapato.*

Pasta fina ncasata co lo brodo de pesce - Pesce a lo tiano - Cauzuncielli fritti.

24. *Dommeneca.*

Maccaruni de zita - Stufato - Arrusto de pulli.

25. *Llunnedì.*

Menesta verde - Bollito co la sauza a la franzese - Arrusto de fecatielli de puorco.

26. *Martedì.*

Risi dint' a lo brodo de lo stufato - Brasciole a lo tiano - Cervellate arrostute.

27. *Miercodì.*

Zuppa de pesce - Pesce mpasticcio - Cocozza de Spagna co la sauza.

28. *Giovedì.*

Strangolaprieveti - Stufato - Arrusto de scorze.

29. *Viernadì.*

Fave secche co la cepolla - Baccalà a lo tiano - Ova co la mozzarella.

30. *Sapato.*

Tagliarielli e boncole - Porpette d' ova - Pesce fritto.

DICEMBRE.

1. *Dommeneca.*

Menesta verde - Bollito - Costate arrostute.

2. *Llunnedì.*

Zuppa de zoffritto - Brasciole de puorco a lo tiane - Pizza rusteca.

3. *Martedì.*

Maccaruni - Stufato - Arrusto de brasciole.

4. *Miercodì.*

Zuppa de pesce - Porpette de pesce - Carduni a la parmesciana.

5. *Giovedì.*

Zuppa d'erve - Bollito de pulli - Feletto de puorco arrostuto.

6. *Viernadì*—Dijuno

Menesta de fasuli co l'uoglio, acci, e petrosino - Baccalà co la sauza - Ova fritte.

7. *Sapato*—Vigilia.

Vermicielli zoffritti co l'alice salate - Ova toste co la sauza - Baccalà fritto.

8. *Dommeneca.*

Maccaruni de zita stufati - Gallotta a lo tiano - Pizza doce.

9. *Llunnedì.*

Menesta verde - Bollito - Coscetta a lo furno.

10. *Martedì.*

Pasta fina ncasata - Brasciole a lo tiano - Arrusto de sacicce.

11. *Miercodì.*

Nnemmiccoli - Caulisciore ncassuola de scammaro - Arrusto de pesce.

12. *Giovedì.*

Menesta de vruoccoli - Bollito de vacca, e de puorco - Fritto de grasso.

13. *Viernadì*—Dijuno.

Cieceri, e laganelle - Baccalà mpasticcio - Ova fritte.

14. Sapato—Dijuno.

Zuppa de pesce - Porpette de pesce - Fritto de cau lisciore.

15. Dommeneca.

Vermicielli ncasati - Porpette a lo tiano - Fecato de puorco arrostuto.

16. Llunnedì.

Uglia a la Spagnola - Bollito co la sauza verde - Fritto de grasso.

17. Martedì.

Risi dint'a lo brodo de lo stufato - Stufato - Acci a la parmesciana.

18. Miercodì Q. T.

Fasuli - Baccalà a lo tiano - Cauzuncielli fritti co la mozzarella.

19. Giovedì.

Maccaruni - Stufato - Arrusto de costatelle de puorco.

20. Viernadì Q. T.

Pasta fina co le tonninole - Pesce mpasticcio - An quille fritte.

21. Sapato. Q. T.

Zuppa de pesce - Pesce a lo tiano - Ova fritte.

22. Dommeneca.

Menesta verde - Bollito - Feletto de puorco arrostuto.

23. Llunnedì.

Maccaruni - Stufato - Fritto de grasso.

24. Martedì.

Vigilia de lo S. Natale.

Vruoccoli zoffritti - Vermicielli co l'alice salate - Pesce a lo tiano - Pesce mpasticcio - Fritto d'an quille, e auto - Arrusto de Capetune - Nsalata

acconciata de caulisciore, aulive chiapparielli ec. -
Struffoli.

25. *Miercodì.*

Nasceta de lo S. Messia.

Menesta de vruccoli, e cecorie - Bollito de vacca ,
Capune, Salato e Sacicce - Capune a lo tiano - Fritto de grasso - Arrusto de feletto de
puorco ma chillo de Sorriento, e na nsalata -
Pizza doce.

26. *Giovedì.*

Maccaruni - Capuni a lo tiano - Arrusto de fecatielli de puorco.

27. *Viernadì.*

Menesta de vruoccoli zoffritti - Pesce co la sauza -
Zeppolelle co l'alice salate.

28. *Sapato.*

Nnemmicçoli co le vorracce - Ova fritte - Arrusto
de pesce.

29. *Dommeneca.*

Maccaruni - Porpette a lo tiano - Fritto de grasso.

30. *Llunnedì.*

Menesta verde - Bollito de puorco, e pulli - Arrusto de costate.

31. *Martedì.*

Lasagne stufate - Brasciole a lo tiano - Pizza doce.

INDICE

—

PARTE PRIMA.

438

PARTE SECONDA

DEL RIPOSTO.

PARTE TERZA

DELLE VARIE MANIERE DI PREPARARE LA TAVOLA PER DIVERSI PRANZI, E CENE.

PARTE QUARTA

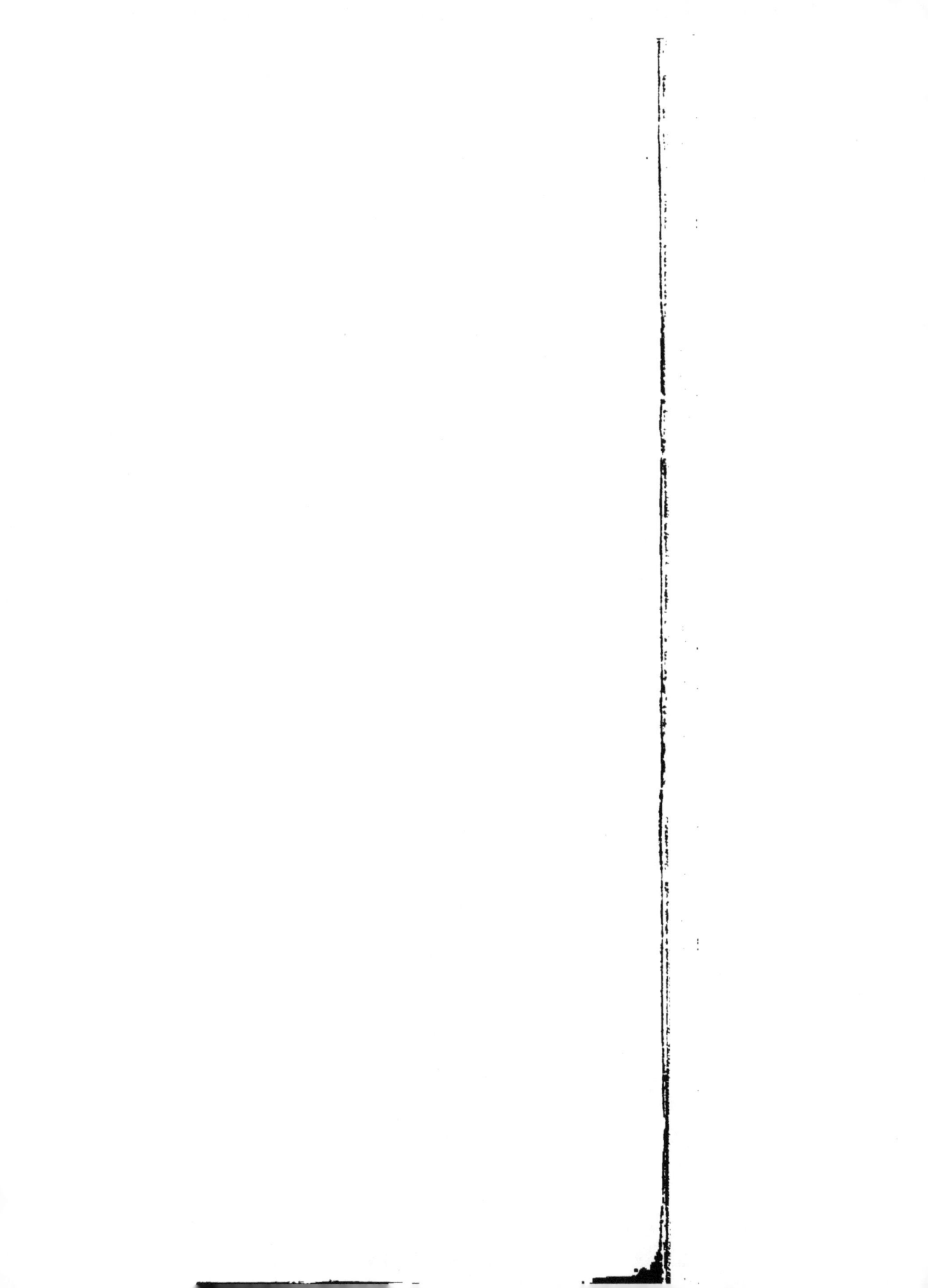

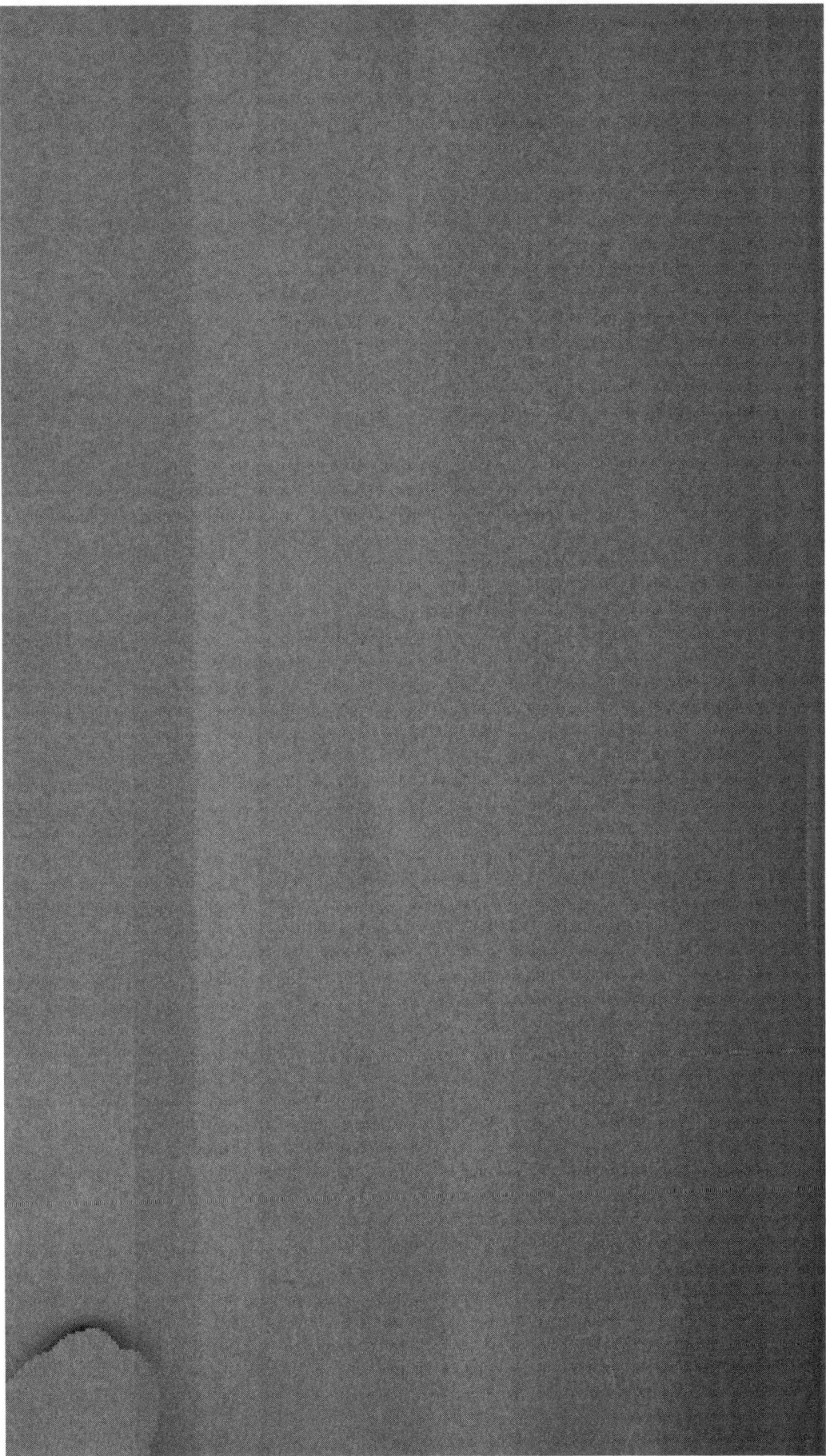

Lightning Source UK Ltd.
Milton Keynes UK
UKHW030655040521
383105UK00006B/241

9 781278 864150